일본을 말하다

한일문화강좌 ④

일본을 말하다

한일문화교류기금 편

景仁文化社

"일본 바로알기의 도움 되기를"

한국과 일본 양국민간의 상호 이해를 높이는 사업을 전개해온 (재)한일 문화교류기금은 지난 30년 동안 일반 대중을 대상으로 하는 문화강좌를 99회 실시해왔습니다. 그리고 그 강좌에서 발표된 논문을 모아 책으로 엮어 보급해왔습니다.

이번에 출간하는 〈일본을 말하다〉와 〈한일관계, 과거와 현재〉는 앞서 출간한 〈되돌아본 한일관계사〉, 〈일본의 정치, 경제, 사회〉, 〈한국사람, 일본사람의 생각과 삶〉에 이어 2005년 이후에 실시한 문화강좌 발표논문 27편을 묶은 책들입니다.

강좌 발표문들은 내용에 따라 일본문화 자체를 이해하는 주제들을 〈일본을 말하다〉로 묶고 한국과 일본간의 관계사에 관한 주제들을 〈한일관계, 과거와 현재〉로 묶었습니다.

한국인과 일본인은 이웃에서 수천년 동안 서로 왕래하면서 살아왔기 때문에 양국 문화에는 많은 공통점이 있습니다. 그래서 양국민들은 서로의 문화가 다르다는 것을 깊이 인식하고 있지 않습니다. 그러나 겉에 나타난 문화양식의 유사성에도 불구하고 심층으로 들어가면 놀라우리만큼 서로 다른 점이 많습니다. 이 차이를 바로 이해해야만 진정한 상호 이해가 가능해집니다.

이번에 출간하는 두 책에 실린 글들은 다양한 주제들을 다루고 있지만 모두 일본을 이해하는데 많은 도움을 주는 내용들입니다. 아무쪼록 이 책들이 우리 국민들이 일본을 바로 이해하는데 도움이 되기를 바랍니다.

이 책은 강원대의 손승철 교수가 많은 시간과 노력을 들여 편집하여 만들었습니다. 손 교수에게 심심한 감사의 뜻을 표합니다. 그리고 이 책의 중요성을 인식하고 흔쾌히 출판해주신 경인문화사 한정희 대표님께도 감사의 뜻을 전합니다.

2014년 10월
(재)한일문화교류기금
이사장 이 상 우

목 차

I. 사상, 일본을 말하다

2. 일본의 또다른 기억

3. 일본의 현재와 전망

사상,
일본을 말하다

1

"신국(神國)"사상, 군사주의, 그리고 히데요시의 조선침략

허남린(브리티시 콜럼비아대학 교수)

Ⅰ. 들어가는 말

1871년 메이지 천황은 스스로의 복장을 서양식으로 바꾸고 이를 정부의 신료들에게 권유하면서 다음과 같은 취지의 조칙(詔勅)을 선포했다. '이제 복장의 제도를 바꿀 때가 되었다. 예전의 당제(唐制)를 모방한 이래 지금까지는 그 연약한 기풍이 계속되어왔는데 이는 통탄할 일이다. 우리는 신주(神州)의 무(武)로써 다스려져 온 나라인데 나 자신이 군 통수권자가 되었다. 신공황후(神功皇后)가 삼한(三韓)을 정벌(征伐)했을 당시의 복장은 오늘과 같지 않았다. 우리는 더 이상 연약한 나라로 남아 있을 수 없다. 때문에 복장의 제도를 바꾸어 조종(祖宗) 이래의 상무(尙武)의 국체(國體)를 세우려 한다.'

메이지 천황에게 있어 중국은 연약한 기풍의 나라였고, 그것이 그대로 잘 드러나 있는 것이 당제(唐制)의 복장이었다. 이에 비해 "신주(神州, 神國)" 일본은 무(武)를 중시하는 신공황후(神功皇后)의 "삼한정벌(三韓征伐)"의 전통을 이어받고 있는 나라였다.

이와 같은 메이지 천황의 중국관 및 일본관은 거의 300여 년 전 도요토미 히데요시에 있어서도 마찬가지였다. 전국시대를 통일한 히데요시에게 있어 정벌의 대상인 중국은 "장수(長袖)의 나라", 즉 긴 소매 옷을 입은 유교의 관료가 통치하는 유약하고 진부한 나라로, "궁시(弓矢)가 강한" 일본이 능히 압도할 수 있는 상대였던 것이다.

신국사상(神國思想)과 무위(武威)에 의해 자기 정체성을 규정해온 일본은 1895년 청일전쟁에서의 승리로 중국 문명권에 대한 우위를 확보한 후, 서구열강의 식민지 획득 레이스에 동참, 신국사상을 기초로 한 천황제 국가 이데올로기를 전면에 내세우면서 군사력을 강화, 1945년에 이르기까지 제국적 군사주의(militarism)의 길을 걷기에 이르렀다.

중세 이래 일본의 정체(政體)를 규정해온 무위(武威)는 중국과 조선의 전통적 정치 원리인 유교적 문위(文威)에 대비될 수 있는 것으로 이것이 신국사상과 결합될 때에는 방어적 혹은 침략적 군사주의의 경향을 보여왔다. 이러한 경향의 구체적인 예로서 들 수 있는 것이 히데요시의 조선침략, 근세에 있어서의 키리시탄(기독교)의 철저한 탄압, 그리고 근대에 있어서의 식민지 침탈 및 영토 확장 전쟁이었다.

그 속성에 있어 무위(武威)에 기반한 군사주의는 자기 생산을 위한 기제로서 무력의 사용을 필요로 한다. 이러한 무력사용이 대내적으로 향할 때는 군사정권을 구성하고 있는 멤버들 사이의 갈등과 대결로 이어지게 마련이지만 대외적으로 향할 때는 외국에 대한 침략행위로 나타난다. 하지만 대내적, 대외적 갈등과 무력 사용은 때로는 상호 보완적 역할을 하게 되는바, 예컨대 대내적 갈등에 의한 불만 혹은 대내적 갈등을 야기할 여지가 있는 군사적 잉여 에너지를 밖으로 돌리기 위하여 대외적 갈등을 의도적으로 유발하기도 하는 것 등이 이의 좋은 예이다.

히데요시의 조선침략의 원인에 대해서는 여러 논의가 있지만 그 가운데 하나가 대내적 갈등을 대외적으로 해결하기 위해 조선을 침략했다는 이론이다. 당시 전국상태(戰國狀態)가 완전 해소된 이후 야기되기 시작한 사무

라이 집단 간의 갈등 및 무력 충돌 조짐은 전국을 통일한 히데요시에게
있어서는 해결해야 할 큰 과제였다. 이러한 상황에서 히데요시는 넘치는
군사 에너지를 밖으로 돌려 내적 갈등을 미연에 방지하고, 또한 이러한 불
필요한 잉여 에너지를 소진시키기 위해 조선을 침략했다는 설은 나름의
설득력을 갖고 있다.

여기에서 필자는 히데요시의 조선침략의 진짜 원인이 어디에 있었는가
를 논의하고자 하는 것은 아니다. 어떠한 이유로 조선을 침략했는지 그 문
제는 차치해 두고 필자가 논의하고자 하는 바는 현실적으로 일어난 조선
침략에 대해 히데요시는 이를 어떻게 설명하고 정당화했으며, 히데요시의
조선침략에 참가하여 조선이라는 이국에서 전쟁을 수행한 일본의 전투원
들은 자신들의 잔혹한 전쟁행위를 어떻게 이해하고 정당화했는지, 그리고
전쟁의 결과 발생한 무구한 피해에 대해 침략자들은 어떠한 사후 처리를
했는지에 대한 고찰이다.

이러한 전쟁에 있어서의 소위 "정당화"의 문제들을 고찰함에 있어 고려
하지 않으면 안 되는 것이 앞에서 언급했던 "신국(神國)" 사상이다. 군사
력만으로 전국을 삼분의 일 정도까지 통일하고 의기양양해 있던 오다 노
부나가는 자신의 막료인 아케치 미쓰히데에 의해 교오토의 본능사(本能
寺)에서 살해되었다. 아케치 미쓰히데를 제압하고 정권을 잡은 히데요시
는 미쓰히데의 "하극상(下剋上)"이 무엇을 의미하는지 명확히 이해했다.
천황의 권위를 완전히 무시하고 자신의 군사력에만 의존하여 전국 통일을
추진하였던 노부나가에게 있어서는 무위(武威)는 권력의 유일한 자기 근
거였다. 그러나 그는 이러한 무위의 절대성은 그 무위가 다른 무위를 제압
할 수 있을 경우에만 유효하다는 사실을 몰랐던 것이다. 무위는 그 이면에
서는 하극상을 정당화하고 있는 권력투쟁의 원리였다. 무위로 성립된 정
권은 무위에 의존해서는 그 영속성이 보장받을 수 없다는 사실을 노부나
가는 자각하지 못하고 스스로의 함정에 빠지고 만 것이었다.

이러한 자가당착의 원리를 꿰뚫었던 히데요시는 무위와 천황의 권위의

상호 보완적 관계의 설정에 주의를 경주했다. 군사력에 의해 장악한 권력을 천황의 권위에 의한 보호 장치 내에 구축하기 위해 스스로 천황의 신하가 되어 조정의 제반 기구들을 지원 보호하고, 천황의 권위의 종교적 상징인 신도의 신사들과 불교 사원들을 보살피는데 공을 들였다. 히데요시는 천황의 권위를 자신의 권력의 보호막이자 정당성의 근원으로 이용하고자 했던 것이다. 그리고 히데요시에 있어 이러한 천황의 권위의 집합적 그리고 대외적 표현은 "신국"이었다. "신국"을 보호하기 위한다는, 혹은 "신국"의 권위를 높이기 위해서라는 명분은 곧 대내적으로는 천황의 권위에 직결되었고, 천황의 권위에 의해 보호받는 정권은 그 영속성이 보장되었다. 천황의 권위는 일본에 있어 고래로부터 정치적 보호벽이었다.

전국 통일 후 조선을 침략하는 데 있어 히데요시는 천황의 권위에 직결된 "신국" 사상을 십분 활용하였다. "신국"의 명분이 침략에 이용되고, "신국"의 이름으로 잔학행위가 합리화되었다. 히데요시의 조선침략에 있어 군사주의와 신국사상은 하나의 세트를 이루면서 이의 추진체가 되었던 것이다.

그렇다면 구체적으로 신국사상은 어떻게 이론화되고 이해되었는가? 여기에서 필자는 신국사상과 결합한 불교의 역할에 주목하고자 한다. 신국사상의 집행자로서의 불교의 역할에 대해서는 많은 논의가 있어 왔다. 특히 선종(교오토 오산(五山)으로 대표되는 임제종)과 국가권력과의 관계, 외교 및 전쟁에 대한 불교승들의 관여는 우리의 주의를 끈다. 불살생의 출가자의 종교인 불교가, 그것도 선불교가 살생의 전면에 서서 살생을 부추기고 이를 정당화하는데 앞장섰다고 한다면 과연 믿을 수 있을 것인가?[1]

---

1 출가자의 종교인 불교는 교리적 내지는 제도적 차원에서 비세속성 혹은 비사회성이 강조된 나머지 실제의 역사적 전개와는 관계없이 때로는 추상적으로 왜곡 논의되어 온 점이 없지 않다. 특히 스즈키 다이세쓰(鈴木大拙, 1870-1966)에 의해 서구에 소개된 일본 선불교는 역사적 맥락이 사상된 채 좌선과 개인구원, 선과 예술, 그리고 선의 미덕 등의 공시성이 일면적으로 강조된 나머지, 그의 저서는 독자들

본 보고에서는 히데요시의 조선침략에 있어 불교는 신국을 위해 어떤 역할을 수행했는지, 일본적 맥락에서 불교의 종교적 행위는 히데요시 정권의 침략전쟁에 어떠한 기여를 하였는지를 중심으로, 이를 신국사상과 군사주의와의 연계 속에서 고찰하고자 한다. 이를 위해 조선침략 전쟁에 관여한 신국사상, 불교의 역할을 세 영역으로 나누고 이들 세 영역에 관련된 자료를 상호 유기적으로 분석함으로써 히데요시의 조선침략의 종교적 특성을 파악하고자 하는 것이 주된 목적이다.

조선침략의 종교적 특성은 신국사상(神國思想), 팔번신앙(八幡信仰) 그리고 어령신앙(御靈信仰)의 세 영역으로 크게 나누어 볼 수 있다. 표면적으로 이들 세 영역에의 종교적 역할은 상호 관련을 갖고 있지 않는 것처럼 보이지만, 실제에 있어 상호 보완적 관계를 이루며 히데요시의 조선침략에 깊이 관련되었다. 히데요시의 조선침략에 있어서 신국사상(神國思想), 팔번신앙(八幡信仰) 그리고 어령신앙(御靈信仰)의 세 종교적 영역을 어떻게 유기적으로 연관시키면서 각기의 의미구조를 파악해 보고자 하는 것이 본 보고의 주안점이다.

히데요시의 조선침략의 종교적 이데올로기에 대한 기존의 연구에는 주목할 만한 성과가 여럿 있지만 본 보고에서는 이들에 대한 비판적 고찰은 지면의 관계로 생략하고자 한다. 다만 신국사상과 조선침략에 관한 기타지마 만지[北島万次]의 연구는 시사하는 바가 많다는 점은 지적해 두고자 한다. 특히 외교선승에 의해 작성된 외교문서에 대한 그의 자세한 논의는 중요한 업적으로 기록될 것이다. 나구라 데츠소우(奈倉哲三)의 팔번신앙(八幡信仰)에 대한 연구 또한 중요하다. 하지만, 위에서 제시한 세 영역에서의 종교적 역할을 유기적으로 연관 지으면서 전체적으로 조망한 분석은 아직 전무한 형편이다. 이를 염두에 두면서 각 영역에 관한 논의를 시작하고자 한다.

로 하여금 일본 불교의 다양한 실태에 대한 이해를 가로막는 역기능적 역할마저 해 온 것이 사실이다.

II. 신국사상(神國思想)과 히데요시의 외교

신국사상의 전개와 관련된 불교의 역할을 고찰함에 있어 우선 외교승이 중심이 되어 작성된 법령 및 외교문서 등 네 자료를 차례로 검토하기로 한다. 물론 히데요시의 외교에 관련된 문서는 그 양에 있어서 적지 않은 분량이다. 하지만 본 보고에서는 그 중 중요하다고 생각되는 네 가지의 자료를 중심으로 논의를 전개하고자 한다.

1.

첫 번째 자료는 잘 알려진 1587년 6월 19일에 선포된 히데요시의 선교사 추방령이다. 본 추방령의 작성에 중심적 역할을 한 사람은 천태종 출신의 의사 세야쿠인 젠소[施藥院全宗]으로 알려져 있지만 어떠한 형식으로 관여했는지에 대해서는 기록이 남겨져 있지 않다.

一 `日本ハ神國たる處きりしたん國より邪法を授候儀太以不可然候事,
一 `其國郡之者を近付門徒になし, 神社仏閣を打破之由, 前代未聞候, 國郡在所知行等給人に被下候儀者, 当座之事天下よりの御法度を相守, 緒事可得其處, 下々として猥義曲事事,
一 `伴天連其知惠之法を以心さし次第に檀那を持候と被思召候へハ, 如右日域之仏法を相破事, 曲事候條, 伴天連儀日本之地にハおかせられ間敷候間, 今日より廿日之間ニ用意仕可歸國候, 其中ニ下々伴天連に不謂族申懸もの在之ハ, 曲事たるへき事,
一 `黑船之儀者商賣之事候間, 各別候之條年月を経, 諸事賣買いたすへき事,
一 `自今以後仏法のさまたけを不成輩ハ, 商人之儀ハ不及申, いつれにてもきりしたん國より往還くるしからす候條, 可成其意事, 已上 (『松浦家文書』)

우선 대외적 자국인식에 있어서 일본은 신국이라는 신국관을 제시하고, 이를 사법(邪法)과 불법(佛法)의 대립이라는 도식을 통해 그 종교적 내용을 규정한 후, 사법(邪法)인 기독교가 신국(神國) 일본에 있어서는 배제의 대상임을 명확히 하고 있다. 신국인 일본이 기독교를 배제하여 할 근거로서, 신사불각(神社仏閣)의 파괴를 거론한 것은 신기숭배(神祇崇拜) 및 진호국가(鎭護國家)의 종교 전통을 전제한 것으로, 기독교는 이들 종교 전통을 파괴하고 있는 용납할 수 없는 위협요소라고 정의되고 있다.

외부로부터 오는 위협요소로서의 기독교에 의한 신도 및 불교의 종교시설에 대한 파괴행위뿐만 아니라, 히데요시는 기독교 신도가 된 일부 지방 영주들의 토지 기증 및 영내 주민의 강제 입신 행위를 보면서 기독교 세력을 통일 집권국가의 확립에 커다란 장해 요인이 되는 것으로 이해했다. 여기에는 과거의 가열찼던 일향종(一向宗)의 반란에 대한 기억 등이 기독교에 대한 부정적 인식을 증폭시켰음은 물론이다. 때문에 기독교라는 외래 종교가 신국에서 추방되어야 한다고 단정되었고, 동시에 그러한 신국관은 나아가 기독교라는 외부로부터 오는 위협에 대한 배타적 행위에 정당성을 부여하는 역할을 하기에 이르렀다.

바로 이러한 점, 즉 밖으로부터 오는 종교적, 이념적 위협에 대한 대항 및 배척의 정당화의 기제로서의 신국관은 종래의 외부의 무력행사에 대한 국가의 안전보장의 근거로서의 수동적 신국관과는 달리 공격적이고 적극적인 새로운 전개를 보인다. 기독교의 출현으로 종래의 신국관이 새로운 전개를 보이기 시작했다는 사실은 근세를 통하여 "키리시탄"의 금제(禁制)가 신국의 이름으로 철저히 강제되었다는 점에 비추어 일본사에 있어 획을 긋는 중요한 전환이었다. 장기적인 면에서 이러한 대외사상(對外思想)으로서의 신국사상이 히데요시 정권 그리고 그 이후에 있어 중국 중심의 세계질서로부터 일본 중심의 독자적 동아시아 질서의 모색과 구축에 지속적인 사상적 종교적 전기를 제공하게 되었다는 사실은 강조되어야 할 것이다.

2.

1591년 7월 25일 히데요시는 포루투칼령 인도의 고아 총독(印地阿 毘 會靈)이 보내온 국서, 즉 기독교의 포교를 허가해 달라는 탄원에 대해 일본의 입장을 전달하는 답서를 보냈다. 히데요시는 본 서간문에서 4년 전에 반포했던 반천련추방령(伴天連追放令)에서와 마찬가지로「彼伴天連之徒 前年至此土 欲魔魅道俗男女 其時且加刑罰 重又來于此界 欲作化導 則不遺種類 可族滅之」라는 견해를 반복하면서, 기독교의 포교는 절대 금지, 그러나 무역은 허락한다는 뜻을 전했다. 이러한 기독교 금지의 취지와 함께 본 서간문은 새로운 단계의 신국론(神國論)을 전개하고 있다는 점에서 우리의 주의를 끈다. 본 답서 중 신국에 관련된 부분은 다음과 같다.

> (前略)夫吾朝者神國也, 神者心也. 森羅萬象不出一心. 非神其靈不生, 非神其道不成. 增劫時此神不增, 滅劫時此神不滅. 陰陽不測 之謂神. 故以神爲萬物根源矣. 此神在竺土, 喚之爲佛法. 在震旦, 以之爲儒道. 在日域謂諸神道. 知神道, 則知佛法, 又知儒道. 凡人處世也, 以仁爲本. 非仁義, 則君不君, 臣不臣. 施仁義, 則君臣父子夫婦之大綱, 其道成立矣. 若是欲知神佛深理. 隨愚求, 而可解說之也 (『異國往復書翰集』)

우선 신국 일본의 신(神)에 대한 특성으로 제시하고 있는 '신자심야, 삼라만상불출일심(神者心也, 森羅萬象不出一心)'이 의미하고 있는 내용을 살펴볼 필요가 있다. 불출일심(不出一心)이 뜻하는 바는 기독교의 신인 데우스의 일신교적 내지는 창조신적 성격의 일심(一心)을 부인하는 것으로, 이와는 대조적으로 만물창조의 근원은 심(心)으로서의 카미[神]임을 제시하고 있다. 이 경우 신(神) = 심(心)은 일심적 신(一心的 神)이 아니라, 다심(多心) = 다신(多神)을 의미하고 있다. 나아가 공간적 실체로서의 삼라만상의 근원인 이러한 다심(多心) = 다신(多神) 으로서의 신(神)은 동시에 시간적으로도 불멸인 것으로, 신국(神國)에 있어서의 신(神)은 공간적 그

리고 시간적으로도 편재하는, 즉 범신론(汎神論)적인 신(神)임이 먼저 주장되고 있다.[2]

구제 종교로서의 일신교적 기독교를 부정하면서 만물은 내재하는 신(神)들의 다원적 원리에 의해 성립하며 있는 그대로의 자연 상태에서 또한 만물은 신성(神性)을 드러내고 있다는 성격 규정은 지신도, 칙지불법, 우지유도(知神道, 則知佛法, 又知儒道)라는 도식으로 이어져, 종래의 단순한 수평적 삼교일치(三敎一致)로서의 삼국사관에서의 평등했던 삼국이 내적으로 서열화 되고 있음을 알 수 있다. 즉 신국 중심, 신국 우위의 삼교일치로 삼국을 서열화하는 논리를 전개한 후, 그러한 논리의 바탕 위에서 인의(仁義)라는 유교적 가치를 전면에 내세워, 이것이 신국에 있어서의 인륜과 국가의 통치의 보편성임을 주장하고 있다.

따라서 내용적으로 본 서간문은 (1) 일본의 신(神)이 만물의 근원이라는 점, 그리고 (2) 신국 일본을 동아시아의 중심에 놓고, 기독교 국가를 이에 대립시키는 구상을 제시함으로써 일본 우위의 자기중심적 세계관을 전개하고 있는 점, 그리고 (3) 기독교 세계에 있어서의 데우스와는 대극적으로, 삼국에서는 신(神)의 논리에 기반한 도(道)가 봉건질서의 기축을 이루고 있다고 주장하고 있다.

녹원승록(鹿苑僧錄)이었던 사이쇼 조타이[西笑承兌]가 중심이 되어 작성한 본 서간문은, 무엇보다 일본 자국 중심의 세계관을 제시하고 있다는 점에서, 그리고 동시에 기독교 국가의 배제라는 배타적 행위를 신국 논리에 의해 정당화하고 있다는 면에서 새로운 단계의 국가의식, 새로운 단계의 이데올로기로서의 신국사상을 개진하고 있다.[3]

---

2 자세한 논의를 위해서는 다음을 참조. 安野眞幸「天正19年インド副王宛秀吉書簡の分析」(『弘前大學敎育學部硏究紀要クロスロード』第3号 `2001年3月), 2-3쪽.
3 前田玄以의 지휘하에 본 서간문의 작성에 관여한 승려는 西笑承兌이외에 鹿苑院의 有節瑞保, 聖護院門跡道澄, 東福寺正統庵의 惟杏永哲 등을 포함했다.

3.

1593년 6월 28일 히데요시는 명(明)에 「대대명칙사가고보지조목(對大明勅使可告報之條目)」을 제시하고 있는데, 그 주요 내용은 일본 전국의 통일의 과시, 정명(征明)의 이유, 일명(日明) 강화교섭에 관한 것으로 구성되어 있는데, 여기에 덧붙여 나름의 신국론을 전개하고 있다. 히데요시는 주변국에 대해서는 자기 지배 및 해외 침략의 정당화로서 당시 한자 문화권에서 통용되던 제왕감생설(帝王感生說) 및 상명사상(想命思想)만을 동원했다는 점에 비추어 보면, 왜 중국에 대해서는 굳이 신국론(神國論)을 덧붙여 전개했는지 우리의 관심을 끈다.4 본 조목(條目)에서 신국론에 관련된 부분은 다음과 같다.

> (第一條) 夫日本者神國也, 神卽天帝, 天帝卽神也, 全無差, 依之國俗, 帶神代風度, 崇王法, 體天則地, 有言有令, 雖然爾來風移俗易, 輕朝命, 英雄爭權, 群國分崩矣, 予懷胎初, 慈母夢日輪入胎中, 覺後驚愕, 而召相士筮之, 曰, 天無二日, 奪日精, 則德輝彌綸四海, 天下歸一人之嘉瑞也, 非天授乎, 後及壯年, 夙夜憂世憂國, 再復聖明於神代, 欲遺威名於萬代, 思之不止, 纔歷十有一年之間, 族滅兇徒姦黨, 而攻城無不拔削, 國無不廢, 有乖心者, 自消亡矣, 旣而國富家娛, 民得其處之所, 欲無不遂, 非予力天之所致也(『江雲隨筆』)

"대저 일본은 신국이고 신(神)은 즉 천제(天帝)이다."라는 언급이 대륙 침략의 이유로서 제시된 것은 아니라는 점이 우선 지적되어야 한다. 신(神)을 천제(天帝)로 규정하고 그 내용을 분명히 한 것은 명(明)에 대한 대항적 의식에서, 명(明)을 복속시키고 지배하고자 하는 신국적(神國的) 국가의식의 발로에 기초해 있다는 점이다. 중국적 전통에서는 천제(天帝)

---

4 소위 「日輪の子」에 대한 자세한 논의는 다음을 참조. 北島万次, 『秀吉政權の對外認識と朝鮮侵略』, 校倉書房, 1990, 122-126쪽.

는 인간을 포함한 일체의 생명의 근원이자 이를 주재하는 인격적인 존재로서 지상신적인 성격을 내재하고 있었다. 이러한 천제(天帝)를 대체할 존재로서, 일체를 지배하고 주재하는 존재로서 신(神)이라는 개념을 새롭게 내세우고 있는 것이 본 신국론(神國論)의 요체이다.

따라서 본 조목(條目)에서의 신국은 대륙에 대한 현실의 침략행위를 배경으로, 이에 기반 하여 장래 명(明)을 정복하고 통치하기 위한 기본 원리로서 제시되어 있다는 점을 기억할 필요가 있다. 여기에서 대(對) 기독교 국가에 대해 주장되어 온 종래의 삼국사관을 역전시킨 자국 중심적 국가관이 명(明)에 대해서는 주장되고 있지 않는 이유는 다만 이러한 주장이 중국에 대해서는 통용되지 않는다는 현실을 고려한 것에 있다고 볼 수 있으며, 이에 대한 대체물로 천제(天帝)에 대한 신국적(神國的) 규정을 하고 있다는 점이 주요 특징이라 할 수 있다.[5]

4.

1597년 7월 27일, 히데요시는 스페인령 필리핀제도 장관에 서신을 보냈다. 이는 전년도에 있었던 산펠리페호 사건에 대한 항의와 더불어 몰수한 재화 및 처형당한 프란시스코회 소속 선교사들의 유해를 반환해 달라는 필리핀제도 장관의 요구에 대한 답서였다. 이 답서에서도 히데요시는 기독교의 금지 정책을 재천명하면서 이전의 다른 서간과 의미를 같이하는 내용의 신국론(神國論)을 전개하고 있다.

(前略) 抑本朝者自混沌已分以來, 以神道爲主, 日月以神運轉, 春秋以神變遷, 風雲聚散, 雨露潤澤, 能飛走者禽獸, 能生長者草木, 皆莫非神道妙理在人倫者 公侯伯子男, 依知神理長幼有序, 夫婦有節, 克始克終也, 往

5 庄佩珍「豊臣政權における「神國」思想の展開—主に外交文書に現れた「神國」に關する分析」『日本宗教文化史研究』8(1), 2005年 5月, 84-85쪽.

歲伴天連徒, 說異國法, 魔魅本邦 下賤男女易風移俗, 而欲亂人情, 以害國政, 堅禁之, 嚴制之(『異國往復書翰集』)

이들 일련의 신국사상은 키리시탄 금지, 조선침략, 새로운 대외의식의 구축, 일·명(日·明) 강화교섭 등의 맥락 속에서 적절히 구사되고 활용됨으로써 궁극적으로는 히데요시의 배타적 침략 행위를 정당화하고 이론화하는 기능으로 전개되고 있음을 알 수 있다.[6]

히데요시 이전의 중세에 있어서의 신국사상은 신손위군(神孫爲君, 일본의 정체(政體)에 대한 독선적 자기주장 및 중국과의 대등관계), 신명옹호(神明擁護, 외세의 위협에 대한 자국 안전보장의 근거), 신기숭배(神祇崇拜) 등으로 집약될 수 있는바, 이에 비하여 히데요시의 신국사상은 기독교의 배제와 부정이라는 새로운 국가의식에 기반 하여 타국에 대한 우월감을 강조하는 자국 중심의 세계관의 전개로 지향하고 있다.[7]

이와 같은 신국관이 등장하게 된 근본적인 원인은 물론 위협으로 다가온 기독교의 등장에 있다. 대외 위협에 대해 신국을 동원한 것은 종래에도 반복되었던 이데올로기적 반응이지만, 종래의 국가안전보장의 근거로서의 신국관과 다른 점은 기독교 위협에 능동적으로 대처하고 이를 금지, 배제하는 행위를 정당화하는 기제로서 신국론이 일관되게 채택되었다는 점이다. 외세의 금지와 배제는 더 나아가 외세를 향한 침략으로 이어졌기 때문에 이러한 신국론의 전개는 새로운 역사적 의미를 갖는다 할 수 있다.

실제로 조선 침략을 강행하면서 자연스럽게 신국사상이 배타적 침략 행위를 정당화하는 근거로 동원되고 있음은 예견된 방향이었다. 하지만 나

---

6 산펠리페호 사건으로 희생된 26聖人의 처형 소식을 접한 醍醐寺三宝院門跡義演은 그의 일기 『義演准后日記』에서 「仏法未地墜神國奇特」이라고 소회를 적고 있다.

7 일본 중세의 신국사상에 대한 자세한 논의를 위해서는 다음을 참조. 鍛代敏雄 「中世 '神國'論의 展開―政治社會思想의一潮流」(『國學院大學栃木短期大學史學會 17号, 2003年3月, 124쪽.

아가 다음과 같은 팔번신앙(八幡信仰)의 전개에서 보듯 신국사상은 이에 머물지 않고 조선침략 전쟁에서의 잔학행위까지도 신국의 이름으로 자행되었다는 사실은 일본 군사주의에 있어서의 신국사상의 의미를 가늠하게 하는 좋은 예이다.

Ⅲ. 팔번신앙(八幡信仰)과 신국관(神國觀)

1592년 4월 조선침략에 앞서 히데요시의 명을 받은 각지의 영주들은 군대를 이끌고 큐슈[九州] 나고야의 진지에 집합하기 시작했다. 그러나 나고야로 직행하기에 앞서 그들은 앞으로 닥칠 이국과의 전쟁에서의 안전과 승리의 기원을 위해 곳곳의 신도 신사에 멈추었다. 이들 신사들 중 유명한 곳은 하카타의 하코자키 하찌만[箱崎八幡] 이었다.

> それよりはかたの津, めいの浜へ船かけて, 二三日逗留被成, 箱崎の八幡
> の御社へ參詣仕給ふ, 國綱礼拜被成れハ, 皆々拜奉り, 祈誓申なり (『宇
> 都宮高麗歸陣軍物語』)

여기에 등장하는 (宇都宮)쿠니쓰나[國綱]는 시모쓰케[下野, 현 栃木縣]의 한 지방영주였으나 자리에서 쫓겨나 비젠[備前]의 우키타 히데이에[宇喜多秀家]의 밑으로 좌천되었던 인물이었으나, 조선침략이 구체화함에 따라 군역동원을 명받고 「粉骨を盡し忠節抽んずるのおいては, 前々のごとく本國へ召置也」라는 약속 하에 휘하의 병사들을 이끌고 나고야로 향하던 중이었다. 자기의 쇼료오[所領, 영지를 회복하기 위해 우쓰노미야 쿠니쓰나[宇都宮國綱]는 히데요시에게 충절을 맹세하고, 메이노하마[姪浜]에 배를 정박시킨 후, 하코자키 하치만[箱崎八幡]에 들려 무운장구(武運長久)를 통한 자신의 소원 성취를 기원했던 것이다. 이처럼 하코자키 하치만[箱崎八幡]

혹은 이와 유사한 각 지역의 하치만 진쟈[八幡神社], 아니면 카시이구[香椎宮]와 같은 오진텐노[応神天皇]가 진좌하고 있는 신사에서의 무운장구를 기원하는 행위는 당시 조선으로 출병하는 일본의 군대 집단들이 반드시 행했던 종교행위였다.

하코자키 하치만[箱崎八幡]에서의 기원은 팔번대보살(八幡大菩薩)에 대한 참배를 일컫는다. 여기에서 팔번대보살(八幡大菩薩)의 신격(神格)을 고찰한다면 이들의 참배 행위가 어떠한 의미 구조를 갖고 있는지 쉽게 알수 있다. 팔번대보살(八幡大菩薩)은 군대를 이끌고 "삼한정벌(三韓征伐)"이라는 위업을 달성했다는 《일본서기(日本書紀)》신화의 주인공인 신공황후(神功皇后)의 뱃속에 있었던 인물과 관련이 있다. 당시 임신 중이었던 신공황후(神功皇后)의 뱃속에 있던 인물의 아버지는 중애천황(仲哀天皇)이고, 그는 태어나 후에 응신천황(応神天皇)이 되었고, 죽어서는 팔번대보살(八幡大菩薩)로 현신(顯神)했다고 전승이 형성되어 전해져 내려 왔다. 진구코고[神功皇后]의 "삼한정벌" 신화에 의해 성화된 팔번대보살(八幡大菩薩)는 전통적으로 일본 무사의 수호신으로 모셔져 왔다.[8] 이처럼 "삼한정벌"에 관련된 오진코고[応神天皇] 팔번대보살(八幡大菩薩)에게 무운을 빌고 전쟁에서의 승리를 기원했다는 사실은 당시의 조선침략이 일본군의 의식에 있어서는 "삼한정벌"의 연장 내지는 재판이었다는 사실을 보여주고 있다. 즉 조선침략을 신공황후(神功皇后)의 "삼한정벌"이라는 메타포를 통해 정당화하고 있는 것이다. 이와 같이 조선침략을 신공황후(神功皇后)의 전설에 연결시키고 있는 일본군의 기록은 실제로 도처에 보인다.

九日之晝軍之最中ニ烏帽子しらハし裝束ニて舳より艫へゆるりゆるりと

---

8 이에 대해서는 奈倉哲三에 의해 자세한 논의가 있는 바, 본 보고의 작성을 위한 사료의 발췌는 그의 논문을 이용하였다. 奈倉哲三「秀吉の朝鮮侵略と『神國』－幕藩制支配イデオロギー形成の一前提として」『歴史評論』314号, 1976年6月, 31-34쪽.

歩ませ玉ふを舟々に見る又左馬助殿舟ニゾンハイ者ありしに伺ひ玉へは
日本の神々の乗うつらせ給ふとうらなふ又敵船よりはなし候石火矢はう
火矢中ニて數多おれくだけ侍るを見る又舟にあたり候石火矢纔ニ百四五
十本ならでハなく誠彼此思合神慮只事不成と皆人喜事無限誠ニ神慮ニあ
らすんは此度開運事可爲艱難有神慮と不謂人無之候 (外岡甚左衛門『高
麗船戰記』)

뿐만 아니라 위의 기록에서 보듯 팔번대보살(八幡大菩薩, 応神 天皇)은
전쟁에서의 살상과 피해를 방지해주고 전투자를 보호해주는 역할도 한다
고 믿었다. 우좌마조(又左馬助)가 지휘하는 배 안의 일본 병사들에게서 보
듯 석화시(石火矢)가 날아드는 치열한 해전(海戰)의 한가운데 있으면서도
생명의 안전을 위해 팔번대보살(八幡大菩薩)을 위시하여, 제신(諸神), 제
불(諸佛)의 신명(神明)에게 엎드려 가호를 빌고, 실제로 이러한 기원의 힘
에 의해 자신들의 생명이 보전되었다고 병사들이 믿었던 것이다.

더 나아가 다음에서 보듯 팔번대보살(八幡大菩薩)은 전쟁에서의 잔학
행위 그 자체의 존재이유이기도 했다. 조선으로의 출진에 앞서 나고야로
향하는 배 안에서 팔번대보살(八幡大菩薩)을 향해 안전을 기원하는 신사
(神事)를 올렸던 히젠[肥前] 마쓰라 시게노부[松浦鎭信]의 가신(家臣)인 오
시노 진 고자에몬[吉野甚五左衛門]은 자신의 동료들이 조선에서 행한 잔학
행위에 대해 다음과 같이 기록하고 있다.

高さ三ひろの石かきヲわれもわれもとせめのほりおめきさけんてせめたれ
はてきはやく所をはつしつゝ家のはさまや床の下かくれかたなき者とも
ハ東の門にせきたゝミみなてをあハせてひさまつき聞もならハぬから言
まのらまのらという事ハ助よとこそ聞へけれ夫をもミかた聞付すきりつ
けうちすてふころし〴是をいくさかみのちまつりと女男も犬ねこも皆
きりすてゝきりくひハ三万程とそ見へにけり(けふ)うのこくにせめかゝ
り巳午の刻ニせめをとすかかるためしを見る事ハ阿ひ大しやうのさい人
かあはうらせつのせめをうけかしやくせらるゝかなしさよ助たまへと手

を合おめきさけふと聞へしもかくやあらむと思ひけん夫ハめいとのもの
語今けんさいに見る事ハ我こそ(に)鬼はおそろしやおもへ、いとゝ武士
のいさミハ弥まさりけり (『吉野日記』)

　어느 마을에 진입하여 구석구석을 샅샅이 찾아 남녀노소 마을 어귀에
모두 모아놓고, 심지어 동물 가축에 이르기까지 가리지 않고 모두를 살륙
하는 일본군의 무자비함 앞에서 촌각에 달린 생명을 구하고자 조선인들은
「まほら　まほら」라고 알아들을 수 없는 말을 외치면서 무릎을 땅에 꿇고
두 손을 모아 빌며 애원 복걸했다. 그러나 일본군은 이에 아랑곳하지 않고
숨은 사람들까지 뒤져내어 모두를 베어버렸다는 기사이다.
　이러한 일본군의 살륙행위에 대해 오시노 진 고자에몬[吉野甚五左衛門]
은 이를 전쟁의 신인 팔번대보살(八幡大菩薩, 応神天皇)에 대한 신사(神
事), 즉 자신들의 수호신인 팔번대보살(八幡大菩薩)이라는 군신(軍神)에의
봉헌 행위로 이해했다는 점이다. 무차별한 잔학행위, 살륙행위, 그리고 무
참히 희생된 조선인의 피가 그들에게 있어서는 팔번대보살(八幡大菩薩)을
향한 희생제의, 그들의 언어로 팔번신(八幡神)에 바치는 "치마쓰리[血祭
り]" 즉 "피의 축제"였던 것이다.
　이러한 "피의 축제"의 광기 속에 자행된 참혹한 살륙 행위는 잔학행위
자 개개인의 군공(軍功)이라는 범주를 넘어서, 자신들의 주군(主君) 히데
요시를 향한 집단적 군충(軍忠), 그리고 더 나아가 궁극적으로는 무사의
수호신을 향한 신공(神功)으로까지 승화되고 있음은 타치바나 무네시게[立
花宗茂]의 가신 십시전우위문(十時伝右衛門)의 기록인 ≪입화조선기(立花
朝鮮記)≫에도 명확하게 나타나 있다.

此軍をはじめ今日ハ(大かた)日本高麗分目の軍と存候へハ日本のため且
ハ宗茂のために候へ、ハケ様に申にて候ぞ팔번대보살(八幡大菩薩)私の軍
功を立ん爲にハあらずと申ければ和泉をはじめ各感涙をながし備をくり
かへ伝右衛門に先をさせたり (『立花朝鮮記』)

조선침략에 있어서의 잔학행위의 정당화의 배경에는 신공황후(神功皇后)의 "삼한정벌" 신화에 연원하는 신국관이 두드러진 역할을 하고 있음을 잘 알 수 있다. 다시 ≪길야일기(吉野日記)≫의 이야기로 돌아가면 이는 다음과 같이 요약된다.

> 日本ハ東海はるかの隔たつてわつかの島たり, 大國にたくらふれハ九牛か一毛たりといへとも, 日本ハ神國たり, よつて神とうめうゆうのき有, 人の心の武き事三國にもすくれたり, 其故に仁王十四代ちうあい天皇のきさき神功皇后女帝の身として三韓をきりしたけへ給ひしより已來異國にもしたがはす

즉 일본은 구우일모(九牛一毛)의 조그마한 나라이지만, 신국이기 때문에 신도(神道)의 위광(威光), 이에 기초한 신적(神的) 무위(武威)는 삼국을 초월하여 존재하는 것으로, 주변국은 신공황후(神功皇后)의 "삼한정벌" 이래 스스로 이러한 권위에 따랐다는 논리로까지 비약되어 일본 병사들의 사기 진작에 큰 역할을 하였던 것이다. 이렇듯 신공황후(神功皇后)의 "삼한정벌(三韓征伐)" 신화와 팔번신앙(八幡信仰)은 일본 침략군의 사기앙양, 전승환희, 이국복속, 이국멸시 등의 인식적 기초를 이루며 히데요시 정권의 신국관(神國觀)에 통합되었던 것이다.

Ⅳ. 어령신앙(御靈信仰)

1597년 3월에 시작된 정유재란은 조선반도 남부를 피로 적신 잔인한 침략행위였다. 이는 「以四道幷國城, 可還朝鮮國王」 즉 남부 4도를 할양하라는 자신의 화의 조건이 거부됨에 따라 개시된 침략으로, 히데요시는 조선 남부의 4도를 무력으로 점령할 목적으로 「赤國殘らず悉く一篇に成敗申付け, 靑國其外之儀は成るべく程, 相働くべき事」라는 지시를 내림으로써 전

개된 전란이었다. 정유재란 기간 중 조선 남부의 인민들에게 미친 피해는 방화, 약탈, 살륙, 포로사냥 등을 포함해 실로 처참하기 그지없었다.

정유재란의 참상을 대표하는 잔학 행위는 소위 "코베기"의 비극에 의해 대표된다. 조선인을 살륙한 후 그들의 코를 베어 갔다는 기록은 유성룡의 ≪징비록≫을 비롯한 조선의 많은 사료에 잘 나타나 있다. 마찬가지로 이를 증언하는 일본 측의 기록도 많은데 그중의 하나인 ≪청정고려진각서(淸正高麗陣覺書)≫는 가토 기요마사[加藤淸正]의 휘하의 병사들이 어떤 지휘체계에 따라 조선인들의 코를 베는 만행을 자행했는지 잘 보여주고 있다. 「日本人壹人役(宛)＝朝鮮人の鼻三つ宛被当, 其鼻高麗＝て橫目衆實檢被仕, 大樽に入塩を仕, 日本江被渡候」라는 사료가 보여주듯, 가토 기요마사[加藤淸正]는 자신의 병사들에게 일인당 조선인의 코 셋씩을 할당하고 있다. 이런 식으로 자행된 만행에 의해 얼마나 많은 조선인이 희생되었는지 그 전체의 수는 알 길이 없으나 남아있는 기록에 의거하여 추산한다면 적어도 십 수만은 헤아렸을 것으로 추산된다.

이렇게 하여 모아진 조선인의 코를 일본군은 소금에 절이고 통속에 넣은 후 일본으로 보냈는데, 이에 대해 히데요시가 어떠한 반응을 보였는지 다음의 사료는 증언하고 있다. 즉 그는 별다른 감정을 내보이지 않고 다만 일본 병사들의 "뼈를 깎는 충절"에 깊이 감동했다고 적고 있다.

八月十六日之御注進狀, 披露申候處 ＼今度赤國(全羅道)之內, 南原之城, 卽時被責崩, 悉被討果, 鼻如目錄到來, 御感不斜候, 各御粉骨無比類御働, 神妙＝思召由, 被成, 御朱印候, 誠以御手柄候, 全州表へ御動之由候, 猶追々御吉左力奉侍候, 恐慌謹言 慶長二年九月十三日 (『島津家文書』)

이렇게 하여 교토에 집적되어 산더미처럼 쌓인 조선인 희생자들의 "코"는 히데요시가 시찰하였고, 그 후 그가 세운 절 젠코지[善光寺, 方廣寺]의 앞에 묻히게 되는데, 그 과정은 세이쇼 쇼다이[西笑承兌]의 일감(日鑑)인

≪녹원일록(鹿苑日錄)≫이 자세히 전하고 있다.

1597년 9월 17일
大明朝鮮鬪死之衆爲慈救, 大施食可執行之旨上意也. 自相國寺如前々可
令馳走云々, 予可上洛之由也 (『鹿苑日錄)

1597년 9월 19일
大明朝鮮鬪死之士卒首連送候, 於善光寺前大施餓鬼被仰付. 昨日德善院
令談合候處. 無人不可然之由候間, 近鄕被相触, 当院へ打給可給候. 此
由諸被申触. 恐惶謹言 (『鹿苑日錄』)

伝聞, 從高麗, 耳塚十五桶云々, 則大仏近所ニ築塚埋之, 合戰日本大利
ヲ得ト云 (『義演准后日記』九月十二日條)

즉, 히데요시로부터 조선인 희생자들의 영혼을 구원하는 대시아귀(大施餓鬼)를 집행하라는 명을 받은 세이쇼 쇼우다이[西笑承兌]는 제반 준비에 착수하고, 드디어 1597년 9월 28일 선광사대불(善光寺大佛)의 앞에서 시아귀회(施餓鬼會)를 집행되는데, 이에 앞서 그는 우선 졸탑파(卒塔婆)에 새겨 넣을 문장을 먼저 썼다. 그 내용은 다음을 포함하고 있다.

慶長第二曆秋之仲, 大相國命本邦諸將, 再往伐朝鮮國, 於是大명(明)皇
帝, 運昏亡齒寒遠謀, 出數万甲兵救之, 本朝鋭士攻城略地. 而擊殺無數.
將士雖可上首切. 以江海邈遠劓之. 備大相國高覽. 相國不怨讐思. 却深
慈愍心. 仍命五山淸衆. 設水陸妙供. 以充怨親平等供養. 爲彼築墳墓.
名之以鼻塚. 況又造立木塔婆一基. 看々此塔婆, 喚作殺人刀也得, 拈做
活人劔也得, 喝一喝, 淸風명(明)月本同天, 于時龍集丁酉秋九月二十八
日敬白 [9]

─────────

9 橋川正「苑親平等の思想」(『大谷學報』第10卷第4号)에서 재수록.

이에 의하면 히데요시는 조선에서 도달된 코들을 보고 "적"들에 대한 원한의 감정을 나타내기보다 오히려 연민의 정을 일으켰으며, 오산(五山)의 청승(淸僧)들에게 명하여 "원친평등(怨親平等)"의 정신으로 그들의 혼령을 위해 불공양을 올리고 분묘를 만들어 이들 코들을 묻으라 했다고 적고 있다. 여기에서 말하는 "원친평등(怨親平等)"이란 전투에서 이긴 승자가 피아를 불문하고 모든 희생자의 시체를 수습하고 이들의 영혼을 위해 공양의례를 지냈던 관습을 이름이다.[10]

그러나 실은 공양의례의 목적이 불교적 연민과 자비에 기초하여 죽은 자의 영혼을 위무하고 진정시키는 것이 아니라, 뜻하지 않은 죽음으로, 아니면 원한을 품고 죽은 사자의 영혼이 저 세상에 가 안주하지 못하고 이 세상에 남아 그들의 죽음에 관여한 자들에게 복수의 "祟り(다타리)"를 일으킬 것을 두려워한 나머지 그 예방조처로서 행하는 진혼의례였던 것이다. 이는 어령신앙(御靈信仰)의 일종으로 고대로부터 일본 종교문화의 기층을 형성하는 전통이었다. 원한 및 복수에 차 떠돌며 방황하는 원혼을 위무하고 안정시키며 정화시키는 의례로서 행해진 다양한 의례적 대응 가운데 가장 일반적인 것이 시식(施食) 시아귀(施餓鬼)이었던 것이다. 조선인 희생자에게 행한 의례도 다름 아닌 이와 같은 원혼의 복수를 예방하기 위한 시식(施食) 시아귀(施餓鬼)의 전통에 속하는 것이었다.[11]

이와 같은 맥락에서, 서소승태(西笑承兌)는 약 400명가량의 오산청승

---

10 그러나 橋川正의 주장은 자못 흥미롭다(640쪽을 참조). 「敵味方一視同仁卽ち苑親平等の思想となる。この思想はわが武士階級の間に醸成せられて、武士道の重大な一要素となり、武士道の發達と共にわが中世の前後を通じて著しく現はれ、日本武士道の上に精華を与へている」

11 같은 맥락에서 1599년 6월 島津義弘忠恒父子가 高野山에 세운 朝鮮陣敵味方供養碑에 새겨진 문구는 다음과 같다. 「慶長二年八月十五日 於全羅道南原表, 大明口軍兵數千騎, 被討捕之內, 至当手前, 四百廿人伐果畢. 同十月朔日, 於慶尙道泗川表, 大明人八万余兵, 擊亡畢, 爲高麗國在陣之間, 敵味方鬪死軍兵皆令入仏道也」

(五山淸僧)을 이끌고 시식(施食) 시아귀(施餓鬼)을 집전했는데, 이에 따른
제단 설치 및 의례에 대한 기술은 다음과 같다.

> 施食出頭. 五岳衆來臨. 堵物＝結贈木食上人. 一結遣雜職. 午時施食.
> 塚者在西柵十條(疊)敷. 盛物五種(餅・饅頭・飯・茄子・隨喜)箱者上三
> 尺五寸. 高ㅛ三尺三寸. 大旗者間逢ノ紙十六枚充. 緣以黑紙取之. 予書
> 之. 以古箒爲筆. 大衆四百人. 予燒香…塚在西故. 供台三具足(於妙法院
> 借之)亦在西. 柵之下有水向之舟. 兩方ハンゾ＝入水. 欲雨終不雨. 一會
> 歡悅也. 木食出枾並酒. 擧一盞歸時赴祇園. 於林中飯並酉水 (『鹿苑日錄』)

여기에서 볼 수 있듯이, 시아귀회(施餓鬼會)의 기본 구조는 원혼의 "게
가레[穢れ]"를 정화하는 "淸めの構造"를 기본으로 하고 있다. 진정되고 정
화된 원혼들을 다시 물의 수단에 의해 저 세상으로 보내 복수의 재앙을
미연에 방지하고자 하는 이와 같은 제의를 "원친평등(怨親平等)"이라는
불교적 수식을 동원하여 이를 합리화하려고 하고 있지만, 그 속내에 있어
서는 어령신앙(御靈信仰)의 전통이 작용하고 있는 것이다. 히데요시는 이
처럼 시아귀(施餓鬼)의 정화의례를 통해 조선침략 기간 중 자행한 일본군
의 잔학행위를 스스로 합리화하고 원혼들의 복수를 방지하고, 또한 이들
을 위무하려 했던 것이다. 이것이 신국 일본에서 원혼에 의한 재앙을 방지
하기 위해 행했던 전통적 방책이었던 것이다.

V. 맺는 말

히데요시의 조선침략의 이데올로기적 측면에 관한 연구에 있어 신국사
상과 이와 결합된 불교의 역할은 빼놓을 수 없는 요소이다. 주지하다시피
고대 이래 일본의 국가 외교에 중심적 잣대의 역할을 해 온 것은 신국사
상이었으며, 이를 체현한 집행자의 역할은 불교가 담당했다. 특히 중세에

있어서의 오산(五山) 계열의 선승들이 관여한 외교활동은 17세기 초까지 다방면에 걸쳐 활발히 전개되면서 신국사상은 보다 심화되어 갔다. 기독교의 전래와 더불어 대외적 대항의식으로서 첨예해진 신국사상은 히데요시의 조선침략에 있어서 군사주의와 결합되면서 결정적인 역할을 하였다. 신국사상과 군사주의 결합에 있어 일본의 외교 선승들은 이를 보다 이론화하고 전쟁을 정당화하는 데에 선도적 역할을 했던 것이다.

본 보고에서는 신국관(神國觀)이 적나라하게 표방되어 있는 외교문서의 분석을 통해 배타적 침략적 성격의 신국관이 어떻게 실제 전개되었는지 살펴보았다. 일본 중심의 세계관과 우월감의 형성은 대륙 침략을 가능하게 한 사상적 토대였다. 만약 히데요시가 중화적 세계관의 질곡에 매여 있었다면 그의 정명(征明) 계획은 아예 처음부터 탄생하지 않았을지도 모른다. 이러한 새로운 신국관의 전개에 있어 요시다 신도[吉田 神道]의 영향은 잘 알려져 있지만, 이를 외교문서를 통해 군사주의에 접목시킨 인사들은 불교 승려들이었다. 당시 외교승들은 요시다 신도[吉田 神道]와의 교섭을 통해 종래의 신국관을 새로운 차원에서 해석 전개하고 이를 히데요시의 대륙침략 외교에 적극 반영하였던 것이다.

뿐만 아니라 실제로 전쟁을 수행하는 데 있어 신국사상은 팔번대보살(八幡大菩薩) 신앙을 통해 잔학행위를 정당화하는 역할을 했다. 여기에 있어서도 불교의 역할은 빼놓을 수 없는 존재였다. 팔번대보살(八幡大菩薩)은 신도의 신사에 진좌된 무사들의 수호신이지만, 팔번대보살(八幡大菩薩)이라는 신의 명칭에서 보듯 신불습합, 본지수적론(本地垂迹論)의 배경을 전제로 하고 있었기 때문이다. 더구나 당시의 대부분의 신사가 사승(社僧)에 의해 지배되었다는 사실을 상기할 때 불교의 전쟁에의 관여는 구조적 필연성을 갖고 있었다.

마찬가지로 불교의 승려들에 의한 불교식의 시아귀(施餓鬼)의 집행에서 보듯 전쟁의 결과에 대한 정당화, 조선 원혼들의 보복에 대한 사전 방지, 그리고 스스로가 자행한 잔학 행위에 대해 위안을 찾고 종교적 의례를 통해 죄악감을 씻고자 했던 어령신앙(御靈信仰)은 불교가 전쟁의 사후 처리에 어떻게 관여했는가를 여실히 보여주는 예이다. 신국적 군사주의의 정신적 담지자로서 불교는 조선침략의 출발점이자 도착점이었다.

이렇듯 전쟁과 불교는 서로 상충되는 두 현상처럼 보이지만, 히데요시의 조선침략에 있어서는 신국사상과 군사주의 결합 속에서 상호 보완적인 관계를 이루고 있었음을 알 수 있다. 전장에서의 직접적인 전투행위에 참가하지는 않았지만 정치권력의 종속변수로 남아 있으면서 일본의 불교세력은 전쟁의 배후에서 이를 지원하고 합리화하며 정당화하는 역할을 시종 수행했던 것이다. 이러한 의미에서 히데요시의 조선침략에 있어서의 종교적 이데올로기는 간과될 수 없는 것이다.

제72회 발표, 2005년 6월 28일

일본문화를 이해하는 통로, 신도(神道)

|

정혜선(성균관대 인문과학연구소 연구조교수)

Ⅰ. 들어가는 말

일본은 신사의 나라이다. 으리으리한 신궁에서부터 마을 한 귀퉁이의 초라한 신사에 이르기까지 신사는 일본 전역을 뒤덮고 있다. 1억2천만 명의 일본인 가운데 1억1천여만 명은 신사에 정기적으로 드나든다. '800만신'이라 보통 말하지만 실제로 일본인이 모시는 신은 800만보다 훨씬 많아 헤아리기 어려울 정도이다. 근자에 있었던 현 아키히토 천황의 즉위식에서는 천황이 태양신 아마테라스 오미카미와 같은 경지가 되었음을 선포하는 주술적인 의식을 거행하였다. 일본의 정치, 문학, 종교, 정신세계 등을 탐구하고자 하면 반드시 신도와 만난다.

신도는 일본고유의 민족종교로서 불교나 유교 등이 전해지기 이전부터 있던 토착의 관념에 의거한 것으로 종교적 행위 뿐만 아니라 생활습관 등을 광범위하게 포함한다. 그렇지만 신도는 한두 마디 사전적인 정의로는 이해하기 어렵다. 신도 그 자체로 독립적으로 파악할 수 있는 것은 아니다. 신도가 일본의 정치, 문화, 가치관 등에서 어떻게 작용하는지를 탐구해야 신도의 본질에 접근할 수 있다. 신도를 이해하는 것은 일본 전부를 아는 것이다. 그만큼 신도를 설명하기란 쉽지 않다.

이 글에서는 큰 틀에서 불교와 유교에 신도적 세계가 어떻게 투영되어 변용하는지 살펴보며, 우리에게 여전히 익숙한 일본 천황이 이런 신도와 연결되어 근대 일본 사회의 중심축이 되는지 일별해 본다. 이상의 주제는 방대하여 치밀한 작업이 불가능하다. 본 글에서는 지나친 해석에 치우칠 위험성을 최대한 유의하면서 보다 유연한 문체로 서술하여 전체상을 한번 조망해보고자 한다.

II. 일본의 불교, 신도 신들과의 결합

신도는 마치 텅 빈 그릇과 같아서 논리나 윤리 체계가 없다. 그러나 다른 고도의 사상과 종교를 어떻게 변용시켰는지 목격할 때 신도의 실체에 접근하게 된다. 먼저 불교가 신도와 습합되는 과정을 역사적으로 개괄하여 일본의 불교를 살펴본다.

1. 나라, 헤이안시대: 일본 신들과의 결합

불교는 6세기 중엽 일본에 도입되어 쇼토쿠[聖德] 태자의 아스카 문화를 꽃피웠다. 애초에 불교는 대륙의 선진 문물을 운반하는 통로로서 지배 계급으로부터 크게 환영받았다. 당시 일본의 수준으로서는 상상할 수도 없던 대사원이 건축되고 탁월한 예술품이 만들어졌는데, 일본의 지배 계급은 이를 감탄의 눈으로 바라보며 그것들이 자신의 권위를 높여줄 수 있다고 믿었다.

그러나 불교 철학의 심오함은 거의 이해할 수 없었다. 아스카 시대 일본에서 단 한 사람, 쇼토쿠 태자만 불교 철학을 알았다고 하는 말은 그렇게 과장이 아닐 것이다.

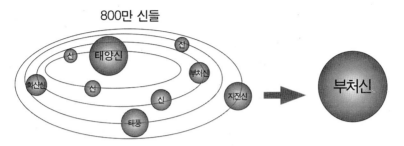

일본의 수많은 신, 부처도 여러 신 중의 하나일 뿐이다.

불교가 들어오기 전, 모든 지역이 그러하듯이 일본에도 원시 신앙이 있었다. 일본은 바다, 큰 강, 바람, 천둥 등이나 지역의 토지신과 조상신(씨족의 수호신)을 가미[神]로서 숭배했다. 이처럼 자연 현상, 동식물, 조상신 등의 신령한 힘을 경배하며 의례를 통해 재앙을 물리치는 원시 신앙에 가까운 것이 신도이다.

불교는 이러한 신앙의 입장에서 이해되어, 일본 지역이 신앙하는 다양한 신 중의 하나, 마법적 힘을 지닌 신으로 해석되었다. 사원은 불교의 철학과는 무관하게 씨족의 조상신을 제사하기 위한 장소로서 천황과 귀족에게 받아들여졌다.

나라 시대에 이르러서는 쇼무[聖武, 701~756]천황이 세계에서 제일 크다는 동대사의 대불을 만드는 등 불교가 최성기를 맞는다. 그렇다고 신도로부터 불교가 독립한 것은 아니었다. 불교가 신도의 체계 안에서 굳건히 자리를 차지했다는 편이 옳은 해석일 것이다. 이처럼 불교가 신도와 융합된 것을 신불습합(神佛習合)이라 한다. 신불습합은 일본의 불교를 가장 잘 설명할 수 있는 용어라고 생각된다.

쇼무 천황은 동대사에 거대한 불상을 조영하여 자신을 이 비로자나불의 노예라고 지칭하며 부처의 측량할 수 없는 공덕으로 국가를 만들고자 했다. 또 동대사 대불 개안식에는 멀리 인도에서도 승려를 초청할 정도로 대단한 불교적 행사를 치렀다. 그런데 이러한 불교적 행위는 일본의 신들에게 도움을 청하고 신탁에 의해 행해졌다. 애초 불상 건축 계획은 이세신궁에 모신 신도의 최고 신인 태양신 아마테라스 오미카미에게 아뢰었다. 큐슈[九州] 우사 지방의 신이자 군신(軍神)인 하치만[八幡] 신에게 도움을 구하여, 큐슈[九州]의 사원 안에 하치만 신사를 건립하기까지 했다.

동대사 대불 개안은 불교가 신도 속에서 융합하여 존재하는 '신불습합'의 중요한 계기가 되었다. 이후 유명한 신사에서는 신궁사를 짓고 사원에서는 토지의 수호신을 모시는 것이 자연스러워졌다. 신사와 사원은 구분하기 어려울 정도로 하나가 되었다.

신불습합은 더욱 진행되어 10세기, 헤이안 시대 중기에는 일본의 신과 불(佛, 부처)을 직접 관련짓는 본지수적설(本地垂迹設)이 나오게 되었다. 부처는 근본 실체(본지)이며 신도의 신들은 부처의 화신(수적)이라는 설이다. 즉 '인도의 부처와 보살이 일본에 흔적을 남겨서 대신 나타난 것이 일본의 신들'이라 하여 신도의 체계 안으로 불교를 포섭했다. 이론적으로는 일본의 신들에게 모두 불교의 본지불이 있었다고 전제하지만, 구체적으로는 일본에 존재하는 수많은 신 가운데 유력한 신들, 즉 정치 권력자의 조상신이나 영험하다고 믿는 신에게 구체적으로 본지불이 정해졌다. 천황의 조상신 아마테라스 오미카미는 최고 부처인 비로사나불이 본지불로 정해졌으며 이세의 신은 류사나불을 본지불로 삼았다.

본지수적설은 신도가 강한 일본의 풍토 속에서 불교가 생존할 수 있는 유력한 길이었다. 본지수적설은 전국으로 퍼져나갔고 이후 신사에서는 너무도 자연스럽게 신궁사, 별당사를 지어 본체인 부처를 모시게 되었다. 신사에 모셔지는 신으로 신불습합된 신이 속속 등장했고 인도의 신이 일본의 신과 하나가 되어 모셔지기도 했다.

본지수적설은 신불습합과 더불어 일본 불교의 특색을 가장 잘 설명하는 용어라고 생각된다. 본지수적설은 '진정한 깨달음, 해탈을 향해 나아간다.'는 불교의 본질에서 한참 비켜 나 있다. 일본에서는 불교를 신도처럼 주술적인 종교의 하나로 바라보면서 불교를 새로운 신으로 만들어 버린 것이다. 오늘날에도 일본의 절에 가 보면 사원 건축물은 불교 그대로이지만 사원 경내에는 신도 계통의 일본 신, 불교 계통의 신이 사이좋게 진좌하고 있어 신불의 백화점이라 해도 지나친 말이 아니다.

2. 불교의 세속화: 가마쿠라-무로마치-에도 시대

1) 가마쿠라, 무로마치시대

가마쿠라 시대를 전후한 시기(11, 12세기)는 주도력이 천황·귀족 계급에서 사무라이 계급으로 넘어가는 대전환기였다. 다행히 교토의 조정과 귀족은 생존하긴 했지만 많은 권력을 사무라이 정권에 넘길 수밖에 없었다. 조정과 귀족은 사라져 가는 자신의 권력을 비탄에 젖어 바라보면서 불안 속에서 현실의 영화를 바람처럼 붙들고 있었다. 백성들도 참혹한 전란 속에서 익숙한 것들이 무너지면서 방향 감각을 상실한 채 인생의 가장 밑바닥에서 신음하고 있었다. 많은 사람들은 정녕 불운한 시대를 맞이했다고 생각했다. 불법에서 말하는 '말법의 시기'라는 의식이 일본 사회 속에 급속도로 퍼져 나갔다.

바로 혼란과 혼돈, 불안과 좌절이 팽배한 전환의 시기에 새로운 불교적 복음이 탄생했다. 이들 새로운 불교를 '가마쿠라 신불교'라 한다.

가마쿠라 시대의 호넨[法然, 1133~1212]과 신란[新鸞, 1173~1262], 니치렌[日蓮, 1222~1282]과 도겐[道元, 1200~1253], 즉 신불교는 절대적 진리를 주장했고 그 진리를 끝까지 밀고나가 그 어떠한 세속적인 권위와도 타협하지 않았다. 특히 신란의 철저한 아미타 신앙, 도겐의 선종은 신도적인 여러 신과 영을 부정하여 수세기 동안 지속되어 온 주술적인 현세 신앙에 강한 쐐기를 박았다.

가마쿠라 시대 신불교는 다음 시대인 무로마치 시기(14, 15세기)에 교세를 확대하고 민중 사이에 깊이 뿌리를 내려 종파와 교단을 형성하였다. 대부분 오늘날 일본의 불교 종파는 가마쿠라 신불교에 연원한다. 그만큼 일본 불교에서 가마쿠라시대가 지니는 의미는 크다. 그러나 가마쿠라 신불교의 엄격한 신앙이 그대로 유지되지 못하고 그들의 제자에 의해 교단화하는 과정에서 밀교와 신도와 결합되어 현세적 주술 신앙이 되어 세속화되었다.

무로마치 시대 세속화된 대표적인 것으로 선종을 들 수 있다. 가마쿠라시대에 선종을 갈파한 도겐처럼 선종의 진리를 붙들고 씨름한 선승은 끝내 나오지 않았다. 선종은 막부의 지지를 받으면서 대단히 성행했지만 종교 정신으로 받아들인 것이 아니었다. 선종은 한편으로는 미학으로, 다른 한편으로는 사무라이의 실천 윤리로 수용되었다.

원래 선종은 '문자로는 진리를 알 수 없다(不立文字).'고 여기고 경전이 아니라 좌선을 통한 해탈을 말하는 중국적 불교이다. 선종은 인간과 자연과의 합일을 강조한다. 선종이 지니고 있는 직관성을 하나의 미적 관념으로 받아들여 무로마치 문화를 만든다.

선종은 사무라이에게 실천 윤리로 받아들여진다. 전쟁터에서 용감히 싸워 이겨야만 하는 사무라이에게 스스로를 단련하는 수많은 좌선 수행법은 훌륭한 정신 강화 훈련이었기 때문이다. 사무라이는 극단적인 고행을 통하거나 동일한 문구를 몇 만 번 되풀이하여 완벽하게 선종의 좌선 방법을 수련한다. 예를 들면, 새벽녘 살을 에는 듯한 차가운 폭포 속에서 서거나 앉거나를 반복한다. 물의 차가움도 온 몸의 떨림도 전혀 의식 위에 떠오르지 않을 때까지 몇 년이고 수련하는 것이다. 사무라이는 이런 수련을 통해 자신을 통제할 수 있게 되고 결국 싸움에서 승리할 수 있는 능력을 획득한다고 여겼다. 선종 본연의 진리, 자신을 잊고 입신의 경지에 도달하는 것, 나와 우주가 하나가 되는 경지인 해탈은 온데간데없어져 버렸다. 그 종교적 목표 대신 싸움에서 이긴다는 현실적 목표를 대치시키고 좌선만을 뚝 따서 싸움에서 이기기 위한 단련의 도구로 활용한 것이다.

겉으로 보기에 사무라이의 수련은 대단히 선종의 본질에 가까워 보인다. 몇 년이고 수련하는 진지한 태도를 보고 '싸움에서 이기기 위해서'만 그렇게 한다고는 믿어지지 않기 때문이다.

실제로 보통 인간은 물질적인 성과를 위해 극단적인 고난이 있는 긴 수행법을 선택하기는 쉽지 않다. 금메달 그 자체, 사업의 성공 그 자체만 목표로 할 때 인간은 이상하게도 지친다. 아무리 강력히 소원하여도 에너지가 넘쳐나지 않는다. 인간은 가족을 위해, 국가를 위해, 보다 큰 정신적인 것과 연결해야 수행을 지속할 수 있다. 더욱이 수행의 고난은 종교적 이상과 같은 강렬한 정신적 소망이 있어야 결심하기 마련이다. 그래서 고난의 수행법은 어느 시대를 막론하고 미개 신앙, 인도의 요가, 중세 크리스트교 등 어느 것이라 할 것 없이 종교적 열정에서 행해진다. 이들은 모두 신앙은 다르지만 이구동성으로 "고난을 통해 신과 하나가 된다."고 한다. 즉 "이 세상 것이 아닌 황홀을 경험한다."고 한다.

그런데 일본은 피안, 우주, 신이라는 목표 없이 세속적 성과를 위해 그런 수행의 고난을 감수하는 것이다. 자신을 잊어버릴 때까지 수련하는 것이다. 외관은 고도의 정신이란 외피를 쓰지만 실제는 전투의 승리, 즉 세속적 성과이다.

이렇듯 무로마치 시대를 거치면서 신불교는 대중 속으로 뿌리를 내렸지만 신도의 틀 속으로 들어가 현세적 주술 신앙이 되거나 선종의 경우처럼 세속화하여 현세적인 문화 현상이 되었다. 절대적이고 초월적인 진리를 말한 신불교의 치열한 신앙의 세계는 묻혀버렸다.

2) 에도시대 장례식 불교의 성립

무로마치 시대 이후 불교는 사회적 현실과 순응하면서 주술적 신앙으로서 교단을 확장해 갔다. 에도 시대에 들어와서는 사자 의례와 조상 숭배의 종교적 기능을 담당하면서 오늘날 흔히 일본 불교 하면 떠오르는 장례식 불교가 비로소 성립되었다.

1670년 에도 막부가 크리스트교를 근절시키고자 당시 모든 일본인은 매년 크리스트교 신자가 아니라는 증명을 사원에서 받도록 했다. 일본 불교계는 이 기회를 놓치지 않고 불교계의 기반을 닦는 호기로 삼았다. 즉 증명을 발급받는 주민을 자기 사원의 신도로 묶어서 가족의 장례, 조상 숭배에 이르는 의례에 대한 전권을 갖고 사원의 경영기반을 확고히 했다.

일본 불교의 장례 의식과 조상 숭배는 불교적 용어로 채워지지만 그것은 형식 논리이다. 실제 내적 구조를 보면 불교적 이념과는 관계없다. 그 내적 구조는 일본 고유의 신도적 신 관념, 의례 구조의 원리를 기초로 한다. 신도의 관점에서 볼 때 죽은 자의 사체(死體)가 초래하는 더러움은 대단한 공포가 된다. 왜냐하면 신도에서는 더러움은 인간에게 재앙을 가져다 준다고 생각하여 가장 두려워하고 경계하기 때문이다. 그래서 신도 의례의 기본은 더러움을 제거하여 청정하게 하는 것이다. 사자 의례에서 불교가 담당하는 것은 이러한 신도적 의식을 대신 담당하는 것이다. 겉으로는 경전의 독송을 통해 서방 정토로 이끄는 듯한 모습을 띠지만 주안점은 불교의 주술적 힘으로 재앙을 가져올 사체의 더러움을 정화하는 데에 있다.

사자 의례는 장례식으로 끝나는 것이 아니라, 조상 숭배와 연결된다. 사자 의례는 33년간 6번에 걸쳐 끝내고 사체의 더러움이 정화되고 나면 사람의 영혼은 신(神)이 된다. '신으로 승화된 조상의 영혼'은 서방 정토에 있는 것이 아니라 뒷산이나 다른 가까운 곳에 머물면서 항상 후손의 집안을 지켜 준다고 믿는 것이다. 즉 신으로 정화된 조상을 매년 정기적으로 받들어 제례를 올리고 조령의 보호와 도움을 받으면서 가족 모두 힘을 합해 가업에 매진하며, 사후에는 그 집안의 조상신이 되어 자손들의 제례를 받으면서 자자손손의 가업을 지켜준다는 것이다. 이 같은 조상 숭배 문화는 에도 시대에 일본 사회의 저변에 깊이 정착되었는데, 여기서 조상 숭배의 제례를 불교가 담당했던 것이다.

에도 시대 불교계는 국가로부터 크리스트교도가 아니라는 증명을 발급해 주는 공적인 권한을 부여받은 것을 기회로 삼아 사자 의례와 조상 숭배에 필요한 제반 장치를 고안했다.

또 여전히 주술적 종교로서도 유능한 능력을 발휘했다. 민중의 현세적 복락을 빌어주는 기도 기능을 담당했다. 사원들은 공개되지 않은 특정한 비불을 정하여 그 비불의 전설적 이야기를 만들어 여러 방법으로 민간에 유포한다. 그리고 특별한 날에만 비불을 공개함으로써 특수한 효험을 구하는 많은 사람들에게서 큰 수입을 얻어냈다. 이 밖에도 다양한 장치를 만들어서 민중의 현세적 복락 추구에 부응하여 기도 기능을 담당함으로써 사원 경영에 전념했다. 에도 시대에 이르러 일본 불교계는 종교적 비즈니스를 제공함으로써 재정적으로 안정적인 사원의 경영에 성공하게 되었다.

3. 비즈니스화한 일본 불교

생시의 선악이 사후 세상에서 보응된다는 불교의 인과응보 사상은 그것 자체가 일본인의 세계관에 자극을 주었을 것이다. 그러나 일본 불교는 이러한 불교적 진리보다는 대체로 현세의 이익을 가져 오는 신으로서 수용되어(신불습합, 본지수적설), 주술적 종교로서 일본 사회의 신도적 풍토에 적응했다. 결국에는 장례식, 조상 숭배, 주술적 기도처럼 기존의 신도적 의례를 대신하여 각종의 종교 서비스를 제공하고, 이로써 얻는 경제 이익을 사원 경영의 재원으로 돌리는 일종의 종교 비즈니스 조직으로 살아남았다. 즉 일본의 불교는 불교적 이상이나 경전적 교설에 별로 개의치 않고 신도를 보완하는 기능을 유능하게 담당함으로써 일본 사회의 막강한 위치를 얻었다.

일본의 불교는 유능한 종교 비즈니스 조직을 이루었지만 개인적 수행과 해탈에 전력을 경주하는 불교 수행자는 소수에 불과했다. 인류사에서 볼 때 종교가 인간의 본질에 대한 해명을 하지 못하고 종교적 영성이 떨어지면 그 종교는 쇠퇴의 길을 걸었다. 한국과 중국의 불교도 이슬만 먹고 산 것이 아니다. 국가 권력과 결탁하기도 하고 거대 자본을 굴리는 대지주가 되기도 하고 재산을 지키기 위해 승병을 갖추는 등 온갖 사업가적 수완을 발휘했다. 또 현세적 이익을 염원하는 미신적인 부분도 많았다.

그렇지만 종교가 일본처럼 그런 기능만으로는 존속할 수 없다. 일본처럼 성황당에서 빌면 되는 기도를 대신 해주고 장례식을 그럴듯한 의식으로 치러주는 기능만으로 불교는 존속하기 어렵다. 인간 본질, 정신적 구제 등 진리에 대하여 어떤 해답을 주어야 한다. 우주와 세상에 대해 본질적으로 구명할 수 있는 힘을 지녀야 한다. 중국에서는 각 시대에 따라 무수히 많은 종파가 현란한 논리 체계를 구축하며 갖은 방법으로 생존을 모색했지만 몰락했다. 그러나 중국 사회가 원하던 인간 본질에 대한 해명을 한 선종과 정토종은 살아남았다. 한국도 마찬가지이다. 아마도 세계의 종교가 대부분 그럴 것이라 생각된다.

일본 불교는 '초월성이나 보편적 진리'를 말하는 불교의 핵심에서 심하게 벗어나 있다. 그렇지만 이런 종교적 본령과 무관한 기능을 수행하는 것으로 지금까지도 막대한 사회적 위치를 차지한다. 현재 일본의 불교는 장례식이라는 국민적 의례를 맡아보면서 국민의 90%를 신자로 두고 있는 막강한 종교이다. 승려는 대부분 대처승으로서 승직을 자녀에게 물려주는 하나의 가업이며 절을 소유한 대지주이다. 그래서 청년이 금발로 머리를 물들이고 여자 친구와 스포츠카를 타고 다니다가 어느 날 갑자기 가업을 이었다면서 승려복을 입고 나타난다. 그 정도로 일본의 승려는 단순한 직업으로 계승된다.

이렇게 에도 시대 일본의 불교는 장례식 불교라는 실용적 기능으로 정착했지만, 해탈, 열반, 인과응보와 같은 불교적 진리는 뿌리내리지 못하고 신도적 주술의 세계 속에 묻혀 버렸다. 즉, 불교가 신도를 바꾼 것이 아니라 오히려 불교가 신도 체계 안에서 존속하면서 불교 본령의 영혼 구제에서 이탈했음을 본다.

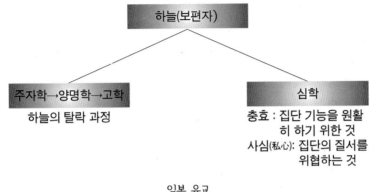

일본 유교

Ⅲ. 일본 유교와 신도

일본에서 불교는 천여 년 동안 신도와 융합되어 오면서 불교적 진리를 상실하는 과정을 지켜보았다. 유교도 일찍이 일본에 들어오긴 했지만 17세기 에도 시대에 본격적으로 도입되었기에 일본에 정착한 기간은 불교와는 비교할 수 없을 정도로 짧다. 일본의 유교도 불교처럼 신도와의 습합 속에서 정착되었으며 일본의 유교에서는 불교의 경우보다도 가치관이 드러나 보다 신도의 실체에 접근하게 된다.

1. 일본유학의 세계, 보편적 세계관의 결여

1) 일본주자학, 사회안정의 도구로 변용

에도 시대는 전란이 끝나고 일본의 사무라이 정권 400년 만에 최초로 맞이하는 평화 시대였다. 이제 일본 사무라이 정권도 평화의 시대를 다스릴 수 있는 통치 기술이 절실히 요구되었다. 일본에서 주자학은 평화의 시대를 통치하기 위한 지배 이데올로기로서 도입되었다. 그런데 일본에서

주자학 도입은 조선과 깊은 관련 속에서 이루어졌고 초기 내용은 퇴계학
으로부터 많은 영향을 받았다.

일본에서 주자학을 창도한 후지와라 세이카[藤原惺窩, 1561~1619]는 원
래 선승이었다. 그는 1590년 조선통신사로 일본에 온 종사관 허성(許筬,
1548~1612)을 만나 주자학에 눈을 뜨게 되었다. 그 후 후지와라는 임진왜
란 때 조선에서 가져 간 『퇴계전서』 등 조선의 주자학 서적을 보면서 내
용을 익혔고 포로로 데려 간 강항[姜沆, 1567~1618]과 접촉하면서 그의 가
르침을 받아 주자학을 창도하게 되었다.

후지와라는 제자 하야시 라잔[林羅山, 1583~1657]을 막부에 추천했고,
하야시는 막부의 공인 유학자가 되었다. 이렇게 해서 하야시 가(家)는 직
책이 세습되는 일본의 전통에 따라 대를 이어 막부의 공인 유학자 직을
계승했다. 일본의 유명한 주자학자 야마자키 안사이[山崎闇齋, 1618~
1682] 같은 자는 퇴계를 주자 이래 최고의 학자로 극찬하며 퇴계를 가미
[神]로 숭배할 정도로 초기 일본 주자학은 퇴계학으로부터 지대한 영향을
받았다. 일본의 학자들은 주자학을 통해서 사회를 안정시킬 수 있는 윤리
와 도덕을 얻고자 했다. 조선주자학과 달리 일본학자들은 천리가 큰 관심
사가 아니었다.

야마자키 안사이는 퇴계의 경(敬)을 중심 사상으로 삼았지만 퇴계와는
달랐다. 원래 퇴계학의 경은 하늘과 같은 인간이 되기 위한 수양법이었다.
경은 마음을 고요히 하여 외물에 마음을 빼앗기지 않고 집중하여 인간의
마음 안에 있는 천리와 하나가 되고자하는 것을 말한다. 한편으로 퇴계학
에서 경 공부를 실천 덕목으로 겸하기도 했다. 그러나 퇴계학의 경우, 경
공부를 많이 하여 마음이 하늘에 가까워지면 가까워질수록 남을 공경하는
마음이 저절로 강해지게 되므로 경을 실천 덕목으로서도 겸하게 되었을
뿐이다.

그런데 야마자키 안사이는 퇴계의 경에서 '천리' 회복은 제거하고 실천
덕목으로만 이해했다. 야마자키는 경을 타인에 대한 실천 윤리인 오륜으

로서 변용했다. 야마자키는 실천 윤리와 연결되어 있던 천리를 없애버린 것이다. 즉 야마자키에게 오륜은 그저 인간관계의 기본일 뿐이다. 부모에게 효하고 임금에게 충하는 등 오륜은 사회를 유지하기 위한 방법이며 실천 덕목에 지나지 않는다. 야마자키에게 오륜은 진리와는 무관하다.

부모에게 효하는 것, 그것은 윤리 차원을 넘어서 진리와 맞닿으면서 효는 깊어진다. 더욱 절실해진다. 조선의 주자학은 그 진리(천리)를 강하게 믿었다. 그래서 조선은 '오륜'이 윤리 차원을 뛰어넘어 진리와 연결되지 않으면 안심이 안 되었다. 진리 없는 윤리로는 사회가 유지될 수 없다는 것이 조선 주자학에게 거의 본능에 가까운 확신이었던 것처럼 보인다.

이에 비해 야마자키는 "윤리는 사회 질서를 유지하는 윤리인 것이지 어떻게 진리일 수 있느냐?"고 의문을 품은 것이다.

2) 일본의 양명학과 고학 : 현실과 욕망의 대두

이런 경향은 야마자키에게서만 발견되는 것이 아니다. 일본에서 천리는 양명학과 고학에서는 더욱 이탈하고 소멸되어 나타난다. 원래 양명학과 고학(중국, 조선에서는 실학)은 일본과 마찬가지로 중국이나 조선에서도 모두 주자학이 지니는 지나친 관념성의 폐단을 지적하며 나온 학문이다.

특히 한국에서는 주자학이 조선 왕조 500년의 정신적 근거로서 발달했기 때문에 주자학의 폐단이 더욱 심했다. 정치적 억압이 하늘을 빌미로 정당화되기도 하고 주자학적 명분이 정권 유지의 도구가 되기도 했다. 그리고 경험적 현실이 주자학의 지나친 사변주의로 인해 무시되었다. 그렇지만 중국과 조선의 경우, 변하지 않는 본래의 세계인 '이'(理, 天理) 자체를 부정하지는 않았다.

그런데 일본의 양명학과 고학은 주자학의 사변주의를 비판하면서 이전보다 더욱 확실하게 천리를 탈락시키는 과정으로 일관한다.

양명학자 구마자와 반잔(熊澤蕃山, 1619~1691)은 인간 존재의 근본으로 육체적 요소를 제시한다. 그리고 천리를 하늘의 차원이 아니라 인간의 차원에서 이해한다. 결국 하늘(천리)처럼 섬겨야할 대상으로 임금과 부모로 구체화하고 오륜(五倫 : 군신유의, 장유유서, 부부유별, 붕우유신)을 최고의 가치로 격상하였다.

고학은 말 그대로 주자학을 부정하고 공맹의 고학으로 돌아갈 것을 주창한 학문이다. 고학자들은 양명학자들보다 한 발자국 더 나아가 천리를 분명히 부정한다. 고학의 창시자 이토 진사이[伊藤仁齊, 1627~1705]는 "만물은 천지 사이에 저절로 생물이 생겨나는 것이지, 천리라고 하는 것이 먼저 있어서 작용하는 게 아니다."라고 말했다. 이토에게 퇴계학의 경은 타인을 공경하는 윤리학이 되어 버렸다. 그리고 더 나아가 고학자들은 인간의 열정과 욕망, 현실을 강력하게 인정하게 된다. 야마카 소쿠[山鹿素行]에 따르면 "인간의 열정과 욕망은 증오되어야 할 그 무엇이 아니다. ……사람의 욕망을 없애버리면 이미 사람이 아니며 마치 기왓장이나 돌과 같다." 한다.

오규 소라이[荻生徂徠, 1666~1728]에 이르면 천리는 완전히 제거되고 성인의 도만을 인정하고 있다. 그렇다면 천리가 제거된 성인의 도란 어떤 것인가? 오규에게 성인은 무언가를 만든 자이며 결국 현실의 정치 지배자, 도쿠가와 쇼군이 성인이라는 결론에 도달하게 된다. 천리가 제거되고 나면 현실이 강하게 대두하는 것이다.

일본에서 양명학으로부터 고학에 이르는 발전 과정에는 사실 주자학에 의해 지나치게 무시되던 욕망과 현실에 대한 진지한 탐색이 있었다. 이는 중국과 한국의 경우도 마찬가지였다. 그러나 중국과 한국은 천리 자체를 부정하지는 않았다.

그러나 일본에서처럼 천리가 제거되어 욕망과 현실이 강하게 나왔고 오규 소라이에 이르러서는 성인을 현실의 지배자인 쇼군이라 간주했다.

일본 주자학에서 양명학, 고학에 이르기까지 일본 유학은 천리가 소멸·탈락되는 과정을 거쳤음을 보였다. 이는 불교가 신도 속에 흡수되면서 불교의 철학성이 탈락되어 하나의 마법적 신으로 수용된 것과 비슷하다. 일본은 영원한 것, 절대적인 것, 우주 만물의 궁극적인 어떤 것이 존재한다는 점에 대해 관심이 적음을 볼 수 있다. 일본이 낳은 대학자 마루야마 마사오[丸山眞男, 1914~1996]는 "일본은 절대자, 보편자 등이 있는 외래 사상을 용납 못하고 일본적으로 변용시킨다"했다. 다시 말하면 일본에는 무엇인가 집요하게 저음으로 흐르면서 절대자, 보편자 등과 같은 외래 사상을 부서뜨린다. 마루야마는 집요하게 흐르는 그것을 '집요 저음'이라 불렀다.

2. 국학의 세계-일본의 순수한 혼, 신도

1) 신의 도가 순수하게 발현된 고대 신화시대

국학은 18세기 일본 고전을 연구하여 일본 고대의 순수한 정신을 밝히려는 학문이다. 국학이란 용어 그 자체가 일본 국가의 특징을 찾으려는 학문임을 알려주지만 국학은 유학의 강한 영향 하에 탄생했다.

중국과 한국의 유학자들은 주자학의 사변적 합리주의에 회의를 느끼면서 공자나 공자 이전의 선왕의 정신으로 돌아가서 진정한 유학의 의미를 찾고자 했다. 일본의 유학자들도 마찬가지였다. 그런데 일본에서는 공자 이전의 선왕의 정신에서 그치지 않고 한 걸음 더 나아가 일본의 고대에서 일본만의 순수한 정신을 찾고자 한 국학이 나온 것이다. 가장 일본적인 학문인 국학은 모토오리 노리나가[本居宣長, 1730~1801]에 의해 집대성되었다. 모토오리의 학문과 정신세계를 살펴보면 일본국가주의, 그배경으로서 신도와 천황이 무엇인지 많은 진실을 알려 준다.

모토오리 노리나가는 유교와 불교를 철저히 배격하고 일본만의 순수한 정신을 찾고자 했다. 조닌[町人, 일본 에도시대의 사회계층] 출신으로 교토에 가서 의학을 배우고 고향 마쓰자카[松坂]에서 의사로 지냈다. 의업 외에는 저작에 전념했다. 모토오리는 각고의 노력으로 일본 고대 고전인『고사기』를 30년 동안 실증적으로 연구하게 된다.

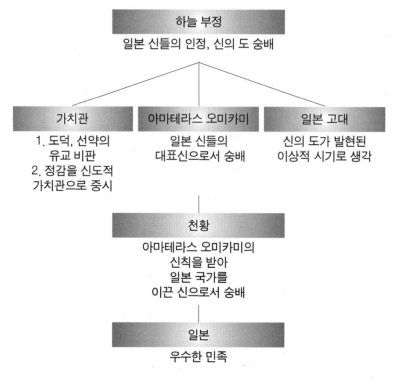

모토오리 노리나가의 국학

『고사기(古事記)』(712)는 천지 창조부터 시작하여 신들의 탄생과 일본 열도의 생성, 신들의 세대교체와 행동을 다루고 있다. 이어 초대 천황 진무 천황이 아마테라스 오미카미[天照大神, 태양신]에게 3종의 신기를 받았다는 전설적인 이야기가 나오며, 그리고 6, 7세기 역사적인 왕들의 이야기가 적혀 있다. 『고사기』는 『일본서기(日本書紀)』와 더불어 8세기 천황의 권위를 강조하기 위해 만들어진 역사책이다. 『고사기』에 나오는 일본 신화에서는 수많은 신을 천황의 조상신 아마테라스 아래로 서열화하여 천황의 권위와 지배가 신들의 시대부터 약속된 것임을 의도적으로 만들어 강조했다.

그러나 『고사기』의 내용 전체가 조작된 것은 아니다. 조작되고 의도된 부분을 빼고 나면 일본 신화는 일본 지역에서 자연스럽게 숭배되던 수많은 신의 이야기로 가득하다. 모토오리는 일본 신화와 고대의 신들에게서 일본의 순수한 혼을 찾아냈던 것이다.

『고사기』에는 상고(上古)의 신들이 인간과 함께 세계를 만들었다는 신화가 나온다. 모토오리는 신들이 인간과 더불어 세계를 만들었던 신화 시대의 태고적 상태를 "신의 도가 있는 그대로 발현된 이상적인 상태"라 한다. 그러므로 고대 시대를 살아간 고대인이 가장 이상적인 인간이라 생각했다. 모토오리가 그토록 이상향으로 생각한 '있는 그대로의 신의 도,' 그것은 구체적으로 어떠한 것일까?

신의 도 즉 일본의 순수한 혼으로 여겨지는 감정을 모토오리는 '모노노 아와레(もののあわれ 物の哀れ)'로 표현했다. 모노노 아와레는 '인간의 마음이 사물에 접할 때 순수하게 일어나는 감정'으로 풀이할 수 있다. 모토오리는 모노노 아와레를 "기뻐할 일을 마주쳤을 때 기뻐하고 슬퍼할 일을 만났을 때 슬퍼하는 순수한 마음"이라 한다. 그 감정은 "연약하고 덧없는 것"으로서, "사람의 참마음 깊숙한 데 있는 것"이라고 한다.

2) 고대 신의 도 → 정감의 가치관 →
천황과 태양신의 숭배 → 뛰어난 일본 민족

반면 유교나 불교에서 말하는 도덕, 선악과 같은 것을 인정의 진실을 억압하고 위선을 강제하는 것이라 비난했다. 유교와 불교가 제멋대로 규범을 만들어 일본 고대에 존재하던 신의 도를 타락시키고 그 순수한 발현을 막고 있다는 것이다. 이렇게 보면 신의 도는 '도덕과 선악'보다 사물에 접할 때 일어나는 순수한 정감에 더욱 가까울 것 같다.

모토오리의 학문에서 빼놓을 수 없는 것이 천황과 관련한 극단적인 민족주의 부분이다. 이미 말한 것처럼 모토오리는 일본 신화 속에 나오는 신들을 숭배했고 신의 도가 순수하게 발현된 고대를 이상향으로 바라보았다. 천황을 이러한 고대 신 속에서 이해한다.

천황의 조상신 아마테라스 오미카미는 일본 신을 대표하며, 때문에 천황은 대표적 일본신의 후손이 된다. 모토오리에게 고대는 '천지의 여러 신과 인간이 진심에 따라 평온하고 즐겁게 살았던' 이상향이며 참된 세계였다. 그런 고대 이상향의 중심에, 아마테라스에게서 신칙을 받은 천황이 있었던 것이다. 천황은 신의 도가 발현된 시기에 일본을 이끌었던 가장 이상적인 국가의 수장이며 인간으로 나타난 신이 되는 것이다. 모토오리는 여기에서 그치지 않는다. 일본은 아마테라스 오미카미와 천황이 존재하기 때문에, '신의 도'가 발현되는 유일한 나라라 간주하면서 그렇기에 일본 민족을 가장 뛰어난 민족이라 주장하게 된다.

모토오리의 사상은 유·불을 철저히 배격하고, '고대 신의 도 → 정감의 가치관 → 천황과 태양신의 숭배 → 뛰어난 일본 민족'으로 이어지고 있다. 모토오리가 신의 도를 인간의 가장 자연스런 상태로 이야기하며 엄격한 도덕보다 마음 안의 정감을 말할 때까지는, 도덕이 비하되는 것이 마음에 걸리기는 하지만 그래도 일견 그럴 수 있겠다는 생각이 들 것이다. 어떻게 보면 아름답게도 느껴진다.

그러나 자국의 신화를 유일하고 절대적인 것으로 여기며 그 연장선상에서 천황을 절대시하고 일본만이 우수한 민족이라는 결론을 만들어 내는 것을 보면 입이 딱 벌어질 만큼 아연해진다. 모토오리 노리나가는 전설적인 신화를 역사적 사실로 오인하는 대단히 바보스러운 주장을 한다. 나아가 자폐적일 정도로 자민족중심주의의 허구에 빠져든다.

그러나 모토오리는 바보가 아니다. 『고사기』를 30년 동안 이루 말할 수 없는 성실함으로 파고든 완벽한 실증적 방법론을 지닌 대학자였다. 그러면서도 신화가 지니는 비합리성에 전혀 구애받지 않고 아마테라스를 현재 하늘에 있는 태양이자 천황의 조상으로 그대로 믿었다. 즉 일본 신화에서 말하는 자연의 신도, 천황을 철저히 신앙으로 받아들였다. 그렇다면 대학자가 어째서 신화를 사실로 오인했을까?

신도는 일본 사회 곳곳에 존재한다. 일본 어디든 신사가 있어서 많은 사람들은 다양한 신을 모신다. 가정 안에서, 생업 현장에서, 마을에서, 이 밖에 일본 곳곳에서 수많은 신을 수많은 민중이 영험한 신으로 받든다. 일본 신화 속에 나오는 태고의 신앙은 책에만 나타나는 과거가 아니다. 눈으로 확인할 수 있는 현재이다. 단절되지 않고 변하지 않은 채 일본 역사 전체를 통해 현재까지 존속한다. 종교로, 생활의 중심으로 생생하게 존재한다. 그 뿐 아니다. 신도는 문학에서도 정치에서도 밀접한 관련을 갖고 있다. 그야말로 일본의 전부이다.

신의 도, 그것은 일본 사회 곳곳에 흡수되어 변하지 않고 존재해 왔다. 끝 모를 태고로부터, 신화 시대로부터 단절되지 않고 존재해 왔다. 영원성을 느끼게 한다. 거부할 수 없는 진실로 다가온다. 그래서 모토오리에게 신의 도는 단순한 학문이 아니라 신앙일 수 있었다. 그는 평생을 독실한 신앙인으로 보냈다. '신의 도'는 평생을 바칠 만큼 종교이며 신앙이었던 것이다.

아마테라스와 천황은 그런 신의 도를 대표하는 것이다. 아마테라스는 신 가운데 최고신이며 천황은 그런 아마테라스가 세상을 다스리라고 신칙을 넘겨준 후손이다. 천지의 여러 신들과 인간이 진심으로 평온하고 평화로웠던 고대의 한 중심에 아마테라스에게서 신칙을 받은 천황이 있는 것이다. 신의 도가 실현되고 있는 나라는 일본뿐이며 따라서 일본인이 가장 우월한 민족일 수밖에 없다는 것이다.

신의 도를 긍정하고 나면 천황 긍정은 자연스러워진다. 여기에 이르면 '일본만 특별하며 나아가 우수하다는 논리'는 설사 드러내지 않아도 잠재해 있다. 그것은 적절한 시점에서 뚫고 나와 만개한다. 불교의 보편성을 무너뜨리고 유교의 천리를 튕겨 버린 신도. 그 안에 자기중심의 민족주의로 직결되는 요소가 있다. 이는 비단 모토오리에게만 나타나는 현상이 아니다. '일본의 우월성'은 신도라는 특별한 전통을 가진 일본인 누구에게서나 드러나기 쉬운 생각이다.

이러한 모토오리 사상은 근대의 대내외 위기 속에서 많은 일본인이 받아들였고 메이지 유신의 사상적 지주가 되었다. 신도와 천황은 일본의 원초적 감정을 수반하며 근대에 들어 현실에서 어떤 힘을 발휘하는지 우리는 목격하게 될 것이다.

IV. 근대 천황, 신도와 연결되어 통합의 구심

일본의 근대는 과거의 전근대적 봉건 체제를 폐지함으로써 새로운 사회를 이룩할 수 있었다. 한편 일본의 근대는 고대로부터 이어진 역사적 전통, 신도와 내면적 연관을 깊숙이, 그리고 폭넓게 지니면서 만들어졌다.

1. 신화의 표상, 천황

1) 일본의 전통과 강하게 연결된 근대의 천황

천황은 막부를 타도하고 새로운 정부를 만드는 구심점이었다. 메이지 유신 지도자들은 언제나 천황이라는 깃발로 자신의 행동을 정당화하고 막부를 타도할 수 있었다. 메이지 정부 지도자들은 서양 열강을 시찰하면서 그 강대함의 배후에 크리스트교가 있음을 알고 일본도 정신적 구심점이 필요함을 절감했다. 정부는 '신화의 표상으로서 천황'을 국민적 정체성으로 삼고 그것이 사회 곳곳에 그물망처럼 퍼지도록 심혈을 기울였다. 근대에 이르러 비로소 천황은 일본 국민과 민족의 정체성의 핵이자 신성불가침한 절대 군주로서 본격적으로 신격화되었다.

그렇지만 신성불가침한 천황을 오로지 근대에 만들어진 산물로만 이해하기는 어렵다. 근대의 천황은 '신도, 천황의 장기 존속'이라는 일본의 오랜 역사적 전통을 기반하에서 만들어진 것이다. 만약에 신도라는 역사적 전통이 없었다면 근대 천황은 탄생하기 쉽지 않았을 것이다. 근대의 대내

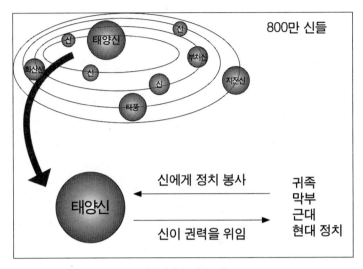

정치권력의 원천, 신

외적 위기 앞에서 천황은 일본이 정체성의 핵으로 선택할 수 있는 유력한 길이지 않았을까? 천황은 신도와 연결되어 오랜 역사를 통해 정치 권위의 원천으로 존속해왔기 때문이다.

2) 신도와 연결된 정치 권위의 원천

천황은 귀족, 사무라이 정권을 합리화해 주는 정치 권위의 원천으로서 존재했다. 현재도 국민 주권이 천황의 상징성을 전제로 이루어진다는 점에서 천황은 여전히 정치 권위의 원천으로 작용한다. 이는 일본 사회에서 신도가 매우 강한 전통으로 존속하였기에 가능한 것이다.

신도는 일본 역사 속에 종교로, 또 문화와 정치의 중심으로 지속되어 온 전통이었다. 원시 신앙을 버리고 보편적인 4대 종교(유교, 불교, 크리스트교, 이슬람교)를 수용한 다른 나라와 달리 일본은 원시 신앙인 신도가 지속되었다. 지금도 일본은 전국의 8만여 개 신사에서, 각 가정에서, 그리고 조그만 가게에서 대기업에 이르기까지 무수히 많은 곳에서 수많은 신

태양신을 상징하는 히노마루
히노마루는 천황의 조상신인 아마테라스 오마카미(태양신)를 상징한다.
국가인 기미가요도 천황의 만수무강을 기원하는 내용이다.

을 섬기고 있다. 천황은 그렇게 연속되어 온 신앙 체계 속에 존속할 수 있었다.

천황은 4세기 일본사에 등장한 최초의 왕으로서 아마테라스를 조상신으로 모시는 종교적 군주였다. 12세기의 새로운 지배자 사무라이는 천황을 죽이기는커녕 자신들의 권력을 정당화하는 근거로 삼았다. 사무라이 사회의 쇼군은 권력을 위해서라면 부하와 처자식까지도 살해하는 냉엄한 권력자였다. 그런 그들이 천황을 살린 것은 그만한 이유가 있었다.

일본 사회에서 신들의 숭상은 지속되었고 그 신 가운데 천황의 조상신 아마테라스는 영험한 신으로 민중들은 받아들였다. 4세기 이래 천황은 아마테라스의 신칙을 받은 후손으로 선언되어 왔다. 어느 사회에서나 최고 권력자는 그 사회에서 가장 중시하는 것을 차지하여 권력을 합리화하고 강화시키려 한다. 일본 사회에서 신들은 민중에 의해 숭상되었기 때문에 아마테라스와 천황은 권력의 명분이 될 수 있었다. 모든 막부의 쇼군은 최고 신 아마테라스의 후손 천황에 의해 임명됨으로써 민중과 부하들을 효과적으로 지배할 수 있다고 생각했던 것이다.

일본 역사에서 천황은 정치적 정통성의 원천으로 간주되었다. 사무라이 사회의 쇼군이 그랬던 것처럼 근대에도 신과 천황은 정통성의 원천으로 기중하였다. 역사적으로 근대가 이전 시대와는 질적으로 다른 사회이고, 권력에 의해 새롭게 천황이 창출되었다 해도 장구한 역사의 흐름에 놓인 연속성을 염두에 두지 않을 수 없다.

2. 근대 천황제: 부적과 같은 신에서 신성한 절대권력자로

1) 재앙을 물리치는 부적 같은 신

근대 이전의 민중들에게 아마테라스와 천황은 재앙을 막아주고 복을 가져다주는 자연스러운 신앙의 대상이었다. 그래서 근대에 들어서서도 일본의 민중은 정치 권력자로서 천황에 대해 전혀 알지 못했다.

메이지 유신이 4년째 되던 1872년 5월, 천황 순행시 모습은 근대 이전 민중의 자연스러운 신앙을 상상해 볼 수 있다. 천황이 주고쿠[中國], 큐슈[九州] 지방으로 연미복에 서양 정장 차림으로 순행하던 중이었다. 많은 일본인들은 길가에 앉아서 박수 배례를 하거나 금줄을 치고 떡을 바치며 천황을 마중했다. 박수 배례는 신에게 하는 가벼운 의식으로, 현재도 일본에서 흔히 볼 수 있다. 금줄은 재앙을 막아주는 표식으로 우리에게도 익숙하다.

가고시마에서는 천황이 제사지낼 때 사용한 거적, 삼나무 잎 등을 재앙을 막아주는 부적으로 여기고 가져갔다. 일본 민중에게 천황은 재앙을 물리치는 부적과 같은 신이었다.

2) 신성한 절대자로서 근대적 천황제 창출

메이지 정부는 전통적인 천황으로는 상징성이 부족하다고 생각했다. 영험한 부적 같은 신에 불과한 것이 아니라 천황은 신 중의 신, 아마테라스

에게서 옥, 칼, 거울이라는 3종의 신기를 받아 일본국에 강림한 현인신이
며 일본국의 신성한 통치자임을 대중에게 각인시키고자 했다. 이는 『일본
서기』와 『고사기』에 나오는 신화이다. 이 신화는 당시 지배 계층이나 지
식인들은 알고 있었지만 민중은 거의 몰랐다. 민중에게 신화 속 천황은 어
쩌면 관심이 없었는지도 모른다.

　민중은 재앙을 물리치고 복을 가져다주는 신, 주술로서의 아마테라스와
천황이 주요 관심사였을 것이다. 그러나 천황과 아마테라스가 영험한 신
이라는 인식은 민중에게 너무도 분명하게 새겨져 있다. 그것은 하루아침
의 일이 아니라 역사 과정에서 형성된 자연스러운 신앙이었다. 그렇기에
뿌리 깊은 것이다.

　메이지 정부는 민중의 마음에 각인된 것을 토대로 신화를 열심히 가르
쳐 천황은 일본국의 신성한 통치자임을 만들고자 했다. 일본국을 강력히
통치하는 정치적 군주이면서 동시에 무궁한 신성을 가진 천황을 창출하려
했다. 그렇게 교육을 통해 민중이 신성한 절대 통치권자 천황을 수용하게
된다면 어떤 국가의 위급한 일이라도 일사불란하게 극복할 수 있을 것으
로 생각했다. 무책임하게 떠드는 반대자를 손쉽게 억누를 수도 있을 것이
다. 궁극적으로 부국강병을 이룩하고 당당하게 일본은 강한 국가가 될 수
있을 것이라고 생각했던 것이다. 신화 속의 천황을 민중에게 알리기 위해
메이지 정부는 모든 노력을 다했다. 신사, 교육, 군대 등 모든 현장이 활
용되었다.

3) 국가신도 : 천황과 아마테라스 중심으로 신들을 재편성

　우선 역사적으로 일반에게 가장 익숙한 신사를 활용코자 했다. 한 마을
에 하나의 신사를 정하여 잡다한 신이나 부처, 예수 등을 없애고 하나의
수호신만 남겨 천황과 아마테라스 등 국가가 공인하는 신을 모시도록 했
다. 이를 위해 신사를 관리하는 신관 등을 국가에서 관리하는 공무원으로
삼았다. 전통적으로 자연스럽게 숭배해 오던 기성 및 신생의 수많은 신을

천황과 관련한 신 중심으로 광대한 종교적 질서를 재창출코자 한 것이다.

그러나 이는 신앙의 자유를 문제 삼는 서양 열강과 국내의 반발에 부딪혔다. 정부는 한 발 물러 설 수밖에 없었다. 전국의 신사 가운데 일부를 종교적 신사로 독립성을 인정하였다. 메이지 정부는 나머지 신사에 대해서는 종교 시설이 아니라 고래의 습속이라는 이유를 서양에 내세우면서 주요 신사를 국가의 신사로 삼았다. 아마테라스를 모시는 이세 신궁(伊勢神宮)을 중심으로 신사를 통폐합하여 이들 신사의 행정과 재정을 국가가 관리하도록 했다. 신사 참배를 비롯한 신도의 제사를 국민의 의무로 만들어 신들의 정점에 아마테라스와 천황의 조상들이 있음도 각인시켰다. 천황을 위해 싸우다 목숨을 잃은 사람들을 국가신으로 모시고 제사를 지내도록 하여 야스쿠니 신사[靖國神社]도 이세신궁과 더불어 중심 신사가 되도록 하였다.

역사적으로 일반인에게 가장 익숙한 신사를 정리함으로써 천황은 아마테라스의 신칙을 받고 일본을 통치하는 신성의 절대군주임을 국민의 뇌리에 심어주고자 한 것이다. 이와 더불어 야스쿠니 신사를 중요시하여 국민을 신민으로 삼아 천황에 대한 충성을 유도하고자 한 것이다.

4) 신화 속 천황과 애국을 연결

교육 현장에서도 신화 속의 천황을 열심히 가르쳤다. 1890년 메이지 천황의 이름으로 '교육에 관한 칙어[教育關勅語]'를 발포하여 전국 각 학교에서 예배·봉독하도록 했다. 교육칙어 내용을 보면, "천황은 일본 땅을 신칙(神勅)으로 다스린 유구한 왕이며 국민들은 애국해야 한다." 하였다. 교육칙어는 학교 교육의 기본 원리로서 소학교 6년간 암송되고 봉독되고 예배되었다. 또한 천황의 신성함을 드는 근거인 신칙을 『일본서기』, 『고사기』 안에서 유리한 문장을 취하고 합하여 장중하고 신비스런 문장으로 만들어서 국정 교과서에 실어 교육하였다.

'군인칙유(軍人勅諭)'도 만들어 군복무 3년간 암송하게 했다. 군인칙유 역시 천황의 신성함과 신성한 천황이 대원수로 직접 군을 통수함을 말하여 천황에게 절대 복종할 것을 내용으로 한다. 메이지 헌법에서도 천황의 신격성과 절대 권력을 법적으로 정당화한 바 있다.

소학교 수학여행은 황거, 이세신궁, 야스쿠니 신사, 교토 등 천황과 관련된 역사적인 장소를 의무적으로 방문토록 했다. 4대 국경일도 천황과 관련된 날들로 정했다. 4대 축일에는 학교에서 기념식이 거행되었는데, 기념식에서 히노마루(日の丸 : 일장기) 게양, 기미가요(君が代 : 일본의 국가) 제창, 교육칙어 봉독 등이 이루어졌다.

이처럼 메이지 정부는, 천황은 영험한 신 정도가 아니라 신칙을 받아 개벽 이래 일본을 통치해 온 신성한 절대군주라는 사실을 다양하고 섬세한 방법으로 끊임없이 가르쳤다. 천황은 아마테라스에게서 받았다는 3종의 신기(거울, 칼, 옥)를 갖고 각지를 순행하면서 아마테라스의 자손으로서 만세일계의 황통을 잇고 있음을 과시했다. 또 단발에 서양식 복장을 하여 무지한 대중들이 천황을 따라 문명개화하도록 유도했다. 전시에는 대원수로서 전장을 독려하여 국력을 결집했다.

5) 잠복된 극우성

천황의 쓸모는 실로 다양하고 강력했다. 메이지 정부는 천황을 국가 정체성의 핵으로 삼아 근대화라는 험난한 파고를 넘어 부국강병의 일본을 만들고자 했다. 국민이 신성한 천황을 우러러보면서 복종한다면 근대의 난관을 보다 쉽게 돌파하리라 생각했다. 실제로 메이지 정부의 의도대로 천황은 국가 정체성의 핵이 되어 국민의 재능과 활력을 결집하여 동아시아에서 유일하게 근대화에 성공할 수 있었다. 청일전쟁과 러일전쟁에서 승리하면서 천황에 대한 존숭은 더욱 깊어갔다.

근대의 천황은 본질적으로 막부 쇼군들이 권력의 정당성으로 삼았던 것과 다르지 않다. 신들의 숭상이 압도적으로 지속되는 사회에서 천황이 권

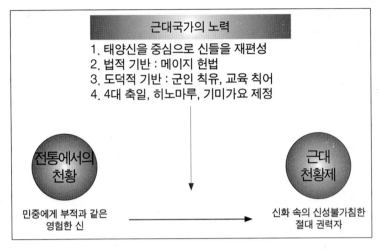

신성한 정치 권력자인 근대 천황의 창출

위의 원천으로 이용되는 것은 자연스럽다. 다만 차이가 있다면, 근대는 천황이 지닌 신화적 요소를 더욱 확대 강화한 고도의 권력으로 국민 속에 효과적으로 침투할 수 있었다는 점일 것이다. 수많은 책, 학자들이 말하듯이 천황은 근대에 만들어진 산물로만 보기 어렵다. '신성불가침한 통치권자, 천황'은 역사적 전통의 연속선 위에서 만들어진 것임을 잊지 말아야 한다.

여기서 잠깐, '신성불가침한 천황'은 단순히 정체성이 되기 어렵다는 점을 짚지 않을 수 없다. 이 말은 일본의 조상신, 일본의 신화가 최고라는 사상을 담고 있다. 자기가 모든 것에 우월하다는 보편성이 결여된 극우성이 잠복한다. 어떤 때는 자기 정체성으로 사용되기도 하지만 언제 현실의 불길을 만나 정체성을 뛰어넘어 극우성이 활개를 치며 만개할지 모른다. 이것도 '집단성'이라는 일본의 전통과 내면적 연관을 지니고 있다. 천황은 어떤 점에서는 일본인에게 빛이면서, 또 어떤 점에서는 그림자일지도 모른다.

이세신궁의 제식. 천황의 조상신 태양신을 모신 이세신궁의 의례

V. 맺는 말

이 글에서는 큰 틀에서 불교와 유교에 신도적 세계가 어떻게 투영되어 변용하는지 살펴보고, 일본 천황이 이런 신도와 연결되어 근대 일본 사회의 중심축이 되는지 일별해 보았다.

일본 불교에 관해 요약해보면, 생시의 선악이 사후 세상에서 보응된다는 불교의 인과응보 사상은 그것 자체가 일본인의 세계관에 자극을 주긴 했지만 일본 불교는 이러한 불교적 진리보다는 대체로 현세의 이익을 가져 오는 신으로서 수용되어(신불습합, 본지수적설) 주술적 종교로서 일본 사회의 신도적 풍토에 적응했다.

일본유교는 주자학에서 양명학, 고학에 이르기까지 천리가 소멸·탈락되는 과정을 거쳤음을 보았고, 특히 국학의 모토오리 노리나가는 자국의 신화를 유일하고 절대적인 것으로 여기며 그 연장선상에서 천황을 절대시하고 일본만이 우수한 민족이라는 논리도 포함하고 있었다.

근대의 천황은 '신도, 천황의 장기 존속'이라는 일본의 오랜 역사적 전통을 기반 하에서 만들어진 것으로서 메이지 정부는 민중의 마음에 각인된 것을 토대로 신화를 열심히 가르쳐 천황은 일본국의 신성한 통치자임을 만들었다. 이를 통해 약육강식의 냉엄한 근대세계에서 부국강병을 이룩하고 강한 국가가 되는 통합의 구심점이 되고자 했다.

공동체가 집단적으로 공유하는 기억을 토대로 관습이 형성되며(화이트헤드, Whitehead, Alfred North), 관습은 특정 공동체의 결합력으로 작용하는 막연한 감정이라 명명하기도 한다.(버크, Edmund Burke) 이 글에서 일본사회의 결합력으로 작용하는 막연한 감정, 즉 일본의 관습에서 '신도와 천황'은 중요한 인자로 작용하고 있음을 확인했다. 세계는 국경이 무너지고 노동력이 국경을 넘어 자유롭게 움직이는 새로운 시대를 맞이하고 있다. 미래 언젠가는 지역공동체를 넘어 하나의 세계정부가 탄생하고 모든 지역이 하나로 통합될 것이며 일본의 관습이란 것도 희석될 것이다. 하지만 아직까지 여전히 일본의 관습, 즉 '신도와 천황'은 일본을 이해하는 유력한 통로로서 우리에게 많은 암시를 준다.

제84회 발표, 2008년 10월 17일

참고문헌

정혜선, 『한국인의 일본사』, 현암사, 2008.

_____, 『일본공산주의운동과 천황제』, 국학자료원, 2001.

_____, 「사노 마나부의 전향과 강인한 전통」, 『한국민족운동사연구』 48집, 한국
　　　민족운동사학회, 2006. 9.

_____, 「전전(戰前) 일본 전향정책의 형성과정과 그 사상적 통로, 천황제」, 『한
　　　국민족운동사연구』 33집, 한국민족운동사학회, 2002. 12.

_____, 「전향과 강인한 전통 -지속, 천황, 집단-」, 『일본사상』 10호, 한국일본사
　　　상사학회, 2006. 6.

임찬수, 『겐지모노가타리』, 살림, 2005.

가와사키 쓰네유키 · 나리모토 다쓰야 편, 김현숙 · 박경희 옮김, 『일본문화사』,
　　　혜안, 1994.

가토 슈이치, 김태준 · 노영희 옮김, 『일본문학사서설』 1 · 2, 시사일본어사, 2001

이에나가 사부로, 이영 옮김, 『일본문화사』, 까치, 1999.

今尾哲也, 『歌舞伎の歷史』, 岩波書店, 2000.

守屋毅, 『近世藝能文化史の硏究』, 弘文堂, 1991.

安田元久, 『武士世界形成の群像』, 吉川弘文館, 1963.

堀行雄, 『戰後の右翼勢力』, 勁草書房, 1993.

藤岡信勝, 『汚辱の近現代史』, 德間書店, 1996.

유승국, 「유학사상 형성의 연원적 탐구」, 성균관대학교 박사논문, 1974

이광래, 『일본사상사연구』, 경인문화사, 2005.

이기동, 『곰이 성공하는 나라』, 동인서원, 2004.

_____, 『동양 삼국의 주자학』, 성균관대학교출판부, 1995.

_____, 『일본사상의 이해』, 시사일본어사, 2002.

임경택, 「야나기타 쿠니오의 '일국민속학'과 문화내셔널리즘」, 『일본사상』 8호,
　　　한국일본사상사학회, 2005.

허남린, 「기도와 장례식」, 『일본사상』 2호, 한국일본사상사학회, 2000.

루스 베네딕트, 김윤식 옮김, 『국화와 칼』, 을유문화사, 1991.

르네 지라르, 박무호 옮김, 『폭력과 성스러움』, 민음사, 2000.

마루야마 마사오, 김석근 옮김, 『일본의 사상』, 한길사, 1998.

_____, 김석근 옮김, 『일본정치사상사연구』, 통나무, 1995.

_____, 박충석 외 옮김, 『충성과 반역』, 나남, 1998.

무라오카 쓰네쓰구, 박규태 옮김, 『일본신도사』, 예문서원, 1999.
무라카미 시게요시 외, 최길성 편역, 『일본의 종교』 예전, 1993.
스에키 후미히코, 이시준옮김, 『일본불교사』, 뿌리와이파리, 2005.
와타나베 쇼코, 김진만 옮김, 『일본의 불교』, 소화, 1995.
와타나베 히로시, 박홍규 옮김, 『주자학과 근세 일본사회』, 예문서원, 2007.
이종계 · 이재석 옮김, 『中國文化槪論』, 동문선, 1991.
本田總一郎, 『日本神道入門』, 日本文藝社, 1985.
石田一郎編, 『日本思想史槪論』, 吉川弘文館, 1978.
義江彰夫, 『神佛習合』, 岩波書店, 1996.

일본과 일본 사상

|

이기동(성균관대학교 교수)

Ⅰ. 서언

일본의 사상은 일본이 국가체제를 갖추던 때로부터 서술하지 않으면 안 될 것이지만 여기서는 필자의 한계 때문에 우선 유학이 본격화되던 에도[江戶]시대 때부터 서술하기로 한다.

일반적으로 알려진 바는, 일본의 유학은 한국의 퇴계학에서 영향을 받아 출발했고, 순조로운 발전을 거듭하여 서양문물을 받아들이는 사상적 기반이 되었다는 것이다. 그런데 이러한 논리에 의하면 몇 가지 의문점이 제기된다. 퇴계학의 원산지인 한국은 퇴계학이 제자들에 의하여 발전되었음에도 불구하고 서양의 과학 문명을 순조롭게 받아들이지 못하였는데 비하여, 퇴계학을 수입하여 발전시킨 일본은 오히려 그것을 바탕으로 하여 성공적으로 서양의 과학 문명을 받아들인 까닭이 무엇인가 하는 것과 한국이 오늘날까지 순조로운 발전을 이루지 못하고 있는 데 비하여 일본은 눈부신 발전을 거듭하고 있는 이유가 어디에 있는가 하는 것 등이다. 혹자는 이러한 이유들을 두 나라 간의 다른 정치체제나 문호개방시기의 차이 등에서 찾기도 한다. 그러나 각각의 정치체제를 다르게 만들어 낸 근본원인이 사상의 차이에서 비롯된 것이고 문호개방에 대한 판단이 달랐던 것도 결국 사상의 차이에서 비롯된 것이라고 할 때, 두 나라에서 서로 다른 현상이 나타나는 근본적인 원인은 결국 사상의 차이에서 찾아내어야 할 것이다. 그렇다면 한국의 퇴계학과 퇴계학을 수입하여 발전시킨 일본의 유학 사이에는 커다란 차이가 있다고 볼 수밖에 없다. 이러한 가정이 성립한다면 이제 한국의 퇴계학과 일본 유학의 차이를 비교 검토해 보는 것은 매우 의미 있는 일이 될 것이다. 그리고 이를 통하여 두 나라 간의 사상의 근본적인 차이를 이해한다면, 이로 말미암아 우리들은 한국과 일본의 오늘날의 발전의 원동력이 무엇이었는가를 알 수 있는 것 외에도 많은 중요한 사실들을 알아낼 수 있을 것이기 때문이다. 서로 간의 근본적인 차이점을 이해함으로써 서로 간에 나타나는 서로 다른 현상들을 이해할 수 있고, 그로 말미암아 바람직한 우호의 길도 모색할 수 있을 것이며 상대방의 요구나 주장에 대해서도 적절하게 대처할 수 있게 될 것이다. 그리고 또 이를 바탕으로 미래에 대한 예측도 해볼 수 있을 것이며 그에 대한 대비책도 강구해 볼 수 있을 것이다.

II. 일본의 주자학

일본의 유학은 서력 284년 백제로부터 아직기가 건너가고 다음 해 왕인이 건너가 『논어』 10권과 『천자문』을 전하면서부터 시작된다. 그러나 그 후 그다지 큰 발전을 이룩하지는 못하였으므로 일본유학의 실질적 창시기는 주자학이 수입되고 정착된 에도[江戶]시대이고, 그 창시자는 유학으로서 문호를 세운 후지와라 세이카[藤原惺窩]이다.

일본에 주자의 저술이 처음으로 전해진 것은 가마쿠라[鎌倉]시대이다. 오오에 소오코[大江宗光]의 지(識)가 있는 『중용장구』를 그대로 신용할 수 있는 것이라고 한다면, 주자의 몰년에 이미 일본에 주자의 저술이 수입된

것이 된다. 그 후 주자학은 주로 불교의 승려들에 의하여 연구되어 1481
년에는 주자의 『대학장구』를 간행하기에 이른다. 그러나 이 시기의 주자
학은 어디까지나 선학(禪學)이나 신도(神道) 등을 보완하는 의미에서 유용
하다고 판단되었기 때문에 부수적으로 연구된 것이지 독립적으로 연구된
것은 아니었다.

　주자학의 독립은 주지하는 바와 같이 후지와라 세이카[藤原惺窩]에 의
하여 시작된다. 아베 요시오[阿部吉雄]씨는 후지와라 세이카[藤原惺窩]에
의한 주자학 독립의 과정을, "세이카[惺窩]는 쇼오코쿠지[相國寺]의 선승으
로서 선학을 배우고 시문에도 열중하였으며 노장사상에도 매료되어 있었
으나, 조선국의 사신 허산전(許山前)과의 만남에 의하여 점차 선어(禪語)
를 싫어하게 되고 드디어는 쇼오코쿠지와 인연을 끊게 되었다. 그리고 특
히 우키다 히데이에[宇喜多秀家]의 인척인 아카마쓰 히로미치[赤松廣通]의
옹호 하에서 송학에 관계되는 서적을 읽기 시작하였으며 임진왜란 때 포
로로 잡혀간 한국의 강항(姜沆)과 만나고부터는 송학에 대하여 한층 더
자신을 갖게 되어, 결국 키요하라[淸原] 가의 고주학(古注學), 또는 신고주
절충학(新古注折衷學)에 대결할 결의를 표명하였다. 케이쵸[慶長] 5년에는
승복을 벗고 유복으로 갈아입고서 이에야스[家康] 앞에 나타나 오산(五山)
의 학승들과 유불논쟁을 벌이게 되었다. 이때가 바로 송학이 독립하고 유
자(儒者)가 출현하기 시작한 출발점이었다. 세이카는 오산에 전해진 송학
연구의 성과를 전했을 것이고 허산전에게 촉발되고 강항에게 격려를 받은
것도 사실일 것이지만, 결국 직접적인 스승이라고 할 수 있는 것은 도서일
것이고, 그 도서는 대부분 임진왜란 때 가지고 간 것일 것이다."[1]라고 하
여 스스로의 견해를 피력하고 있다.

　그러면 다음으로 후지와라 세이카에서 비롯되는 일본 주자학의 내용과
특징을 살펴보기로 하자.

---

1 『日本朱子學과 朝鮮』(阿部吉雄, 1965년, 東京 東京大學出版會)1~3쪽.

1. 후지와라 세이카[藤原惺窩]의 주자학 수용

후지와라 세이카(1561~1619), 이름은 숙(肅), 자는 렴부(斂夫), 세이카
는 그의 호(號)이다.

전술한 바와 같이, 세이카가 유학으로 전향하는 데 지대한 영향을 끼친
허산전은 이퇴계 문하의 삼걸 중의 한 사람인 류희춘(柳希春)의 제자였다.
따라서 세이카에게 영향을 끼친 허산전의 주자학은 아마도 퇴계학이었을
것이라고 예측하기란 어려운 일이 아니다. 아베 요시오씨는 후지와라 세
이카에게 끼친 조선유학의 영향에 대하여 다음과 같이 진술하고 있다.

> 후지와라 세이카는 상술한 바와 같이 그 유교독립의 횃불을 올릴 때 강
> 항으로부터 학문적 영향을 받았는데, 주목할 만한 것은 세이카는 그 후
> 주자의 편저인 『연평답문(延平答問)』을 오로지 존숭하였다는 것이다. 『연
> 평답문』은 그의 철학의 최후의 근거가 된 책이다. 그가 이일분수설을 설
> 파한 것도 쇄락한 경지를 자득해야 한다고 주장한 것도 이 책에 근거한
> 것이라고 생각된다. 그리고 수제자인 하야시 라잔[林羅山]에게 '라잔'이란
> 호를 붙여준 것도 아마도 이 책에 기초한 것일 것이다. 하야시 라잔에게
> 자기의 학문적 비전을 전한다고 하는 의미로 전수한 것도 이 『연평답문』
> 이었다. 그런데 이 『연평답문』은 실은 조선의 이퇴계가 정성을 다하여
> 교각한 부발본임이 밝혀졌다. 더욱이 세이카가 라잔에게 주었던 것으로
> 여겨지는 현물인 듯 한 것이 내각문고에 현존되어 있다. 또한, 세이카는
> 그의 이기철학에 있어서도 이퇴계의 『천명도설』에 찬성하여 적절한 평가
> 를 내리고 있다. 이러한 사실들을 알고 보면, 세이카는 자기가 유자로서
> 독립할 때뿐만이 아니라 그의 철학적 근저에 있어서 조선유학으로부터
> 직접 간접으로 깊은 영향을 받았음을 알 수 있다.[2]

이러한 사실로 미루어 본다면, 후지와라 세이카에게 수용된 주자학은
주자학 그 자체라고 하기보다는 오히려 조선의 유학, 특히 퇴계학에 가까

2 전게서 『日本朱子學과 朝鮮』, 39쪽.

운 것이었다고 할 수가 있을 것이다. 그러면 다음으로 후지와라 세이카의 철학에 대해서 살펴보기로 하자. 세이카는 우선 "대개 인의예지의 성(性) 은 원형리정(元亨利貞)의 천도(天道)와 이름은 다르지만 내용은 같은 것이다. 따라서 사람이 이(理)를 따르면 천도가 그 가운데 있으니 하늘과 사람은 여일한 것이라[3]"고 하여 『천인여일(天人如一)』의 사상을 표명하고 있다. 천인관계에 있어서 하늘과 사람이 매개체가 없이 직접 연결되는 것은 한국 주자학의 특징이며, '천인여일'의 근거로서 인의예지를 열거하는 것은 특히 퇴계학의 특징이다. 또 중국의 주자학에 있어서는 천인합일의 실천적 과제로서 격물치지(格物致知)의 궁리공부(窮理工夫)와 성의정심(誠意正心)의 거경공부(居敬工夫)가 병존되어 있다. 그러므로 세이카가 여기서 '천인여일'의 실천적 과제로서 '이(理)에 따르는 것'을 제시한 것은 그가 수용한 주자학이 주자학 그 자체라기보다는 오히려 퇴계학이었음을 나타내는 증거가 되는 것이다. 그러나 세이카는 한국 주자학의 『천인무간(天人無間)』설을 수용하는 데만 그치지 않고 자기식으로 발전시키고 전개시키는데 특징이 있다고 할 수 있다.

하늘과 사람이 사이가 없이 연결되어 있다고 하는 한국의 『천인무간』사상은 하늘의 이치와 인간의 일이 분리되지 않는다는 『천리불리인사(天理不離人事)』의 명제로 연역되는데, 퇴계학을 수용한 세이카는 '하늘이 하는 것이 내가 하는 것이고 내가 하는 것이 하늘이 하는 것'이라 표현하였지만, 그 내용의 이해에 있어서 세이카는 궁극적으로 그 변화가 어디에서 오는 것인지 알 수 없다고 함으로써 결국 우연성에 귀결시켰다. 그리고 세이카는 또 하늘의 작용에 대하여 언급한 『서경(書經)』의 내용에 대하여 '크고 작은 재앙과 상서로운 조짐이 모두 자기에게 달려있는 것'으로 파악하여, 천인상관관계에서 재앙이나 상서로운 조짐이 나타나는 현상을 인간에게만 한정시킴으로써 이미 천인분리사상(天人分離思想)의 조짐을 보이

---

3 蓋仁義禮智之性, 與夫元亨利貞之天道, 異名而其實一也, 凡人順理, 則天道在其中, 而天人如一者也 『惺窩先生文集』권9, 講筵矜式.

고 있다. 이러한 세이카의 해석은 일본인의 고유한 정서에 기인하는 것이라고 볼 수밖에 없다. 일본 정서의 대표적인 특징은 '하늘'이라고 하는 형이상학적 개념을 수용하지 못한다는 사실이다. 이러한 정서는 일본 주자학의 전개과정을 통해서 일관되게 나타나는 것이므로 일본주자학의 전개과정을 하나하나 검토하면 찾아낼 수 있다. 그러나 이 검토과정은 필자의 논문에서 이미 검증된 것이므로 여기서는 그 검증과정을 생략하고 다만 그 결과를 일본 사상을 이해하는 잣대로 사용하기로 한다. 그렇게 하는 것이 독자들에게 일본 사상을 이해시키는 데 도움이 될 것으로 생각되기 때문이다.

일본의 정서를 가지고 있는 세이카에게는 '하늘 개념'을 두드러지게 가지고 있는 중국의 주자학이 수용되기 어려웠을 것이다. 이러한 상황에서 『천인무간(天人無間)』을 전제하는 한국의 주자학은 대륙의 선진 문화를 수입해야 했던 세이카에게 매우 구미에 맞는 사상으로 다가왔을 것이다. 왜냐하면, 한국 주자학에서는 하늘에 대한 개념이 중국에서보다 더욱 강하게 대두된 나머지 하늘과 사람이 하나로 연결되어 있다고 하는 『천인무간』이 전제되었는데, 이것이 세이카에게는 하늘을 사람으로 이해하고 하늘의 일을 사람의 일로 이해함으로써 자기 나름대로 소화할 수 있는 근거가 될 수 있을 것이기 때문이다. 이렇게 본다면 퇴계학을 중심으로 하는 한국의 주자학은 파악방법에 따라서는 형이상학적 개념을 제거한 형이하학적 철학체계로 전변할 수 있는 가능성을 가지고 있다고 할 수 있다. 퇴계학을 수용하는 세이카의 철학체계를 우리는 이와 같이 형이하학적 철학체계로 전변된 형태로 이해할 수 있다. 이러한 경향은 그의 인간관에서 잘 나타난다. 우선 그의 인간관에서 보면, 그는 한편으로는 만물일체의 인간관을 수용하면서도 다른 한편으로는 "사람의 품격에는 여러 가지가 있으니 비록 삼과(三科)로 나눈다 하더라도 신구(新舊)도 있고 귀천도 있고 재주와 기량의 우열도 있으므로 구별을 하지 않으면 질서가 없어진다,"[4]고 하여, 인간을 개체적 존재로 파악하고 있다. 하늘 개념을 전제하고서 『천인무간』을 이해한다면, 하늘은 유일자이므로 하늘과 연결되어 있는 인간도 본질적으로 구별되지 않는 공통의 존재로 파악되지 않을 수 없을 것이므로, 세이카의 이 말은 그가 퇴계학의 하늘 개념 그 자체를 수용하지 않았음을 암시하는 좋은 증거가 된다. 그러나 이기론에 있어서 세이카는 일단『사단발어리칠정발어기(四端發於理七情發於氣)』라고 한 퇴계의 이(理) 중심의 철학을 수용하는 수준에 그치고 있다. 이는 아마도 세이카에 있어서는 아직도 주자학에 대한 자기 나름대로의 이해가 완결되지 않았음을 의미하는 것이라고 할 수 있다. 이기론에 관한 좀 더 상세한 논의는 그의 제자인 하야시 라잔[林羅山]에 의하여 진행된다.

2. 하야시 라잔[林羅山]의 주자학

하야시 라잔(1583~1657), 이름은 타다시[忠] 또는 노부가쓰[信勝], 자(字)는 자신(子信), 유자(幼字)는 국송마(菊松麿), 통칭은 삼랑(三郎), 도순[道春], 호는 라잔(羅山), 라부(羅浮), 라동(羅洞), 라산장(羅山長), 호접동(蝴蝶洞), 우에무라[梅村], 화안항(花顔巷), 석안항(夕顔巷), 표항(瓢巷), 사면(麝眠), 운모계(雲母溪), 존경당(尊經堂) 등이 있다. 세이카에 의하여 시작된 주자학의 수용은 그의 제자인 라잔에 이르러 보다 본격화한다. 그는 주자학을 입도의 문호로 파악하고 그 교과서로서『사서오경대전』과『성리대전』을 채택하였고, 또 주자학 이외의 학을 이단으로 파악함으로써 주자학의 배타적 성격까지도 계승하였다. 이는 라잔의 주자학에 대한 이해도가 상당한 수준에 도달한 것임을 말해주는 것이기도 하다. 그런데 다음의 인용문에서 보면, 라잔에 의하여 정착된 주자학은 주자학 그 자체라고 하기보다는 한국의 주자학 바로 그것이었다.

중국의 주자학에서는 수신을 강조하는 수기지학적(修己之學的) 특징과

---

4 人品多混雜, 凡雖分三科, 聞或新舊, 或貴賤, 或材器之優劣, 獵等失倫(『惺窩先生文集』卷7, 君臣小傳跋)

치인을 강조하는 치인지학적(治人之學的) 특징을 동시에 가지고 있었으나 한국에 수용될 때 수기지학적 특징이 강화된 형태로 변화되었으므로 라잔 의 주자학도 일단은 수기지학적 특징이 강화된 형태로 소화된 것이다.

원래 주자학의 수기지학적 측면의 주요한 내용은 인간의 내면으로 향하 여 하늘과 하나가 되는 본래성을 밝히는 것이고 현실적으로는 성인(聖人) 이 되는 것이었다. 그러므로 라잔에 수용된 주자학의 내용도 이 두 가지 점에 있어서는 일치한다. 예를 들면 "나는 삼사(三士)의 만분의 일이라도 바랄 수 없지만 그러나 원하는 바는 성현을 배우는 것이다."5라고 한 그의 말이 이를 입증하는 말로 볼 수 있다. 그리고 라잔은 성인이 되는 방법으 로서 성(誠)을 실천할 것을 주장하고 성(誠)을 실천하는 방법으로서 경 (敬)을 제시했는데, 성(誠)을 실천하는 방법으로서 경(敬)을 제시한 것은 권근(權近)의 『천인심성합일지도(天人心性合一之圖)』이고 경(敬) 중심의 수양철학은 퇴계학의 특징이므로, 라잔에 수용된 주자학은 양촌과 퇴계의 주자학으로부터 영향 받은 것이 많다고 할 수 있다. 라잔이 양촌의 『입학 도설』, 퇴계의 『천명도설후서』 등을 깊이 연구하였음은 이미 아베 요시오 씨에 의하여 논증된 바 있으므로 여기서의 논증은 생략하기로 한다.

그런데 라잔은 이기설에 있어서는 한국의 그것을 넘어 중국의 이기설에 직접 파고 들어가 중국 이기설에서 나타나는 모순점을 바로 찾아내고 있 다. 이는 한국의 주자학자들이 심성론에 침잠함으로써 이기론에 천착하지 않았던 데도 원인이 있을 것이다.

중국 주자학의 이기론을 접한 라잔은 논리적 파악에 고심한 끝에 결국 나름대로의 정리를 하게 되는데 그것은 세이카의 방법과 같은 것이었다. 라잔의 주요 관심사는 주자학의 형이상학적 특징에 있는 것이 아니라 인 간사회 속에서의 인간관계의 윤리를 확립하는 데 있는 것이었다. 원래 중 국 주자학의 이기론에서 주로 논의되었던 도(道)는 『주역(周易)』 계사전

---

5 僕不足望三士之萬一, 然所願學聖賢也.(『林羅山文集』卷第2, 呈惺窩先生)

(繫辭傳)에 있는 『형이상자위지도형이하자위지기(形而上者謂之道形而下
者謂之器)』라는 말에서 유래하였다. 도(道)를 이(理), 기(器)를 기(氣)의
개념으로 바꾸어 우주만물을 형이상학적 개념과 형이학적 개념으로 나누
어 파악한 것이 바로 이기론이었다. 그런데 라잔이 도를 형이하학적 개념
으로 파악하여 인간관계의 윤리로 이해한 것은 라잔도 역시 형이상학적
개념을 수용하기 어려운 일본적 정서를 그대로 간직하고 있음을 나타내는
증거가 된다. 세이카가 하늘 개념을 형이학적 차원에서 이해한 것이라면
라잔은 이기론을 형이하학적 차원에서 이해한 것이다. 따라서 라잔이 주
자학을 받아들인 목적은 선진철학을 이해하는 지식인이 되는 것을 제외한
다면, 자신이 중시하는 사회윤리를 정립하기 위한 것이었다. 그러므로 형
이상학적 요소와 형이하학적 요소를 동시에 내포하고 있는 중국의 주자학
은 라잔에 있어서는 하나의 체계로 단일화되지 않으면 안 되었다. 이러한
이유로 해서 라잔은 중국의 이기론을 이기일체론으로 나름대로 정리하기
에 이른다. 그것은 기(氣)의 현실성 및 구체성을 강조하여 격상시키고 이
(理)를 기(氣)의 속성으로 이해하여 격하시킴으로써 가능한 것이었다. 그
리하여 라잔은 자신의 이기일체론을 수립하기 위하여 주자학 이외에는 이
단시하여 배척하였던 평소의 자신의 학문적 태도를 버리고 양명학적 입장
을 수용한다. 이러한 라잔의 입장에서 우리는 다음과 같은 두 가지의 경우
를 상정해 볼 수 있다. 하나는 라잔이 주자의 이기론 그 자체를 충분히 이
해하지 못했을 것이라는 것이고, 다른 하나는 사회적 윤리를 수립하고자
하는 목적의식이 강하여 주자학을 자신의 목적을 수립하기 위한 수단으로
만 수용하였을 것이라는 것이다. 어쨌든 여기에서 우리는 주자학을 존숭
하는 것에서부터 출발한 라잔학이 결국 반주자학의 길로 한 걸음 나아간
형태로 발전하고 있음을 알 수 있다. 라잔이 이기론에 대해서 주자학을 비
판하고 양명학을 수용하였다 하더라도 그것은 양명학 그 자체를 수용한
것은 아니다. 양명은 "이(理)는 기(氣)의 조리이다."라고 하여 이기일원론
을 성립시켰지만, 이때의 기(氣)는 주자학에서 말하는 기(氣)가 아니다.

주자가 말하는 기(氣)는 물질적 요소를 말하므로 인간의 요소에서 보면 주로 인간의 육체적 요소를 의미한다. 인간의 육체적 삶은 생로병사 하는 허무한 존재이므로 이 허무한 삶을 극복하기 위해서는 이 기(氣)를 존재하게끔 하는 근원적 존재로서 그 자체는 불변하는 이(理)를 파악하여야 하고 이 이(理)에 입각한 삶을 영위하여야 하는 실천의 과정이 설정된다. 따라서 주자의 이기론은 불변적 · 형이상학적 존재인 이(理)의 세계와 가변적 · 형이하학적 세계인 기(氣)의 세계를 이원적으로 파악하는 이기이원론이 성립한다. 주자의 세계관에서 설명하는 수양과정은 다음과 같다. 먼저 자신의 육체적 · 물질적 삶은 생로병사 하는 허무한 존재라는 것을 인식하고, 다음으로 육체적 삶이 본래적인 것이 아니라 그 육체적 삶을 이끌어가는 근원자인 이(理)가 삶의 본질이고, 그것이 자기의 본질이며 동시에 그것이 만물의 본질임을 깨달아 그 본질에 입각한 삶을 영위할 때 개체적이고 유한한 삶이 극복되고, 따라서 허무한 삶에서 벗어날 수 있다는 것이다. 이러한 상황에서는 자신의 육체는 본질적 삶을 수행하는 단순한 물체로 이해된다. 삶의 본질을 자연의 이법이라고 한다면 몸은 자연의 이법대로 움직이는 자연물이다. 이러한 수양과정에서 보면 주자의 이기이원론은 수양을 하는 과정에서 나타나는 방편적인 것임을 알 수 있다. 수양이 완성된 입장에서 보면 기(氣)는 이(理)의 운용이고 이(理)는 기(氣)의 근원자로 파악됨으로써 일원적 관계가 성립한다. 따라서 주자의 이기론은 수양론적 · 인식론적 입장에서는 이원론적으로 설명되고 또 이귀기천(理貴氣賤)의 가치론이 성립하지만, 수양의 결과 존재를 파악한 상태에서의 존재론적 입장에서 보면 이기(理氣)가 분리되지 않는 일원론적 세계관이 성립한다. 그러나 양명은 궁극적으로 생로병사 하는 허무한 존재로서의 인간의 육체적 삶을 인정하지 않기 때문에 이원론적 세계관을 설정할 필요가 없다. 양명이 말하는 세계는 주자학적 세계관에서 보면 생로병사가 있는 현상적 삶의 입장에서 말하면 형이상학적 세계에 해당된다고 할 수 있고, 존재론적 입장에서 말하면 이기일원론적 세계에 해당한다. 양명이 말하는 기(氣)는 자연물 그 자체이고 인간의 몸도 자연물 그 자체로 이해되므로 극복해야 할 존재가 아니다. 그 자체를 본질적 존재로 파악하기 때문에 또 다시 본질 세계를 설정할 필요가 없다. 단지 현재의 기적(氣的) 존재인 자기 자신의 있는 그대로를 실천하기만 하면 된다. 그러나 가시적 물질계의 배후에 있는 존재의 본질로서의 형이상학적 세계를 수용할 수 없는 라잔은 주자의 이기이원론을 받아들일 수 없었다. 형이하학적 차원에서만 모든 존재를 파악하는 라잔은 존재하는 것은 기(氣)일 뿐이고 이(理)는 기(氣)의 속성으로 밖에 이해할 수 없었다. 이러한 입장에 있는 라잔에게 "이(理)는 기(氣)의 조리일 뿐이다." 라고 한 양명의 말은 이해하기 쉬운 아주 반가운 이론으로 다가왔을 것이다. 그러므로 라잔은 주자학자라는 자신의 입장에도 불구하고 이기론에 있어서는 과감히 양명의 이론을 수용한다고 선언한 것이다. 이는 양명의 이론을 자신의 입장에서 해석하여 나름대로 수용한 결과이다. 대륙에서 전개되는 이론을 자신의 입장에서 해석하여 나름대로 수용하는 이러한 경향은 일본 주자학의 대표적 존재인 야마자키 안사이[山崎闇齋]에 의하여 더욱 두드러지게 나타난다.

3. 야마자키 안사이[山崎闇齋]의 주자학

야마자키 안사이(1618~1682), 이름은 요시미[嘉], 자는 타카요시[敬義], 통칭은 처음에는 쵸키치[長吉], 12세 때 세이베이[淸兵衛], 19세 때 다카시마 카우에몬[嘉右衛門]으로 고침. 호는 안사이[闇齋], 수이카[垂加]. 타니 지츄[谷時中], 요사카와 고레타리[吉川惟足]을 사사(師事)하였다.

안사이학의 특징은 천인일체를 전제하고 있고 천인일체를 실천하는 방법으로서 경(敬)을 제시하고 있다는 데 있다. 이처럼 안사이학의 핵심이 경(敬) 사상으로 집약되고 있는 까닭이 퇴계학으로부터의 영향 때문이라는 사실은, 안사이가 누구보다도 퇴계를 존숭하여 그를 종교적 숭배의 대상으로 삼기까지 하였다고 논증하는 아베 요시오씨의 말에서도 충분히 짐

작할 수 있다.

경(敬)을 중심으로 한 수양철학으로서의 주자학을 수용한 안사이에 있어서, 경(敬)이 성인에게서 이어져 온 심법(心法)이요 만세의 상법(常法)으로 인식되어 학문과 사상의 핵심으로서 부각되는 것은 퇴계학에서와 마찬가지이다. 그러나 안사이학의 특징은 경(敬)의 내용에 있다.

퇴계학에 있어서 경(敬)은 천인합일을 이루어내는 주요한 수양방법이었으나 안사이는 이 경(敬)의 내용을 오륜을 밝히는 수단으로 이해함으로써 경(敬)의 내용을 바꾸어놓았다. 안사이에 있어서 가장 중요한 것은 인간관계의 윤리의 기본인 오륜을 확립하는 것이었다. 그런데 오륜을 확립하는 최고의 방법이 바로 경(敬)을 마음속에 간직하여 그 경의 마음으로 타인에게 대하면 그로 말미암아 오륜이 바로 확립된다고 안사이는 이해했다. 즉 경으로 임금에게 대하면 충(忠)이 되고, 경으로 부모에게 대하면 효(孝)가 되며, 경으로 부부간에 대하면 별(別)이 되고, 경으로 노인에게 대하면 서(序)가 되며, 경으로 벗에게 대하면 신(信)이 된다는 식으로 이해되었던 것이다.[6] 이와 같은 경의 실천형태는 퇴계에게도 보인다. 퇴계에 있어서 경은 원래 수양의 수단이었지만 수양의 정도가 진척되면 될수록 그에 비례하여 타인 또는 타물에 대하여 공경하는 마음으로 발휘됨으로써 실천덕목으로서의 역할을 겸하게 되었다. 안사이가 타인에 대한 실천윤리를 강조하면 할수록 실천덕목으로 나타나는 퇴계의 경은 더욱 요긴하고 귀중한 덕목으로 부각되었을 것이다. 안사이가 퇴계의 경의 철학을 받아들이고 퇴계를 숭배하였던 이유는 여기에 있었을 것이다.

일반적으로 퇴계의 경 중심의 수양철학을 수용하여 자기의 철학체계를 수립하였다고 파악되는 안사이학의 도달처는 결국 퇴계학과는 달리 사회

---

6 이 부분에 대한 안사이의 논의를 제시하면 다음과 같다. 夫聖人之教, 有大小之序, 而一以貫之者敬也, 小學之敬身, 大學之敬止, 可以見焉, 蓋大小之教, 蓋所以明五倫而五倫則具於一身, 是故小學以敬身爲要, 大學以修身爲本, 君子修之以敬而至於親義別序信則天下之能事畢矣(『垂加草』第10, 蒙養啓發集序)

적 윤리와 도덕을 확립하는 것이었다. 이러한 사실에서 우리는 결론적으로 안사이학의 다음과 같은 특징을 찾아낼 수 있을 것이다.

첫째, 안사이 내지 일본의 주자학자들이 한국의 주자학을 수용한 것은 한국에서 온 사신이나 임진왜란을 통하여 한국의 주자학자들과 접할 수 있는 기회를 가졌기 때문이기도 하지만, 그보다 더욱 근본적인 원인은 거경(居敬)과 궁리(窮理)라고 하는 복잡한 수양론을 전개한 중국의 주자학에 비하여 거경 하나로 단일화한 한국의 주자학이 수용하기 편하고 이해하기 쉬웠던 것에 원인이 있다.

둘째, 한국의 주자학에서 수양론의 핵심이 되었던 경의 내용이 그대로 일본에 수용된 것이 아니라 자신들의 목적에 맞게 변용되었다는 것이다. 다시 말하면 한국의 주자학에서 내면의 본성을 회복하기 위한 방법으로 사용되었던 경이 일본에 수용된 뒤에는 타인과의 관계를 원만하게 하기 위한 방법으로 변용된다는 사실이다. 이는 일본 주자학자들의 주요 관심사가 개인의 수양에 있는 것이 아니라 사회철학의 수립에 있는 것임을 입증하는 자료가 된다. 이러한 일본 주자학의 경향은 자연히 주자학을 비판하는 방향으로 발전할 수밖에 없다. 우선 양명학의 등장이 그것이다.

III. 일본의 양명학

1. 나카에 토오주[中江藤樹]의 양명학

나카에 토오주(1608~1648)를 일본 양명학의 시조로 삼고, 그 뒤 구마자와 반잔[熊澤蕃山](1619~1691), 미와 싯사이[三輪執齋](1669~1744), 사토오 잇사이[佐藤一齋](1772~1859), 오오시오 추우사이[大鹽中齋](1793~1837)로 이어지는 계보를 일본 양명학파의 철학으로 정리하여, 일본 주자학파 및 일본 고학파와 대비하는 것은 이노우에 데쓰지로[井上哲次郎] 이후의 일본

학계의 일반적인 견해이다. 토오주[藤樹]가 양명학을 접하게 된 것은 그의
나이 37세 때이었다. 『연보』에 의하면, "이 해 비로소 양명전집을 구하여
얻었다. 이를 읽고 촉발인증(觸發印證)됨이 매우 많았음을 기뻐하였다. 그
학문이 더욱 발전하였다."고 하였다. 그렇다면 토오주가 받아들인 양명학
의 내용은 무엇이며 그 수용방식은 어떠한 것이었을까.

양명학을 수용한 토오주는 "지선(至善)은 양지(良知)의 다른 이름이다.
속에 성실함이 있으면 밖으로 나타나는 것이 있다. 일은 착한데 마음에 착
함이 없는 것은 지선(至善)이 아니다. 마음이 선(善)에서 벗어나지 않더라
도 일이 절도에 맞지 아니하면 이 역시 선(善)이 아니다."(送山田子『藤樹
先生全集』제1책, 186쪽)라고 한 이전의 자신의 말을 잘못된 것이라고 하
여 수정하기에 이른다. 위의 이론은 마음의 형이상학적 본래성과 그 형이
하학적 적용상태를 동시에 설명하는 주자학적 입장을 대변하는 것으로서
중화(中和)의 논리 바로 그것이다. 따라서 토오주가 이 이론을 수정하였다
고 하는 것은 그가 인간의 마음을 형이상학적 본래성과 형이하학적 작용
성을 동시에 가진 존재로 파악하는 주자학적 논리체계를 완전히 소화하지
못한 채 갈등하고 있었음을 증명하는 것이 된다. 자신의 이론을 수정한 토
오주는, "마음과 일은 원래 하나이다. 그러므로 일이 선(善)하고 마음이
선(善)하지 않은 것은 아직 없었다. 마음이 선(善)하고 일이 선(善)하지 않
은 것도 또한 아직 없었다."고 하고, 또 "그 마음이 정미한데 일에 파탄이
있는 것은 아직 없었다."(이상『연보』37세) 고도 하여 마음과 일을 같은 차
원에서 파악하기에 이르렀다. 이는 분명히 '심외무물(心外無物)', 즉 마음
바깥에 사물이 없다고 하여 마음과 사물을 분리하지 않는 양명의 사상에
영향받은 것임에 틀림없다.

그러나 마음 바깥에 사물이 없다고 한 양명의 사상은 본래 형이상학적
차원을 바탕으로 하는 것이었다. 인간은 사물을 감각하고 의식하면서부터
주체와 객체로 구별하게 되어 '나'라는 주체의식이 생기고, 또 객체 중에서
도 각각의 사물을 구별하여 인식하게 되므로 의식이 만들어지기 이전의

마음의 원래 상태는 일체의 구별이 없는 고요한 상태이다. 따라서 만물이 만물이 될 수 있는 것은 의식의 결과이다. 이러한 의미에서 양명은 '심외무물'이라 한 것이다. 그런데 의식은 인간이 만들어 낸 것이므로 본래의 것이 아니다. 우리들이 만물을 만물로 인식하는 현실계는 모두 의식에 의한 결과물이므로, 양명에 의하면 실체가 아니라 허구이다. 이렇게 하고 보면 양명학의 바탕에는 일체의 구별을 초월하는 마음의 본래 세계가 전제되어 있고 그것만이 실체로서 인정되고 있음을 알 수 있다. 따라서 양명의 존재론에서는 이원론이 성립하지 않는다. 그러나 만물을 만물로 인식하며 현실계를 살아가는 우리들에게 있어서는 양명이 제시한 존재의 세계를 형이상학적 본래성으로 이해하지 않을 수 없다.

그런데 전항에서도 논의하였던 바와 같이 형이상학적 개념을 수용하지 않는 일본적 정서에 있어서 형이상학적 개념과 형이하학적 개념을 바탕으로 하여 이원적으로 발전한 주자학의 이론은 수용되기 어려웠다. 주자학의 이원론적 존재론을 소화하지 못하고 갈등하고 있었던 토오주에게 있어서 양명학의 일원론은 토오주 자신도 표현한 바와 같이 대단히 반가운 이론으로 다가온 것이다. 그러나 엄격히 말하면 토오주가 이해한 양명학의 이론은 양명학 그 자체가 아니라 나름대로의 파악에 의하여 수용하기 좋도록 변용한 것이었다. 토오주는 양명학의 형이상학적 차원의 일원론을 형식논리적으로 수용하여 형이하학적 차원의 일원론으로 전개한 것이다. 이는 세이카가 한국의 주자학을 수용한 것과 같은 맥락으로 이해할 수 있다. 세이카가 하늘과 사람의 존재를 이원적으로 파악하는 중국의 주자학을 수용하지 못하고 하늘과 사람의 존재를 일원적으로 파악하는 한국의 주자학을 수용한 것과 토오주가 마음에 형이상학적 본래성과 사물에의 형이하학적 적용성이 이중적으로 존재한다고 파악하는 주자학의 존재론을 수용하지 못하고 마음과 사물을 일원론적으로 파악하는 양명학을 수용한 것은 같은 맥락이라고 할 수 있다.

양명학에 대한 이와 같은 토오주의 수용방법은 양지설(良知說), 지행합일설(知行合一說), 사상마련설(事上磨鍊說) 등의 이해에서도 여실히 나타난다. 양명학에 있어서의 양지(良知)는 원래 인간의 형이상학적 본질로서 존재하는 기능이었다. 그리고 이 양지가 현실로 나타날 때 욕심에 가리워지면 그 기능이 상실되는 것으로 설명되었다. 따라서 양명학에서는 욕심을 제거하고 양지를 회복해야 하는 수양과제로서 치양지설이 제시된다. 그러나 마음의 형이상학적 본질이 인정되지 않는다면 이러한 이론은 성립될 수 없다. 지하수가 흘러나와 우물이 되는 과정에서 지하수와 우물을 이원적으로 파악한다면, 지하수가 흘러나올 때 진흙이 섞여들어 흙탕물이 되는 과정이 이해될 수 있고 또 진흙이 섞여들지 않게 함으로써 맑은 물을 확보하는 방안도 강구될 수 있다. 그러나 지하수를 인정하지 않고 애당초 우물만이 존재하는 것으로 파악한다면, 우물은 원래부터 존재하는 것이며, 또 진흙이 있다 하더라도 그것이 섞여 들어갈 계기가 주어지지 않으므로 각각 개별적인 상태로 독립적으로 존재하는 것으로 이해될 것이다. 이러한 논리에서 본다면 형이상학적 개념을 수용하지 않은 토오주에 있어서 양지는 인간의 현재의 마음속에 원래부터 존재하는, 결코 변질될 수 없는 고유한 기능으로 이해된다. 따라서 토오주에 있어서는 치양지(致良知)의 필요성이 없다. 토오주가 치양지설에 대한 언급이 없는 것은 이러한 이유 때문인 것으로 이해될 수 있다. 그리고 토오주에 있어서 욕심을 제거하는 수단이나 근거를 찾는다면 이 양지보다 더 좋은 것이 없다. 그래서 토오주는 회복해야 할 대상이었던 양지를, 모든 사람에게 변질되지 않고 고유하게 존재하는 것으로 이해함으로써 욕심을 제거하는 공부의 수단으로 전환시켰다.

지행합일설을 수용함에 있어서도 토오주의 이러한 입장은 변함이 없다. "정치와 학문은 본래 하나의 이치이다.", "정치는 명덕을 밝히는 학문이고 학문은 천하 국가를 다스리는 학문이다. 본래 하나이면서 둘이고 둘이면서 하나라는 사실을 알아야 한다."(이상『翁問答』上卷之末,41,所收) 등의 말에서 보면, 토오주는 양명학의 일원론에 입각하여 학문적 지식과 정치적 실천을 일원화함으로써 양명의 지행합일설을 나름대로 소화하고 있다. 그러나 양명의 지행합일설은 악취를 아는 것과 코를 막는 행위가 동시에 일어나는 것처럼, 양지는 저절로 실천을 동반한다는 의미로서, 양지의 내용을 설명하는 것이었으나 토오주의 지행합일설은 정치적 실천을 강조하여 정치적 실천의 차원에서 학문적 지식을 이해하는 것이었다. 다시 말하면 양명의 지행합일설이 형이상학적 성격을 갖는 것이라면 토오주의 지행합일설은 형이하학적 성격을 갖는 것이다. 양명의 지행합일설을 이와 같이 소화하게 되면 이제 학문이 정치적 실천을 위하여 봉사할수 있는 이론적 근거가 갖추어진다. 이러한 과정을 거쳐 토오주는 정치적 실천에 관심을 집중시키고 정치적 실천방법에 관한 이론들을 적극적으로 제시하기에 이른다.

양명의 사상마련설(事上磨鍊說)에 대해서도 토오주는 지행합일설과 같은 형태로 소화한다. 처음에 주자의 격물치지설에 따라 대밭에 가서 대나무를 하나하나 관찰하였던 양명은, 그것이 번잡하고 비실질적인 것임을 알게 되어 격물치지설을 수정하기에 이르렀다. 그리고 그 수정한 내용이 바로 사상마련설이다. 즉 격(格)을 정(正)으로 보고 물(物)을 사(事)로 보아 격물의 내용을 구체적인 일을 할 때 그 일을 바로잡기만 하면 된다고 해석한 것이 그것이다. 그러나 토오주는 이를 지행합일의 이론으로 받아들여 실제적인 일을 처리하는데 역점을 두는 것으로 이해했다. 다시 말하면 양명의 사상마련설은 수양에 포인트가 두어진 것이었으나 토오주의 그것은 실천에 포인트가 두어진 것이었다. 이와 같이 양명학의 형이상학적 개념들을 모두 실천을 위한 수단으로 파악한 토오주는 본격적으로 사회적 실천문제를 중심으로 이론을 전개하기에 이른다.

원래 공맹유학에서의 학문적 목적은 천인합일과 만물일체인 인간의 본래성을 회복하기 위한 수기철학에 포인트가 있는 것이었다. 그리고 수기를 위한 방법으로는, 격물치지의 간접적 인식방법 및 성의(誠意)와 지경(持敬)의 직접적 수양방법을 중심으로 하는 학문적 방법과 부모에게 효도

하는 마음을 극대화하는 실천적 방법이 제시되었다. 그러나 양명학을 실천론적으로 수용한 토오주는 유학의 학문 방법 중에서 실천적 방법에 집중시킨다. 그런 만큼 토오주에게 있어서의 효는 유학에서의 모든 가치가 집중된다.

중국의 유학에서 제기된 다양한 수양이론 중에서 실천적 수양방법인 孝하나만이 토오주에게 수용되었다면, 유학에서 제시하는 모든 가치는 이 효의 실천을 통하여 추구될 수 있는 것으로 이해될 수밖에 없다. 토오주에 있어서 이처럼 효가 강조되는 이유는 여기에 있다. 그러나 아무리 효를 강조하더라도 그 효의 효과가 가시화될 수 있는 것이 아니므로 사람들로 하여금 효의 실천을 유도하는 데에는 한계가 있다. 이 한계를 극복하는 노력은 그의 제자인 구마자와 반잔[熊澤蕃山]에게로 이어진다.

중국의 유학을 이해하고 소화하여야 하는 지식인으로서의 토오주가 양명학을 통하여 그것을 일단락 짓게 되자, 이제는 평소 자신이 중시하고 있었던 실사에 눈을 돌리고 실사에 관한 저술을 하기에 이른다. 의술을 좋아하여 『첩경의전(捷徑醫詮)』, 『신방기술(神方奇術)』등의 의학서를 저술하고, 『수토파식(水土播植)』의 농업기술교육의 실시를 중시하며 『군법(軍法)』을 강조한 것 등이 그것이다.

2. 구마자와 반잔[熊澤蕃山]의 양명학

구마자와 반잔(1619~1691), 본성은 노지리[野尻], 이름은 백계(伯繼), 자는 료스케[了介], 통칭은 어릴 때는 좌칠랑(左七郎), 나중에 차랑팔(次郎八)로 고쳤다가 다시 스케에몽[助右衛門]이라 하였다. 호는 식유헌(息游軒)·불감산인(不敢山人)·불영산인(不盈山人)·유종암주(有終庵主)이다. 일반적으로 반잔[蕃山]이 아호인 것처럼 불리워지지만, 반잔[蕃山]은 「번성한 산」이라는 뜻으로 히젠[備前]에 있는 그의 지행지 데라구치무래[寺口村]의 고친 이름인 반잔손[蕃山村]에 은퇴하면서 반잔 료스께[蕃山了介로 불리워진 것에서 유래한다.

반잰蕃山은 토오주의 문인이기 때문에 일단 양명학자로 분류되지만, 토오주의 양명학이 양명학 그 자체를 수용했다기보다는 주자학의 일본적 전개과정에서 나타난 한 형태이었으므로, 반잔의 양명학도 역시 이와 같은 성격을 벗어나지 않는다. 토오주의 제자인 반잔은 한편으로는 토오주의 사상을 계승하지만 다른 한편으로는 주자학의 수용이래 나타나는 일본적 특징을 거의 종합하였기 때문에 반잔의 사상은 종합적 성격을 갖는다. 이러한 의미에서 보면 그를 반드시 양명학자로만 분류하는 것에는 약간의 의문이 남는다. 반잔은 천인 관계에 있어서는 세이카의 사상을 계승하고, 이기론에 있어서는 라잔의 사상을 계승하며, 윤리학에서는 토오주와 안사이의 사상을 계승하였다. 이제 반잔의 사상내용을 부문별로 나누어 고찰해 보기로 하자.

1) 천관념(天觀念)

후지와라 세이카에 있어서 이미 천(天)에 대한 구체적 파악이 시도되었으나 이러한 경향은 구마자와 반잔에 이르러 더욱 구체화 된다. 천인무간이 전제된 한국의 성리학에서는 사람이 어떻게 천의 요소를 회복하고, 어떻게 천(天)과 일치하는 삶을 영위할 수 있게 될 것인가 하는 것에 관심이 집중되었지만, 천을 인간의 차원에서 이해하면서 동시에 섬기는 대상으로 파악한 반잔에 있어서는 천의 내용에 해당하는 요소를 인간의 요소 가운데에서 구체적으로 찾아내어야 한다는 결론이 나온다. 인간세계에서 섬겨야 할 대상으로서 대표적인 존재는 임금과 부모이므로 반잔에 있어서의 천은 임금과 부모로서 구체화 된다.

반잔은 사람에게 화와 복을 내리는 하늘의 역할을 임금이 대신하는 것으로 설명한다. 반잔에 의하면 태곳적 임금인 태신궁(太神宮)이 당시에는 백성들을 보살피는 하늘의 역할을 직접 담당하였고, 사후에는 누구든지 찾아갈 수 있도록 신사(神社)를 남겨놓음으로써 하늘의 역할이 영원히 지속될 수 있도록 하였다는 것이다. 하늘을 인간의 차원에서 이해한 반잔이 하늘의 역할을 인간에게서 추구하게 된 하나의 좋은 예이다. 임금 외에도 인간이 모셔야 할 대상으로 부모의 존재가 있기 때문에, 하늘처럼 모셔야 할 대상을 인간 중에서 찾으려고 한 반잔에게 있어서는 부모의 존재가 하늘의 역할을 담당하는 또 하나의 요소로서 등장할 수 있다. 반잔은 다음과 같은 에피소드를 통하여 부모의 존재를 사람에게 화와 복을 내려주는 하늘과 같은 존재로 설명하고 있다.

성인(聖人)의 가르침은 그 부모에게 제사 지냄으로써 경(敬)의 근본을 세우는 것이었다. 부모의 신은 천신과 일치한다. 성명(性命)에서 보면 지존의 성신(聖神)이다. 다른 데서 구할 것이 아니다. 옛날에 늙어 비틀어진 부모를 모시고 있는 자가 있었다. 언젠가 그 부모가 아들에게 말하기를, "손발도 움직이지 못하면서 이렇게 부양받으니 나는 우리 가정을 가난하게 하는 귀신이다. 빨리 죽으려고 생각해도 야속한 목숨이다."고 하였다. 그러자 아들은 무릎을 꿇고 삼가 말하기를, "우리 집의 복신(福神)은 부군이십니다. 모시는 데 정성이 모자라기 때문에 복을 받지 못합니다. 그렇지만 이렇게 계시기 때문에 어쨌든 처자도 기를 수 있습니다. 다만 언제까지라도 계시도록 부탁드리겠습니다."고 하였다. 노친이 웃으면서 말하기를, "쓸모도 없는 것이 사람을 부릴 뿐만 아니라 여러 가지로 요구하는 것도 많으니 나만큼의 가난귀신이 없는데 복신이란 웬말인가." 하였다. 아들이 말하기를, "옛날부터 지금까지 여러 가지 소원을 빌고, 고생을 하고, 신불에게 비는 자 많았지만 복을 얻은 자는 한 사람도 없었습니다. 부모에게 효행하여 신의 복을 받고 임금에게 은혜를 받는 자는 중국 일본을 막론하고 많았습니다. 그런데 눈앞에 확실히 존재하는 집안의 복신에게는 복을 빌지 않고 확실하지도 않고 보이지도 않는 곳에서는 빕니다. 부모에게 효행을 하면 복을 얻지 못하더라도 해는 없습니다. 신불에 빌면 복을 얻지 못할 뿐만 아니라 그 손실이 많습니다. 지금 우리 복신에게 삐치신 마음이 있기 때문에 행운이 없는 것입니다." 하고 안색을 부드럽게 하면서 말하니 그 제사 노친이 고개를 끄떡이며 이해하였다. 그 후로는 삐치는 일도 없고 화를 내는 일도 없어졌으며 식구들도 모시기 쉬워졌다(『集義和書』 卷第2, 書簡之2).

반잔이 여기서 부모의 존재를 화와 복을 내려주는 신적 존재로 파악한 것은 천의 요소를 인간적 요소에서 탐색한 반잔의 철학에 있어서 나타나는 귀결점이기도 하겠지만, 한편으로는 그의 스승이 강조한 효의 실천철학을 계승·발전시킨 결과물로 이해할 수도 있다. 왜냐하면 효도를 하면 복을 받는다는 이론은 효도의 실천을 더욱 강화하는 이론이 되기 때문이다.

2) 개체적 인간관의 확립

천인무간의 존재로 이해되는 인간은 개체적인 존재면서 동시에 전체적인 존재이었으나, 천이 인간의 차원에서 이해된 반잔에 있어서의 인간은 이제 더 이상 전체적인 요소를 내포할 수 없다. 이렇게 되면 인간존재의 본질은 육체적·물질적 요소로 이해될 수밖에 없다. 반잔은 "겨울이 오면 여름에 입는 홑옷을 생각하는 마음이 없어지고, 여름이 오면 동복을 생각하는 마음이 없어진다. 이 형체가 있기 때문에 이 형체에 마음이 깃들어 있다. 이 몸이 죽으면 이 형체에 깃들어 있는 마음이 없어진다.(『集義和書 卷第3, 書簡之3)"고 하여, 인간존재의 근본으로서 신체적 요소를 제시하고 있다.

인간의 몸을 인간존재의 근본으로 파악하면, 인간은 몸이 갖는 물질적 개별성·제한성에 의하여 각각 구별되는 개체적 존재가 된다. 그러므로 반잔은 나와 남이 하나가 될 것을 바랄 것이 아니라, 나는 나, 남은 남의 상태로 각각 다르게 존재하도록 놓아두어야 한다고 주장함으로써 인간 존재의 개별성을 강조한다.

일본유학에 있어서의 개별적 인간존재의 확립은 반잔에 의하여 갑자기 제시된 것은 아니다. 후지와라 세이카는 인품삼과설(人品三科說)을 제시한 바 있고, 나카에 토오주는 오품설(五品說)을 제시한 바 있다. 반잔에

있어서의 개체적 인간의 확립은 이러한 세이카·토오주의 인간관이 점차
적으로 발전된 형태이다. 이와 같이 인간이 개체적 존재로서 파악될 때 문
제가 되는 것은, 서로 구별되는 각각의 인간이 함께 살아가기 위한 장으로
서의 사회의 안정과 질서의 유지이다. 인간존재 그 자체에 공통성이 인정
되지 않는다면 인간사회의 질서를 지탱하는 천명 등의 근본적인 질서가
찾아지지 않기 때문이다. 이렇게 되면 인간사회의 질서는 인간 스스로의
손으로 확립할 수밖에 없다. 세이카 이래 일본유학에 있어서 오륜이 특히
부각되는 이유는 오륜이 사회의 질서를 대표하는 도덕이기 때문이다.

그런데 사회적 질서를 확립하는 가장 완전한 형태로서 반잔은 만물일체
사상을 만들어낸다. 그러나 전통적인 만물일체사상과 반잔의 만물일체사
상은 그 내용이 명확히 다르기 때문에 전통적인 만물일체사상과 구별하여
반잔의 만물일체사상을 신만물일체 사상으로 부르기로 하자. 반잔의 신만
물일체 사상의 내용은 만물 각각이 본질적으로 일체(一體)라고 하는 것이
아니라, 각각 다른 개개의 사물의 총체를 하나의 유기체로 파악하는 사상
이다. 예컨대 시간적 개념에서 나의 존재를 종적인 관계로 파악하면, 나는
선조에서 자손으로 연결되는 삶의 연속성 속에 있는 일부분이다. 선조에
서 자손으로 이어지는 삶의 전체적 현상을 하나의 유기체로서 공간적 개
념으로 바꾸어 놓고 보면 나의 개인적 죽음은 전체적 삶의 현상 속에서
나타나는 하나의 형태에 불과한 것이므로 문제가 되지 않는다. 나의 존재
가치는 오로지 삶의 맥락에 참가하여 선조에서 자손으로 잇는다고 하는,
주어진 역할을 수행하는 것에서 찾아진다. 공간적 개념에서 보더라도 같
을 것이다. 예를 들면 천자(天子)·공(公)·후(候)·백(伯)·자(子)·남
(男)·경(卿)·대부(大夫)·사(士)·농(農)·공(工)·상(商) 등, 모든 인간
이 하나의 유기체를 이루고 있다고 한다면 사람들의 존재 가치는 각각 놓
여진 자기의 위치에 입각하여 주어진 임무를 적극적으로 수행함으로써 유
기체 전체의 생명활동에 도움을 주는 것에서 찾아진다.

우선 집단을 만들고 난 뒤, 그 집단의 한 구성원이 되는 것으로서 존재

가치를 구하는 이른바 일본인의 집단주의는 이러한 사고유형에서 유래하는 것으로 이해할 수 있다.

3) 기우위설(氣優位說)

전항에서 이미 논술한 바와 같이 중국의 이원론적 이기론은 일본의 일원적 사유체계 때문에 바로 수용되지 못하고 일원론으로 변모한 양명학을 통하여 일원적으로 수용되었는데, 이러한 입장은 구마자와 반잔에 이르러 더욱 계승되고 발전된다. 반잔은 이기론의 내용에 있어서는 거의 라잔의 그것을 계승하고 있으나, 반잔의 특징은 여기에 멈추지 않고 일보 나아가 기(氣)를 중시하는 기우위설을 제창한 데 있다.

세이카에게 수용된 이우위(理優位)의 이기론은 라잔의 이기일체설을 거쳐 반잔에 이르러 기우위론으로 전환된다. 그러나 반잔에 있어서는 일기설(一氣說)이 주창되고는 있지만 기(氣)는 이(理)의 나타난 형태라고 함으로써 이(理)의 요소가 여전히 남아 있다. 이(理)의 요소가 완전히 사라지는 것은 다음의 진사이[仁齋]를 기다린다.

이처럼 학문에 대한 반잔의 자유로운 태도는 반잔으로 하여금 주자학과 양명학에 얽매이지 않게 하는 데 그치지 않고 유학 그 자체에 대해서까지도 비판적 안목으로 바라보게 만들었다. 반잔의 이러한 입장에서 우리는 진사이이학과 국학(國學)의 맹아를 볼 수 있다.

4) 오륜사상(五倫思想)

수양의 덕목이었던 퇴계의 경을 수용하여 그것을 오륜을 실천하기 위한 실천덕목으로 전환한 사람이 야마자키 안사이이었다면, 이 야마자키 안사이의 윤리사상을 계승하여 한 걸음 더 발전시킨 사람이 바로 반잔이다. 반잔에 있어서의 경(敬)은 천지일월의 존재·운행원리이고, 성인의 존재·실천원리로 설명되고 있다. 유학에서 말하는 천지일월의 존재·운행원리, 성인의 존재·실천원리는 본래 성(誠)이었고 경(敬)은 성(誠)의 상태에 도달하기 위한 수양방법이었다. 이러한 점을 감안해 보면 경에 있어서의 이와 같은 의미의 확대는 아마도 퇴계학의 영향으로 생각된다. 반잔 스스로가 퇴계학의 영향을 직접 받지는 않았다 하더라도 안사이학의 계승에 의한 간접적 영향은 충분히 생각된다.

반잔은 전항에서도 지적한 바와 같이, 인간이 섬겨야 할 대상인 천(天)의 의미를 인간의 차원에서 이해하여 실제로 인간에게 섬기는 대상이 되고 있는 임금과 부모의 의미로 구체화시켰다. 이러한 논리에서 볼 때, 반잔에 있어서 천지인 삼위일체의 요도(要道)인 경이 부모에 대한 효, 임금에 대한 충으로 변용되는 것은 자명한 귀결이라고 할 수 있다. 그리고 이 효와 충과 같은 인간관계의 윤리가 인간관계 일반으로 확장될 경우 그것은 오륜으로 구체화된다.

반잔은 원형리정으로 표현되는 천지운행의 기본까지도 오륜과 일치시킴으로써 천지운행을 포함한 모든 이치를 오륜으로 귀결시킨다. 천지운행의 원동력이 경(敬)이었던 점에서 보면, 오행이 곧 경(敬)이고 오륜이 또한 경(敬)이 되므로 반잔의 논리체계에서는 경(敬)으로 집중되었던 도덕실천방법은 결국 오륜을 실천하는 것으로 구체화 된다. 형이상학적 세계가 이해되지 않으면 형이하학적 세계의 질서를 유지할 수 있는 원리가 인간 스스로의 손에서 찾아져야 한다. 그리고 그것은 인간이 추구해야 할 가치 중에서 가장 최고의 가치가 된다. 반잔에 있어서 이러한 원리가 오륜으로 이해되었다면 이 오륜은 모든 가치 중에서 최고의 가치가 될 것이다. 그러므로 반잔에 있어서는 학문의 내용과 목적이 바로 이 오륜을 알고 실천하는 것으로 집약된다. 그리고 주자학이 출현하게 된 계기 중의 하나인 생사무상감의 극복도 "살아서 오륜의 도가 있는 사람은 죽어서 오행에 짝이 된다. 그러므로 본래 죽음을 말할 것이 못된다. 이 세상에는 오륜이 있고 저 세상에는 오행이 있다."라고 말함으로써 반잔은 이 오륜의 내용을 가지고 해결하고 있다.

Ⅳ. 고학(古學)

구마자와 반잔에 이르러 주자학의 형이상학적 성격이 거의 형이하학적 차원으로 정리되자, 형이상학적 성격이 강한 주자학은 이제 더 이상 존재 의의를 가질 수 없게 되었다. 주자학이 처음 수입되었을 때에는 주자학 자체가 선진철학으로서의 권위를 가질 수 있었지만, 주자학이 수용되고 이해되는 과정을 거치면서 일본 자체에서 학자들이 다수 배출되고 그 학자들이 권위를 갖게 되자 이 권위를 바탕으로 나름대로의 주장을 할 수 있게 되었다. 이러한 상황에서는 이제 이해되지 않는 주자학을 다만 권위 때문에 맹목적으로 인정하고 비판을 주저하는 입장에서 벗어나게 되었다. 자신감을 갖고 자신의 철학적 사유와 입장을 바탕으로 주자학을 바라보게 되었고 그 결과 과감하게 그 주자학을 비판하게 되었다. 주자학의 형이상학적 체계를 비판하는 입장에서 중국유학을 바라보았을 때, 일본 유학자들의 눈에는 형이하학적 체계로 전개되었던 한당시대의 유학이 대두되었다. 따라서 그들은 그 한당유학의 형이하학적 체계를 주자학을 비판하는 무기로 활용함으로써 자신들의 입장에 대한 권위를 강화하였다. 이러한 일련의 사상운동에서 비롯된 학문풍토를 일본에서는 옛 유학으로 돌아간다는 의미로서 고학(古學)이라 이름 붙였다.

일반적으로는 고학을 그 이전에 전개한 주자학과 양명학에 대한 안티테제로 등장한 것이라고 정의하지만, 지금까지의 논의에서 보면 일본의 주자학이나 양명학은 대륙의 그것을 그대로 받아들인 것이 아니라 일본적으로 수용하고 전개한 것이었으며, 그 내용은 대륙의 형이상학적 체계를 형이하학적 체계로 전환하는 과정이었으므로, 일본의 고학은 일본의 주자학과 양명학의 발전의 연장선상에서 나타난, 발전의 한 형태로 보아야 할 것이다. 일본의 주자학이나 양명학은 대륙의 그것을 일본적으로 소화하여 전개한 것이었으며, 그 내용은 형이상학적 체계에서 형이하학적 체계로 변용하는 것이었으므로 일본의 고학을 대륙의 주자학과 양명학의 형이상

학적 체계를 비판하고 형이하학적 체계를 완성한 형태로 파악한다면, 일
본의 고학은 내용면에서 볼 때, 일본의 주자학과 양명학의 완성된 형태로
이해할 수 있다.

고학의 대표자는 야마가 소코[山鹿素行], 이토 진사이[伊藤仁齋], 오규
소라이[荻生徂徠]이다. 이하에서는 이들 중에서 이토 진사이[伊藤仁齋]와
오규 소라이[荻生徂徠]의 사상을 중심으로 고학의 내용을 살펴보기로 한
다.

1. 이토 진사이[伊藤仁齋]의 주자학 비판

이토 진사이(1627~1705), 이름은 고레에다[維楨], 자(字)는 겐스케[源佐],
초명은 고레사다[維貞], 자(字)는 겐키치[源吉], 유명은 겐시치[源七], 호(號)
는 진사이[仁齋] 또는 당은(棠隱)이다. 진사이[仁齋]는 1627년 교토[京都]에
서 태어났다. 그는 처음에 주자학에서 출발하여 주자학에 심취하였다가
중간에 주자학을 비판하고 고학이라고 하는 일본 고유의 학문체계를 이룩
하기에 이른다. 이하에서는 이러한 그의 학문과정을 구체적으로 살펴보기
로 하자.

1) 주자학에의 심취

이토 진사이는 11세 때 처음으로 『대학』의 치국평천하장을 읽고 "지금
의 세상에 또한 이와 같은 것을 아는 자 있지 않을 것이다."고 하였고 ,
15~6세 때 처음으로 고선성현(古先聖賢)의 도에 뜻을 두었으며 16~7세 때
『성문덕행의 학』을 닦으려고 결심하였다고 한다. 진사이는 16~7세의 나이
로 송유의 학에 뜻을 두었는데 처음에 주자의 『사서』를 읽었을 때에는 그
것은 훈고의 학에 지나지 않으며 『성문덕행의 학』은 아니라고 생각했지만
19세 때에 『이연평답문(李延平答問)』을 구입하여 책의 종이가 닳도록 읽
었으며 또 『문공소학(文公小學)』을 숙독하고 그로 인하여 주자학에 입문

하여『어록』,『혹문』,『근사록』,『성리대전』등의 책을 존신하고 진중히 여겨 숙독 완미하였으며, 조석을 연마하여 28세 경에는 그 긍개를 얻음에 이르렀다고 한다.

이와 같이 주자학에 심취한 진사이는 이 무렵 주자학적 입장에 입각하여『경재기』,『성선론』,『태극론』,『심학원론』등을 발표하였다. 그러나 그 후 29세가 되는 해 그는 동생에게 집을 맡기고 마쓰시다쵸[松下町]에 들어가 은둔생활을 시작한다. 은둔생활을 하는 동안 진사이는 주자학에서 벗어나 고학이라고 하는 독자적인 학문을 구축하기에 이른다.

2) 주자학 비판이론

일본 주자학의 전개과정은 형이상학적 성격이 퇴색되는 과정이었으므로 형이상학적 성격이 거의 소멸하는 시점에 이르면 자연히 더 이상 주자학이라는 명칭을 쓸 수 없는 단계에 도달하게 될 것이다. 그 이전까지처럼, 주자학을 자신의 파악방법에 따라 자기식으로 소화한다고 하더라도 어디까지나 주자학의 권위 안에 있었을 때에는 심각한 갈등을 일으키지 않을 수 있지만, 주자학이라는 명칭을 쓸 수 없을 정도의 시점에 이르면 주자학의 권위에서 벗어나 독립적인 학문체계를 수립하지 않을 수 없고, 또 독립적인 학문체계를 수립한다는 것은 대륙의 선진이론에 대한 일대 도전이기 때문에 보통의 용기로는 그 갈등을 감당하기 어려울 것이다. 이러한 갈등으로 은둔생활에까지 들어갔던 진사이는 결국 주자학을 비판하는 치밀한 학문체계를 세우면서 자신의 학문을 한당시대의 훈고학을 계승한 것이라고 함으로써 자신의 권위를 강화하였다.

진사이는『어맹자의』에서 주자학의 주요 개념들인 도(道), 명(命), 이(理), 성(性), 인의예지(仁義禮智), 사단(四端), 등을 조목조목 열거하여 그 형이상학적 내용들을 하나하나 비판하고, 자신의 이론체계에 맞게 형이하학적 개념으로 정리함으로써 자신의 학문체계를 세워 나갔다.

3) 기일원론적 세계관

진사이학에 있어서 형이상학적 세계관이 부정되고 나면 저절로 형이하학적 세계관이 성립되지 않을 수 없다. 따라서 이(理)의 세계가 완전히 부정된 진사이에게 있어서 기일원론의 성립은 당연한 귀결이라 하겠다. 진사이는 천지 사이에 오직 하나의 기(氣)만이 존재한다고 하는 기일원론을 제창한 다음 만물이 생성되어 나오는 현상을 경험적이고도 사실적인 방법으로 소박하게 파악한다. 즉 진사이에 의하면, 상자를 만들면 그 안에 저절로 곰팡이가 생기듯이 천지 사이에도 저절로 생물이 생겨나는 것이지 거기에 이(理)라고 하는 것이 먼저 있어서 작용하는 것이 아니라는 것이다.

진사이의 일원론적 세계관에 대한 묘사는 소박함을 면하지 못하지만 경험적이고 사실적인 입장에서 본다면 생물학의 진화론을 연상하게 된다. 이러한 진사이의 세계관은 일본적 정서가 표출된 것이라고 할 수 있을 것이다. 이러한 정서가 나중에 서양의 과학정신을 받아들이는 바탕이 되었을 것임은 의심할 여지가 없다.

4) 성(誠)의 윤리학

일본의 주자학은 퇴계학에서 출발하였으나 퇴계학의 수양의 핵심과제이었던 경(敬)의 내용이 타인을 공경한다고 하는 의미로 변모하면서 윤리학으로 발달했다. 그것은 주로 자신의 마음을 잡념이 없는 상태로 보존한다고 하는 대자적(對自的) 덕목으로 파악되었던 경의 내용이 타인을 공경한다고 하는 대타적(對他的) 덕목으로 바뀌는 과정이었다. 이기론에서 이(理)의 형이상학적 성격이 완전히 소멸한 것이 진사이에 이르러서이었듯이 이 경의 내용에 있어서도 대자적 덕목으로서의 성격이 완전히 소멸한 것도 진사이에 의해서이다.

진사이는 유학의 실천도덕 중에서 전통적으로 가장 중요한 덕목으로 인정되어 온 도의 내용으로 오륜을 고정하고, 이를 만고불변의 진리로 설명함으로써 오류를 가장 중요한 덕목으로 확정하였다. 이렇게 하여 경을 타인에 대한 공경심으로 전환하고 오류를 강조하는 방향으로 발전하는 일본 주자학의 윤리학적 특징은 진사이에 이르러 거의 완성을 보게 되었는데, 진사이의 윤리학은 여기에 머물지 않고 한 걸음 더 나아가 보다 확고한 윤리실천방안을 제시하는 데 그 특징이 있다.

   타인에 대한 공경심을 가지고 타인과의 관계를 유지한다고 하는 것은 그 윤리실천의 기준이 주관적이기 때문에 객관성을 가진, 보다 확실한 윤리실천방안이 될 수 없다. 예컨대, 방에 들어왔을 때 더위를 느꼈다고 하자. 이때 창문을 여는 것이 옳은 행위인지 아닌지는 타인에 대한 공경심만 가지고는 판단하기 어렵다. 전통적인 방법인 서(恕) 즉 자기를 미루어 남을 헤아린다고 하는 추기급인(推己及人)의 방법을 섣불리 적용하면 자기의 더움을 미루어 남도 더울 것으로 판단하여 창문을 열게 될 것이다. 그런데 이때 만약 그 방에 있던 다른 사람들은 덥지 않고 오히려 추위를 느끼고 있었다면 이는 심각한 윤리적 오류를 범하게 된다. 그것이 바로 그들에 대한 독재가 되기 되기 때문이다. 이러한 상황에서는 덥다고 하는 자기의 느낌을 잠시 두어 두고, 먼저 다른 사람을 관찰하여 다른 사람이 추워하는지 더워하는지를 파악하여 다른 사람의 느낌에 맞추는 것이 전체적 질서를 유지하는 보다 확실하고 객관적인 방법이다. 그런데 다른 사람의 느낌을 파악하는 객관적인 방법은 창문이 닫혀 있는지를 관찰하는 것이다. 만약 창문이 닫혀 있다면 그것은 거기에 있는 사람은 더워하지 않는다는 것을 의미한다. 따라서 자기가 더움을 느꼈다면 자기 혼자만이 더운 것이므로 외투를 벗는다든지 하여 참는 것이 바람직한 윤리적인 행위가 되는 것이다. 타인에 대한 공경심이 지극하기만 하더라도 타인의 상태를 관찰하여 그들의 상황에 맞출 수 있기도 하겠지만, 이는 어디까지나 주관적인 방법이기 때문에 객관적이고도 구체적인 것이 되지 못한다. 따라서 이보다는 진사이의 이 방법이 더욱 객관적이고 효과적이라고 할 수 있다. 그리하여 진사이는 서(恕)의 해석을 「추기급인」이라고 하지 않고, 먼저 남의 상황을 헤아려 거기에 자기를 맞추는 것으로 해석한다.

전통적인 서(恕)의 사상내용은 인간의 형이상학적 본질인 성(性)이 모든 사람에 있어서 동일하다는 것을 전제하는 것이므로 성을 파악하지 못한 상태에서 섣불리 추기급인의 방법을 적용하면 상술한 바와 같은 부작용이 나타날 가능성이 생긴다. 따라서 형이상학적 세계를 인정하지 않는 입장에서 본다면, 그리고 성을 파악하지 못한 현재적 입장에서 본다면, 사회적 윤리를 확립할 수 있는 인간의 윤리의식 중에서 이보다 더 철저한 윤리의식은 찾아보기 어렵다. 이러한 의미에서 본다면 진사이의 이 윤리사상은 탁월하다. 이러한 의미에서도 진사이의 윤리사상은 당시까지 전개되어 온 일본 윤리사상의 완성이라고 할 수 있다.

진사이의 윤리사상에 있어서는 경·충신·서 등이 타인과의 관계를 원만하게 하는 마음상태로 정의되고, 인의예지도 사회적 도덕으로 설명되는데, 이 둘을 통합하는 윤리가 진사이에 있어서는 성(誠)으로 설명된다.

이러한 의미에서 진사이의 윤리학은 한마디로「성(誠)의 윤리학」이라고 이름붙일 수 있을 것이다. 성(誠)은 원래 인간존재 그 자체를 왜곡됨이 없이 있는 그대로를 실천하는 실천철학적 덕목이었다. 그런데 일본의 주자학은 한국의 퇴계학을 수용하면서 출발하였기 때문에 경을 윤리실천의 주요 덕목으로 삼았으나 경의 내용을 일본적 정서에 맞게 차츰 사회적 실천윤리를 실현하는 내용으로 전환시켜가다가, 결국 진사이에 이르러 완벽한 사회적 실천윤리를 실현하는 형태로 정착하였다. 이렇게 되면 수양의 덕목이었던 경에 더 이상 집착할 필요가 없게 된다. 따라서 진사이는 이를 성(誠)으로 치환한다. 이렇게 하고 보면 일본 주자학에서 나타나는 윤리학적 특징은 경의 윤리학에서 성의 윤리학으로 전변되는 과정이라고 말할 수 있다.

타인의 입장을 헤아려 자신을 거기에 맞춘다는 진사이의 윤리의식은 오늘날의 일본인의 윤리교육의 핵심적인 내용이 되고 있다. 오늘날 일본인들이 강조하는 남을 배려하는 정신[おもいやり]이 바로 이것이다. 이러

한 의미에서 본다면 진사이의 윤리학은 일본인의 윤리건설에 지대한 영향을 끼쳤다고 할 수 있을 것이다.

이와 같은 진사이의 도덕론은 그러나 도덕의 실천에 의하여 사회의 질서를 확립할 수 있다고 하는 낙관론적 견해를 전제로 하지 않으면 성립되지 못한다. 도덕의 실천 가능성이 인간의 본성 속에 있지 않다면 도덕의 실현은 외부적으로 유도하여야 할 것이지만, 이러할 경우 최후까지 도덕을 거부하는 사람에 대해서는 별다른 방법을 찾을 수 없을 것이기 때문이다. 따라서 성의 도덕론을 수립한 진사이는 그의 도덕론의 근저에 도덕 실천에 대한 낙관론을 전제하지 않을 수 없었다.

이러한 진사이의 도덕론에는 스스로 한계가 있다. 그것은 이미 형이상학적 본질을 부정한 그이었기 때문이다. 형이상학적 본질을 부정하고 나면 인간에게 공통으로 존재하는 마음의 본질을 설정할 수 없다. 인간의 형이상학적 본질을 부정하면 인간은 본질적으로 육체적·물질적 존재로 파악된다. 인간이 육체적 존재라면 인간은 본질적으로 그 육체를 존속시키기 위하여 남과 경쟁하고 투쟁하는 존재로 이해될 수밖에 없다. 이러한 이론에서는 결국 성악설이 대두되지 않을 수 없다. 따라서 인간의 형이상학적 본질을 부정한 진사이는 도덕실천으로 향하는 인간의 착한 의지를 설정할 수 없어야 한다. 여기에 진사이 윤리학의 한계가 있다. 그는 주자학의 형이상학적 성격을 부정하였지만 그러나 맹자의 형이상학을 완전히 부정하는 단계에까지는 발전하지 못하였다. 오히려 그는 맹자의 사단을 그의 윤리학의 출발점으로 삼은 것이다. 맹자의 사단은 인의예지의 형이상학적 본질이 전제되지 않는다면 성립될 수 없다. 이러한 점을 그는 꿰뚫지못했다. 주자학의 형이상학적 요소를 비판하면서 발전한 일본 주자학의 윤리사상이 그 완성형태인 진사이의 윤리학에 이르러 한계에 부딪히지 않을 수 없는 운명을 맞이하게 된 것이다. 주자학의 형이상학적 성격을 부정함으로써 인간의 자발적인 도덕성을 긍정할 수 없게 된다면, 이러한 진사이의 도덕론은 성립할 수 없다. 근본적으로 인간들을 도덕을 실천하는 방향으로 나아가지 않는 존재로 파악한다면, 인간사회의 질서를 지탱하기 위하여 이제 윤리학을 넘어가는 그 무엇이 요청되지 않을 수 없다. 그것은 도덕을 실천하지 않는 인간들을 도덕을 실천하도록 유도할 수 있는 강제력이 있는 어떤 것이어야 할 것이다. 이에 부응하여 나타난 것이 오규 소라이[荻生徂徠]의 예치사상(禮治思想)이다.

2. 오규 소라이[荻生徂徠]의 예치사상

오규 소라이(1666~1728)의 이름은 나베마쓰[雙松], 자(字)는 시게노리[茂卿], 호(號)는 소라이[徂徠]이며, 하야시 호코[林鳳岡]의 제자이다.

이미 언급하였듯이 일본주자학은 형이상학적 성격을 부정하고 나름대로의 형이하학적 체계를 수립하는 과정이었으며, 그 내용은 인간존재의 본질을 물질적·육체적·개체적 존재로 확립하고 이에 바탕을 둔 윤리사상을 모색하는 과정이었다. 일본 주자학의 이러한 과정은 오규 소라이에 이르러 그 종착역에 도달하게 되었다. 소라이[徂徠]는 일본 주자학의 흐름을 계승하여 인간을 육체를 기본으로 하는 물질적·개체적 존재로 규정하는 것으로써 사상의 출발점으로 삼는다. 소라이는 인간의 본질을 기질적 존재로 확정하고 이 기질적 존재는 바꿀 수 있는 것이 아니라고 명언한다. 이러한 논리에 의하면 인간이 기질을 변화시킴으로써 성인(聖人)이 된다는 것은 불가능하다. 따라서 그에 있어서는, 사람이 학문을 함으로써 성인이 되는 것이 가능하다는 논리나 성인이 된 자가 천하를 다스린다면 천하가 저절로 다스려진다는 논리는 자사·맹자 이래로 노장의 내성외왕의 사상을 취한 것으로 선왕·공자의 유학이 아닌 것이라고 하여 부정한다.

이처럼 육체라고 하는 물질적 요소를 기반으로 한 개체적 존재로 인간을 파악할 때, 우선 요청되는 것은 '생양(生養)의 도'이고 다음으로는 '사회의 안정과 질서'를 수립하는 것이다. 일본 주자학에 있어서의 생양의 도는 당연히 중시해야 하는 것으로 받아들여져 의심을 가질 여지가 없다. 그렇지만 사회의 안정과 질서를 확립하는 논리는 진사이와 소라이에 이르러 완성되었다고 말할 수 있지만, 진사이와 소라이는 그 방법을 달리하고 있다. 진사이는 인성의 도덕적 지향성을 인정하고 도덕적 실천을 그 방법으로 제시한 데 반하여, 소라이는 인성의 도덕적 지향성을 인정하지 않기 때문에 강제력이 있는 예(禮)를 가지고 인심을 객관적으로 제어해야 한다고 하는 예치사상을 제창하기에 이른다. 소라이가 제창한 이 예치사상은 성악설적 사고를 바탕으로 할 때 성립되는 사상이다. 주자학의 형이상학적 요소를 수입하여 그것을 전개하는 과정에서 그 형이상학적 요소를 부정하고 형이하학적인 형태로 변환시킨 일본의 주자학은, 그 내용을 단적으로 말하면 성선설적 사유형태를 수입하여 그것을 성악설적 사유형태로 변환시킨 것이라고 말할 수 있다. 따라서 이러한 관점에서 본다면, 형이상학적 요소를 비판한 측면에서는 진사이를 일본 주자학의 완성자라고 할 수 있지만 성악설을 완성시켰다는 의미에서는 소라이를 일본 주자학의 완성자라고 할 수 있다.

　그러나 소라이 자신은 성악설을 지지하는 발언을 하지 않았다. 그는 맹자의 성선설, 순자의 성악설 등은 상황에 의해 요청되어지는 것이며 본래적인 것은 아니라고 하여, 인성을 선이나 악으로 규정하는 것을 거부한다. 그러나 소라이가 성선설과 성악설을 부정하는 논리 그 자체는 이미 성악설적 사고유형으로 분류되지 않을 수 없는 것이다. 그에 의하면, 선악은 형체가 없는 마음에 의해 행해지는 것이기 때문에 추상적인 것이고 따라서 선악을 내포하고 있는 마음을 다스릴 때에 똑같이 추상적인 마음을 가지고 한다는 것은 미치광이 자신이 자신의 광기를 다스리는 것과 같은 것이어서 불가능하다. 추상적인 마음은 구체화 된 객관적이고 외형적인 예를 가지고 다스려야 한다는 것이다.[7]

---

7 善惡皆以心言之者也, 孟子曰生於心而害於政, 豈不至理乎, 然心無形也, 不可得而制之矣, 譬如狂者自治其狂焉, 安能治之, 故後世治心之說, 皆不知道者也(『辨道』)

맹자가 말하는 성은 형이상학적 요소로 이해되지만 순자가 말하는 성은 형이상학적 요소가 아니다. 순자는 맹자가 말하는 형이상학적 요소로서의 성을 부정한다. 형이상학적 요소를 부정하고 나면 인간은 자연히 물질적 존재로 파악되는데, 그렇게 되면 필연적으로 인간들은 물질적 가치를 서로 차지하기 위하여 경쟁하고 투쟁하는 존재로 이해될 수밖에 없다. 따라서 순자는 이러한 인간의 투쟁으로 나아가는 경향성을 가리켜 악하다고 이름 하여 그의 성악설을 성립시킨 것이다. 그러므로 순자는 인간이 살 수 있는 사회를 만들기 위해서는 투쟁으로 나아가는 인간들을 억제해야 할 필요성을 인식하게 되었다. 그리하여 순자가 제시한 것이 바로 예이다. 이러한 논리에서 보면 소라이의 예사상은 순자의 그것과 일치한다.

소라이의 인간관에 있어서는 낙관적인 도덕론이 들어갈 여지가 없다. 만약 도덕으로 향한 인간의 지향성이 없다고 한다면 도덕체계를 아무리 구축하려 해도 의미가 없다. 더욱이 도덕은 추상적인 마음의 덕(德)이지 실천을 위한 구체적인 기준이 아니기 때문에 더욱 그러하다.

효제인의의 도덕을 가지고 사회질서의 확립을 시도한 진사이처럼 추상적인 도덕으로 사회적 질서의 준거로 삼는다면, 사람들은 각자의 생각으로 효제인의를 행하기 때문에 사회적 질서의 확립은 불가능하다. 이러한 논리를 가지고 소라이는 진사이의 도덕론을 비판한다. 인간의 형이상학적 본질을 부정하는 입장에서 본다면 소라이의 말대로 진사이의 도덕론은 한계가 있다. 모든 사람이 공평하게 실시할 수 있는 객관적인 윤리기준이 마련될 수 없기 때문이다. 이러한 의미에서 보면 소라이의 예치사상은 진사이의 윤리학의 한계를 극복하는 이론이 된다. 거꾸로 말해서 진사이의 윤리학은 소라이의 예치사상에 의하여 뒷받침이 될 때 의미를 갖는다.

형이상학적 요소를 부정하는 소라이에 있어서 예는 자연법칙적인 것으로 이해될 수 없다. 그러므로 예는 인간이 인위적으로 만들 수밖에 없다. 소라이에 의하면 예란 범인이 미칠 수 없는, 총명예지를 가진 성인이 제작한 것이며, 더욱이 한 성인의 한 생애 동안 제작된 것이 아니라 수천 년 동안 여러 성인들의 정신의 총결산에 의한 것이다. 따라서 소라이는 인간 사회에서 실시해야 할 예는 어느 한 사람이 일시적으로 만든 것보다 옛 성인들이 오랜 시일 동안 만들어 놓은 것이어야 한다고 주장한다.

이 소라이의 예치사상 역시 여전히 한계를 가진다. 옛 성인들은 당시에 필요한 예는 만들어 놓았지만, 옛 성인들이 경험하지 못하는 오늘날의 새로운 상황에 대처할 수 있는 예는 만들어 놓지 않았다는 점이다. 이러한 점에서 소라이는 순자가 갖는 한계를 그대로 가진다. 소라이의 예치사상이 갖는 또 하나의 한계는 예란 객관적인 기준이기는 하지만 강제력이 없기 때문에 만약 사람들이 이 예를 지키지 않을 때 강제로 지키도록 할 수 있는 강제력이 없다는 데 문제가 있다. 따라서 소라이의 예치사상은, 순자의 예사상에서와 마찬가지로 법가사상으로 발전하지 않을 수 없게 되는 것이다.

일본의 주자학이 형이하학적 성격의 고학으로 변모하고 나면, 이제 형이상학으로 향하던 사람들의 관심은 형이하학적 가치를 추구하는 방향으로 바뀌지 않을 수 없다. 따라서 소라이 이후의 일본의 지식인들은 경험적 실학으로 그 탐구의 대상이 바뀌어, 일본에서는 대대적인 실학의 발전을 맞이하게 되었다.

또한, 고학의 정착은 일본의 지식인들이 대륙의 유학에서 벗어날 수 있는 계기가 되었으므로, 고학 이후의 일본 지식인들은 대륙의 유학에서 벗어나 일본 고유의 학문에 관심을 가졌고, 그 결과 국학이라는 일본 고유의 학문체계를 갖추었다.

그리고 실학을 추구하던 일본의 지식인들은 서양의 실학이 동양의 그것보다 더 우수하다는 것을 알았기 때문에 적극적으로 서양학을 수용하기에 이르렀다. 그리하여 먼저 접하게 된 네델란드의 실학을 수용하는 것을 주내용으로 하는 난학(蘭學)이 유행하게 되어, 일본의 사상적 조류는 경험적 실학의 발달, 유학에서의 독립, 국학, 난학으로 이어져 서양의 근대문명을 수용하는 바탕이 되었다.

V. 결어

한국의 퇴계학에서 출발한 일본의 주자학은 주자학의 형이상학적 요소를 부정하는 방향으로 발전하다가 급기야는 형이상학적 요소가 강한 주자학 그 자체를 부정하고 형이하학적 체계를 수립하기에 이르렀다. 일본의 유학은 형이상학적 요소를 부정하고 형이하학적 체계를 구축해가는 일직선적인 발전과정이었다. 따라서 일반적으로 이해되고 있는 것처럼 주자학이 극복되어 양명학이 되고, 양명학이 다시 극복되어 고학으로 발전하였다고 하는 이론은 재고되어야 한다. 그러므로 일본의 고학은 일본 주자학의 완성된 형태라고 할 수 있고, 일본의 주자학은 일본 고학의 시발점이었다고 할 수도 있을 것이다.

일본의 유학이 이러한 과정을 거치게 된 근본원인은 어디에 있는 것일까? 아마도 그것은 일본인들이 형이하학적 체계를 수립하는 데는 대단한 능력을 갖추고 있다 하더라도 형이상학적 요소를 이해하는 능력이 부족하고 따라서 그것을 받아들일 필요성을 감지하지 않았는데 원인이 있을 것이다. 대륙의 선진문화인 주자학을 접한 일본의 지식인들은 처음에는 그 형이상학적 요소를 이해하지 못하여 갈등하였을 것이다. 그것을 이해하지 못하면 개인적으로도 문화인이 될 수 없을 뿐만 아니라 국가적으로도 선진국이 될 수 없을 것이기 때문이다. 각고의 노력을 기울이지만 그 차체를 수용하지 못하고 결국 자신들의 정서에 맞게 형이하학적 체계로 변용하고 말았다. 이 과정 속에서 일본의 지식인들은 상당한 열등감을 가져야 했을 것이다.

어쨌든 일본의 유학을 자신들의 정서에 맞게 변용한 일본인들은 이제 더 이상 유학의 형이상학적 체계에 얽매어 있을 필요가 없게 되었다. 그리하여 일본의 지식인은 유학에서 일탈하여 국학이라는 장르를 만들어내었고 그 후 서양의 학문을 접하면서 서양의 학문에 심취하기 시작하였다. 그것이 이른바 난학이었다. 서양의 학문에는 기독교와 과학사상이 있지만 일본인들이 반긴 것은 물론 과학사상 이었다. 당시 서양이 동양보다 강력한 힘을 자랑할 수 있었던 것이 과학사상 이었으므로 힘을 중시하는 일본적 정서에 그것이 부각되었을 것이기 때문이다. 그리고 또 그것은 일본인들이 수립해 놓은 형이하학적 체계 속에 용해될 수 있는 것이기도 하였기 때문일 것이다. 일본의 지식인들은 난학을 수용하고부터 대륙의 형이상학을 수용하면서 겪어온 갈등을 해소할 수 있었을 것이다. 형이하학적 체계를 갖춘 난학은 일본인들의 정서에는 너무나 이해되기 쉬운 것이었다. 따라서 아시아적 가치기준이 아닌 유럽의 가치기준에서 본다면, 그리고 유럽을 선진국으로 간주한다면, 유럽을 잘 이해할 수 있었던 일본인은 우수한 민족이라는 결론에 도달할 수 있다. 따라서 이러한 결론에 도달한 일본의 지식인들은 과거에 열등감이 컸었던 만큼 반동적으로 이제 아시아에 대한 우월감을 가지기 시작하였다. 심지어는 일본인들은 아시아에 속해 있지만 아시아인이 아니라 유럽인이라고 하는 탈아입구론(脫亞入歐論)이 대두되기까지 하였다. 이러한 과정을 거쳐 일본인들은 유럽에 경도하여 갔고 그럴수록 자신감을 갖게 되었다. 자신감을 갖게 되고 남에게 인정을 받게 되면 사람은 누구나 신이 나고 신이 나면 능력을 발휘할 수 있게 된다. 그리하여 일본인들은 오늘날의 일본을 만들게 된 것이다.

제85회 발표, 2009년 3월 12일

일본의
또다른 기억

일본의 전쟁기념관과 기억의 정치

|

여문환(국가경영전략연구원 수석연구원)

Ⅰ. 서론: '피해와 가해' 딜레마의 시작

일본은 전쟁에 대한 기억과 기념을 한국과 중국보다 훨씬 더 앞서서 정치적으로 활용하였다. 19세기 말과 20세기 초 이미 청일전쟁과 러일전쟁에서 승리하면서 일본은 전쟁의 승리가 가져다주는 영토적 확장 이외에 국제사회로부터 강대국으로써 인정받는 최초 동양국가가 되었다. 특히 러일전쟁 이후 야스쿠니 신사를 비롯하여 전국적으로 전몰자를 기념하는 행사를 진행함으로써 국민적 통합과 애국심을 고취하였다.

전후 일본은 국가, 사회, 개인 모두 태평양전쟁의 굴레부터 자유로울 수 없었다. 패전 이후 일본의 전쟁기억을 형성하는데 미국의 점령과 냉전의 심화가 가장 중요한 외부 요인으로 작용하였다. 국내적으로 정치적 보수화의 빠른 진행과 민주주의의 정착으로 인하여 여러 정치·사회단체들이 경쟁적으로 전쟁기억을 생산하였다. 1950년대와 1960년대에는 전쟁책임론과 원폭 피해를 중심으로 한 보수적 전쟁기억 서사가 지배적이었다. 일본의 전쟁기억은 '피해와 가해의 이중성'이라는 딜레마를 안고 있었으며, 사회 제 이익집단들 사이에서 전쟁기억의 문제를 그들의 이해관계에 따라 정치적 쟁점화 함으로써 전쟁기억의 다양한 재현이 시작되었다. 한편 1980년대부터 일본의 전쟁책임 문제에 대한 국제적 이목이 집중되자 일본의 전쟁기억은 국내적 차원을 넘어선 동아시아 국가들, 특히 중국과 한국으로부터 민감한 외교적 쟁점으로 부각하게 되었다.

전쟁기억은 개인의 기억으로부터 집단적 기억으로 진행되며 이 부분에 있어서 국가와 집단의 이해가 반영된 '기념'으로 발전된다. 기념(commemoration)은 어떤 특정한 인물이나 사건 등을 생각나게 하며, 기억을 새롭게 하는 모든 행위이다. 전쟁기념은 기념일과 기념행사, 교과서, 보훈과 상훈 그리고 기념장소 및 박물관 혹은 기념관으로 재현된다. 그중 본 논문에서 살펴볼 것은 기념관이다. 기념관이란 '어떤 뜻 깊은 사적이나 인물 그리고 사건 등을 기념하기 위하여 지은 공간'을 뜻한다. 기념관들은 목적에 따라 '전쟁', '역사', '평화'와 '박물관', 그리고 '자료관'을 조합하여 사용한다.

전쟁기념관은 기억의 생산뿐만 아니라 사회적으로 전쟁으로 인하여 희생당한 전몰자들의 죽음에 대한 의미를 후세들에게 전달하는 중요한 교육적 기능을 포함한다. 특히 전쟁기념관의 건립은 단지 전승지의 문화적 보존 및 전쟁 사망자의 넋을 기리는 종교적 차원을 넘어서 근대 국민국가를 완성해 가는 데 핵심적인 국가가 해야 할 일 중에 하나로서 국가 정체성 확립의 중심적 기념공간이 되었다.[1]

일본의 경우도 크게 예외는 아니다. 본 논문에서는 보수적 기억의 원천이라고 할 수 있는 야스쿠니 신사 안의 유슈칸이라는 전쟁박물관 그리고 평화의 메카라고 하는 히로시마평화기념자료관을 살펴보며 아울러 민간영역에서 대표적이라고 할 수 있는 리츠메이칸대학에서 운영하는 리츠메이칸평화뮤지엄과 오사카평화센터 그리고 매우 특수한 역사적 배경 하에 생성된 오키나와 평화뮤지엄을 살펴봄으로써 일본의 전쟁기념관과 기억의

---

1 여문환, 『동아시아 전쟁기억의 국제정치』, 서울: 한국학술정보, 2009, 36~37쪽.

정치에 대하여 검토하고자 한다.

II. 일본의 전쟁기념관과 기억의 정치

1. 야스쿠니신사[靖國神社]와 유슈칸[遊就館]: 보수기억의 원천

1869년 6월 도쿄 쇼콘샤[招魂社]2라는 이름으로 전몰자에 대한 제사를 모시기 위한 국가기관으로 출발한 곳이 야스쿠니 신사이다. 이곳에 안치된 영령은 개인이 아니라 집단에 속한 익명의 구성원으로서 천황의 찬배를 받는 제신이 된다. 1946년 1월 1일 살아 있는 신으로 추앙받던 히로히토 천황이 인간임을 발표함으로써 국가신도의 정신적 기반이 붕괴되었다. 또한, 미 군정하에 국가신도가 폐지되면서 야스쿠니 신사도 국가기관에서 사적인 종교단체로 그 법적인 성격이 변화하였다. 그럼에도 불구하고 야스쿠니가 일본인의 전쟁기억에서 여전히 중심적 지위를 향유하고 있는 것은 종교적이며 문화적인 연속성에 힘입은 바 크다. 그러므로 일본의 전쟁기억과 관련된 기념문화의 변화를 살펴보기 위해서는 야스쿠니 신사와 그 내부에 위치한 전쟁박물관인 유슈칸[遊就館]을 검토하여야 한다.

현재 야스쿠니 신사에는 중·일 전쟁과 태평양전쟁은 물론, 19세기 말 청일전쟁과 대만침략, 러일전쟁 및 한국의 의병 진압 등 근대일본의 식민지 획득과 지배 과정에서 일어난 모든 전쟁의 전몰자들이 합사되어 있다.

---

2 쇼콘, 초혼이란 위령 즉 죽은 자의 영을 불러내어 위로하는 것을 뜻하는 말이다. 전쟁터에서의 죽음은 정상적인 죽음이 아니며 따라서 전사자들을 신으로 모셔 위령제를 올려야만 탈이 없을 거라는 것이다. 당시 천황을 중심으로 하는 중앙집권 체제를 형성하기 위해 천황의 군대를 조직해야했던 상황에서 천황의 전몰자에 대한 배려가 필요했다. 곽진오, 「글로벌화와 일본민족주의: 야스쿠니신사의 사례를 중심으로」 『일본학보』 제68집, 2006), 297-298쪽.

그중 만주사변에서 태평양전쟁까지 전몰자로서 합사자수는 약 213만 명에 이르며, 여기에는 침략전쟁 당사자로서 전후 극동 군사재판에서 A급 전범으로 판결받은 도조 히데키[東條英機] 등 14명이 포함되어 있다.

전후 야스쿠니 문제는 세 시기로 나누어 설명할 수 있다. 제1기는 전후 약 10년 간 국가신도폐지 지령에 의해 개혁에 직면한 시기로 전후 개혁에 순응해서 자주적으로 개혁하고 재건하려는 시기이다. 제2기는 1950년대 후반에서 1970년대 후반까지로 야스쿠니신사 국영화 법안이 등장해 야스쿠니신사 국가보호유지운동이 펼쳐졌을 때이다. 제3기는 1978년부터 현재까지로, 1978년 10월의 예대제(例大祭)때 A급 전범 피고의 합사(合祀)가 이뤄진 뒤, 1980년대부터 역사인식문제의 하나로 대두되고 있는 시기이다.

제1기는 야스쿠니 신사의 민영화 문제가 핵심이었다. 연합군 최고사령부에 의하여 국가기관에서 1952년 10월 16일 사적인 종교 법인으로 바뀌었다. 그러나 이 사적인 종교기관의 탄생은 그 시작부터 논란의 여지를 안고 있었다. 전쟁 중에 나라를 위하여 죽은 전몰자에 대한 기념을 공식적으로 하지 못하도록 한 조치였다. 또한, 그 이후 이러한 민간기관의 종교적 기념행사에 전후 첫 총리인 요시다 시게루[吉田茂] 및 히로히토 천황이 방문함으로써 사적인 영역과 공적인 영역의 경계가 희미해졌다.[3]

제2기는 1950년대 후반에서 1970년대 후반까지의 시기로 야스쿠니 신사 국영화 법안이 등장해 야스쿠니 신사 국가보호유지운동이 펼쳐졌을 때이다. 이 법안의 제출은 전쟁기억을 놓고 국가와 사적 영역과의 관계를 어떻게 규정할 것인가 하는 문제가 다시 부상하게 되었다. 이는 또한 자민당과 유족회와의 밀접한 정치적 관계를 보여주는 매우 중요한 사건이었다.

자민당에 의해 야스쿠니 신사 국영화 법안이 국회에 제출된 것은 1969년부터 74년까지 6회였지만 국회에서 법안의 제안이유가 설명된 것은

---

3 Franziska Seraphim, War Memory and Social Politics in Japan, 1945-2005, Massachusetts: Harvard University Press, 2006, pp. 236-240.

1971년에 이르러서였고, 다수당이었던 자민당이 법안을 중의원에서 통과시킨 것은 1974년 1회뿐이다. 즉 자민당도 실제로는 야스쿠니 신사 국영화에 대해서는 소극적이었는데, 그것은 야스쿠니 신사 국영화 문제를 둘러싸고 자민당의 지지기반이 둘로 갈라져 있는 현실을 반영한 것이다.[4] 자민당의 거대한 표밭이었던 일본유족회는 신사의 국영화를 강력히 지지하였으나 사회당 및 일본유족회 내의 기독교와 불교계 종교집단을 비롯한 반대파는 국가신도의 부활에 대해 강한 위기감을 표시했다. 사회당은 이 법안이 일본의 죄의식과 전쟁책임의식을 없애는 데 기여해야 할 것이라고 비난하였으며 이 법의 통과는 심각한 종교적 자유를 보장한 헌법적 위헌 소지를 담고 있다고 주장했다. 나아가 야스쿠니 신사가 다시 국영화된다면 뒤를 이어 많은 신사들이 국가지원 및 운영을 요청할 것이고 그렇게 된다면 국가신도가 부활함을 의미한다고 비판하였다.[5] 또한 일본전몰학생기념회(日本戰沒學生紀念會)는 야스쿠니는 전전 일본 군국주의 상징이며 이것을 국가가 다시 운영한다는 것은 헌법적 평화주의를 위반하는 것이라고 비판하였다.[6]

야스쿠니의 국영화 법안이 무산되자 이 법안이 국론을 양분시키고 정치적 실익이 없다고 판단한 유족회와 신사본청은 수상 및 고위급 관료들의 신사참배를 관례화하는 쪽으로 노력하였다. 여기에는 시기와 자격의 문제가 항상 논란이 되었다. 즉 종전기념일인 8월 15일에 참배하느냐 하지 않는가 하는 문제가 매우 중요하였으며 어떠한 신분으로 방문하는 가하는 것이 정치적 쟁점으로 대두되었다. 전후 대부분 수상들은 봄과 가을 축제 시에 야스쿠니를 방문하였으나 1975년 미키 다케오[三木武夫] 수상은 개인자격으로 8월 15일 날 방문하는 첫 수상이 되었으며 사회당으로부터 많

4 남상구, 「전후 일본에 있어서의 전몰자 추도시설을 둘러싼 대립-야스쿠니 신사와 치도리카후치 전몰자 묘원을 중심으로」 『한일관계사연구』제22집, 2005), 188쪽.
5 Seraphim, 2006, p. 239.
6 Seraphim, 2006, p. 241.

은 비판을 받았다. 그 후 1985년 나카소네 수상은 공식적인 수상자격으로
서 8월 15일 종전기념일에 방문함으로써 국내 정치적 문제를 야기하였을
뿐만 아니라 중국과 한국으로부터 강력한 항의를 받았다. 따라서 그 후 일
본 수상 및 정치인들의 야스쿠니 신사 참배는 단순히 국내 정치적 차원을
넘어서 동아시아 국제관계에 큰 영향을 미치게 되었다.7

야스쿠니 참배는 전몰자의 애도가 단순히 애도만으로 끝나는 것이 아니
라 그들의 죽음을 존경하며 영웅시하고 나아가 잘못된 애국심을 고취시키
는 의례이기에 문제가 된다. 또한, 이는 일본국민에게 과거 천황을 위해
죽는 것을 영광으로 여기는 군국주의 시대의 역사인식을 상기시키며, 전
후 일본 세대에게 왜곡된 애국심을 고양하는 수단으로 악용될 가능성이
크다. 동시에 수상의 야스쿠니신사 참배는 국가가 종교 법인에 어떠한 특
권을 부여해서도 안 되며 국가는 종교 활동을 해서는 안 된다는 헌법 제
20조 위반이기도 하다.8

1978년부터 현재까지인 제3기의 야스쿠니 문제를 살펴보면, 1978년 10
월 A급 전범 피고의 합사(合祀)가 이뤄진 뒤, 1980년대부터 역사인식문제
의 하나로 대두되고 있는 시기이다. 1978년 오히라 마사요시[大平正芳] 수
상은 야스쿠니를 방문하지 않았다. 그것은 A급 전범 피고의 합사가 비밀
리에 이루어졌기 때문이다.9 나카소네 수상은 일반 전몰장병의 위령뿐만
아니라 A급 전범까지 참배한 것이다. 이 부분을 한국과 중국은 비판하고
있다. 특히 중국은 A급 전범을 제외한 일반 전몰자를 위한 방문은 용인할
수 있다는 데까지 양보하였다. 그러나 이 문제는 그렇게 간단하지 않다.
일본의 보수 세력 즉 유족회와 신사본청과 기타 제 단체들은 A급 전범을
재판한 도쿄재판은 승자들의 입장에서 진행된 것으로 인정할 수 없다는

---

7 Seraphim, 2006, pp. 244-245.

8 곽진오, 2006, 309쪽.

9 남상구, 「야스쿠니 신사 합사문제에 관한 고찰」 『일본사상』제10호, 2006, 147-
189쪽.

입장이다.

두 번째는 야스쿠니 신사의 천황과 역사적 연관성에 비추어 보면 천황을 위하여 국내외 전쟁에서 죽은 자를 넋을 기리는 신사인데 전범재판에 천황을 대신하여 사형을 당한 자들이야 말로 영웅이며 반드시 야스쿠니에 묻혀야 한다는 논리이다.[10]

그렇다면 A급 전범의 분사가 가능한가? 일본 내에서 야스쿠니 신사의 비종교법인 국립추도시설 설치 내지 A급전범의 분사 논의가 거론되고 있다. 2006년 7월 19일에는 쇼와천황이 야스쿠니 신사 내 A급 전범 합사에 불쾌감을 갖고 합사 후 참배중단을 결심하였음을 1988년 당시 궁내청 장관인 도미타 도모히코[富田朝彦]씨에게 말했다고 하는 내용의 메모가 공개되었다.[11] 이를 통해 천황의 신사참배 중단 이유가 A급 전범 합사라는 점이 밝혀지면서, 이후 일본에서는 A급 전범 분사론이 힘을 얻게 되었다. 당시 야스쿠니 신사의 최대 지원 조직인 일본유족회가 A급 전범의 분사 여부를 판단하기 위한 검토회의를 설치하기로 결정했다. 자민당도 '유족들의 동의'를 전제로 A급 전범의 분사와 야스쿠니 신사의 비종교법인화법안 추진 검토의사를 밝힌 바 있다. 국회 내에서도 여야의원들이 '국립추도시설을 생각하는 모임'을 만들어 무종교 국립추도시설을 지어 야스쿠니 신사를 대체하려는 입법을 검토하고 있다.[12] 이러한 노력들이 현실적으로 성과를 가져오기에는 여러 가지 어려움이 있다. 특히 전후 국가신도는 폐지되었지만 종래의 야스쿠니 신사를 지탱했던 신도와 불교혼합적인 민중 신앙이 변화한 것은 아니다. 오히려 종교적 자유의 법적 보호 아래 전국에 전몰자의 충혼비 및 충령탑들이 급증하였으며 중소규모의 신사들이 추모기념행사를 진행해왔다.[13] 따라서 그것이 국가에서 운영을 하든지 민간에서 운영

---

10 Seraphim, p. 245.
11 세계일보, 2006년 7월 31일.
12 세계일보, 2006년 7월 4일.
13 곽진오, 2006, 305쪽.

을 하든지 간에 일반대중의 기억 속에 뿌리 깊게 남아있다.

그동안 일본 총리들의 야스쿠니 신사 참배를 적극 반대해온 중국의 경우, 만주사변 이후 중국을 침략한 전쟁 지도부들 중 일부인 A급 전범들이 분사될 경우, 야스쿠니 신사참배에 대한 적대감이 어느 정도 누그러질 수 있을 것이다. 그러나 한국의 경우, 일제강점이전부터 일본군의 한반도 주둔으로 인해 커다란 인적, 물적 피해를 입었던 점을 감안할 때, 단순히 몇몇 전범의 분사만으로 야스쿠니 신사에 합사된 그 이전 일본군의 침략행위로 인한 식민지배의 상처가 아물지는 않을 것이다.

1) 유슈칸[遊就館]

유슈칸은 1882년 야스쿠니 신사 안에 세워진 일본 최대 전쟁박물관이다. 1905년 러일전쟁 후 1908년 1차 확대하였으며, 1923년 관동대지진으로 소실되어 1932년 다시 지어졌다. 그 당시 유슈칸은 국민들로부터 대단한 인기를 끌었다. 1931년 만주사변 이후 연간 50만 명 그리고 1937년 중·일 전쟁의 개시 이후인 1940년에는 1백 90십만 명이 방문하였으며 그 중 161,000명이 학생이었다.[14] 1945년 종전 이후 1986년까지 열지 않고 있다가 1986년 다시 개관하였다.

1990년대 탈냉전 시대를 맞이하여 아시아 주변국들이 식민시기와 전쟁 중에 일본으로부터 당했던 잔혹 행위들, 군 위안부 문제, 731부대의 생체 실험 문제, 난징대학살 문제 등을 폭로하였다. 이에 일본 내부는 이른바 신민족주의적 감정이 보수우파진영을 중심으로 일어나게 된다. 그 영향으로 야스쿠니 신사는 유슈칸을 확대하기로 결정하며 결국 2002년 다시 문을 열었다.[15] 그 후 2002년 7월부터 2005년 5월까지 226,000명이 입장하

---

14 Yoshida Takashida, "Revising the Past, Complicating the Future: The Yushukan War Museum in Modern Japanese History," *Japan Focus*, December 2, 2007, [http://japanfocus.org/products/details/2594] (2008년 2월 1일 검색), p. 4.

15 Roger B. Jean, "Victims or Victimizers? Museums, Textbooks, and the War

였으나 과거의 인기를 되찾지는 못했다.[16] 2002년 확장 개관의 목적은 첫째, 국가를 위하여 죽은 전몰군인에 대한 존경과 명예를 표시하는 것이며 둘째, 전후 일본이 전쟁 시기에 행한 잘못된 행동만을 교육하였다고 보고 역사를 제대로 가르치기 위하여 기념관을 재개관한다는 것이다. 유슈칸의 전쟁기억은 전후 일본교육이 잘못되었다고 비판하는 것에서 출발한다. 대동아 전쟁이 아니라 태평양전쟁으로써 일본은 아시아 제 국가들에게 많은 피해를 주었다고 죄책감을 불러일으키도록 전후에 교육이 되었으며 이는 잘못되었다는 것이다. 유슈칸의 중심 서사는 국가와 조국을 위하여 일본인들은 전쟁에 참여하였으며 서구 제국주의의 침략으로부터 아시아 국가들을 구했다는 것이다.[17] 따라서 과거는 더 이상 부끄러운 것이 아니라 영광스러운 것이며 여전히 일본이 아시아 국가들보다 우월하다고 주장한다. 유슈칸은 기억의 재현을 통하여 전쟁을 경험하지 않는 젊은 세대들에게 이러한 점들을 가르치고 강조하고 싶었던 것이다.[18]

유슈칸은 총 15개 전시실과 제로 전투기를 비롯한 각종 무기를 전시하고 있다. 제1전시실은 사무라이의 정신을 재현한 곳으로 평화의 상징물이 아닌 칼이 입구에 전시되어 있다.

제2전시실에는 일본 사무라이의 역사가, 제3전시실은 명치유신을, 제4전시실은 1877년 사이고 다카모리가 일으킨 세이난[西南]전쟁을 전시하고 있다. 제5전시실은 야스쿠니신사에 대하여, 제6전시실을 '일청전쟁'(日淸戰爭), 제7, 8전시실은 '일로전쟁'(日露戰爭), 제9전시실은 초혼식에 대하여 설명을 하고 있으며, 제10전시실은 '지나사변'(支那事變), 제11 · 12 · 13 · 14 · 15전시실에서는 '대동아전쟁'에 대하여 상세히 설명하고 있다.[19]

Debate in Contemporary Japan," *The Journal of Military History*, Vol. 69, January 2005, p. 153.

16 Yoshida, 2007, p. 4.
17 Yoshida, 2007, p. 13.
18 Kal, 2006, pp.143-145.
19 靖國神社, 『靖國神社 遊就館 圖錄』, 東京: 靖國神社, 2008, 3쪽.

유슈칸은 일본의 전쟁기념관들 중에서 가장 보수적인 입장을 표상하듯
이 전시내용과 그 설명 또한 가해 사실과 전쟁책임에 대하여 언급하지 않
은 채 그 정당성을 주장하는 기억만을 재현한다. 첫째, 일본이 19세기부터
참여했던 모든 전쟁에 대한 보수적 명명(命名)과 정의를 하고 있다. 전쟁
배경에 대해 적혀 있는 해설들은 전쟁 당시의 선전을 그대로 반복한다.
1931년 만주강점은 '지나사변'으로 아시아 대륙을 소련 공산주의와 중국의
탐욕으로부터 지키기 위해 불가피했다고 서술한다. 중·일 전쟁과 태평양
전쟁은 '대동아전쟁'으로 정의되었으며 중국의 반란자들이 영국인과 미국
인들에 의해 반일적 행위를 하도록 사주 되었고 미국과의 전쟁은 민족의
사활이 걸린 문제로 설명되었다.[20] 따라서 이러한 전쟁에 죽은 영령과 그
가족들을 위해 기도하며 위로해주어야 하며 태평양전쟁은 대동아전쟁으로
기념하며 침략전이 아니라고 부정한다.[21]

2007년 이와 같은 입장에서 유슈칸 측이 태평양전쟁을 미국이 유발했
다는 내용을 전시함으로써 토머스 시퍼(Thomas J. Schieffer) 주일 미국대
사와 리처드 아미티지(Richard Armitage) 전 국무부 부장관 그리고 헨리
하이드(Henry Hyde) 하원 외교위원회 위원장 등이 이에 반박하는 기고문
을 일본 언론에 게재하였다.[22] 여전히 전쟁의 기억은 과거가 아닌 현재에

---

20 이안 부루마, 정용환 옮김, 『아우슈비츠와 히로시마』, 서울: 한겨레 출판사, 2002,
271-272쪽.
21 태평양전쟁에 명칭은 일본의 전쟁책임과 전쟁기억을 들어내는 명명작업이다. 리츠
메이칸 대학교 평화기념관에서는 '15년 전쟁'이라고 일본의 침략사실을 정확히 기
록하고 있다. 그 후 '태평양전쟁,' '아시아-태평양전쟁' 으로 최근에는 '그 전쟁'(あ
の戰爭)과 같은 다양한 이름으로 기억한다. 한편 중국에서는 '일본의 중국침략전
쟁'(日本侵華戰爭) 혹은 항일전쟁(抗日戰爭)으로 표기한다. 한정선, "초국가적 기
억풍경, 국가적 기념공간: 군위안부 기억과 이치가야 기념관," 20세기 전쟁기념의
비교문화사 제3차 학술대회, 2008년 5월 17일, p. 14.; 이종원, "평화·화해-중국
항전관련 기념관의 교육," 한·중·일의 전쟁유적을 평화의 초석으로, 동북아평화
벨트 국제학술대회 발표논문, 2008년 12월 22일, 109쪽.
22 중앙일보, 2006년 12월 27일, [http://article.joins.com/article/article.asp?Total_ID=

살아있으며 그것의 재생산은 국가 간 기억의 충돌로 이어진 사례이다.

둘째, 일본의 전후복구는 전사한 군인들의 자기희생 덕분에 가능했다는 논리이다. 야스쿠니 신사와 거기에 있는 유품과 고귀한 희생을 기리는 동상들은 제1차 세계대전 후 유럽의 많은 기념관과 크게 다르지 않다. 그러나 유럽과 미국에 있는 제2차 세계대전 기념관들은 대부분 더 이상 전사한 병사들의 희생을 미화하지 않는다. 희생을 예찬하거나 낭만주의자처럼 전쟁을 정신적 차원으로 끌어올리는 것은 아우슈비츠 이후 더 이상 적절해 보이지 않았기 때문이다.[23] 하지만 일본에서는 제2의 유슈칸이 계속 등장하여 과거 전몰장병을 영웅시하며 존경을 표하는 기념관과 박물관이 계속 생길 것이며 아울러 그것과 반대되는 가해자로써 일본을 고발하는 기념관도 동시에 늘어날 것이다.[24]

셋째, 유슈칸의 전시는 전쟁이 누구에 의하여 왜 일어났을 가하는 정치적 차원의 기억을 배제하면서 철저히 군사적 차원의 설명에 주목한다.

즉 다른 나라에 전쟁박물관에서 흔히 볼 수 있는 무기와 전사, 전쟁 수행방법을 전시함으로써 유슈칸과 다른 전쟁박물관과 유사성을 강조한다. 그럼으로써 유슈칸은 일본의 중·일 전쟁과 태평양전쟁이 가지는 대외적 팽창주의와 대내적 군국주의적 속성을 억제하거나 은폐한다.[25]

일본 내에서 야스쿠니 신사와 유슈칸은 태평양전쟁에 대한 그들의 전쟁책임과 군국주의가 가지 온 주변국가에 대한 피해를 감춰진 텍스트로 숨김으로써 전쟁을 정당화시키는 서사구조를 보여준다. 이러한 전쟁기억은 비록 야스쿠니 신사와 유슈칸이 사적 기관에 의하여 운영되는 전쟁기념관이라고 하나 일본의 보수적 국가 정체성을 강화하며 유지시켜주는 '지배기억'이며 '공식기억'으로서의 비판을 벗어나기 어렵다. 이러한 지배적 기억

2548498] (2008년 2월 1일 검색)

23 부루마, 2002, pp. 272-273.

24 Yoshida, 2007, pp. 11-13.

25 김상준, 「기억의 정치학: 야스쿠니 vs 히로시마」『한국정치학회보』제39집 5호, 2005, 224-245쪽.

은 사회 제 집단으로부터 저항을 받았으며 그 결과 또 다른 '대항기억' 공간으로서 평화기념관들의 탄생을 가져왔다. 아울러 피지배 식민 국가들의 전사자들의 합사 문제와 야스쿠니 신사의 정치인들의 참배는 한국과 중국의 외교관계에 문제를 일으키고 있다.

2. 히로시마 평화기념자료관: 원폭 민족주의

미국은 태평양전쟁을 조기 종결시키기 위하여 1945년 8월 6일 '에놀라 게이'(Enola Gay)로 명명된 B-29 폭격기가 최초의 핵폭탄인 우라늄235 폭탄 이른바 '리틀 보이'(Little Boy)를 히로시마에 아침 8시 15분에 투하하여 20만 명이 피해를 보았으며 3일 후 나가사키에 두 번째 핵폭탄을 투하하여 6만 명이 사망함으로써 일본은 8월 15일 항복을 선언한다. 히로시마는 일본이 인류 최초로 원자폭탄으로 인한 피해를 받은 유일한 민족이라는 피해의식으로 기억되며 또한 평화상징으로 재탄생하였다.

히로시마 평화공원 내에는 '히로시마평화기념자료관'과 '국가히로시마원폭사망자추도평화기념관'이라는 두 개의 기념관이 있으며, '한인 원폭희생자기념비'도 있다. 히로시마 평화공원은 피해의 상징으로 단순히 자리 잡고 있는 것이 아니라 공간에 들어선 기념관 및 기념비의 성격을 추적하여 보면 그것이 지역과 국가 그리고 국가와 국제문제가 중층적으로 기억되고 때로 전환, 타협 그리고 망각되었음을 알 수 있다.

맥아더 최고사령부의 점령시기에 중앙정부의 침묵 강요와는 달리 하마이 신죠[浜井信三] 히로시마 시장은 1947년 8월 6일 평화선언을 채택하였으며,26 1949년 히로시마 평화공원 건설을 위하여 일본 최초로 국민투표를 실시하였다. 그 결과 90%에 달하는 찬성투표 결과로 히로시마 원폭 희생자를 추도하기 위한 평화공원이 탄생하였다.

---

26 Hiroko Okuda. *Memorializing World War II: Rhetoric of Japan's Public Memory, 1945-1995.* Northwestern University, Ph.D. dissertation. 2001, p. 24.

1945년 8월 6일 원자폭탄이 히로시마에 투하되고 일본이 항복한 이후 히로시마는 정부와 연합군 최고사령부에 의하여 상대적으로 망각된다. 미국주도의 연합군 최고사령부는 히로시마 피폭자들에 의한 불평의 확대를 염려하였으며 일본 정부 또한 미국의 지시 하에 놓여서 단지 피폭 사례를 조사하는 정도에 그쳤다. 거기에는 원폭이 가지고 온 엄청난 피해 즉 트라우마가 집단적 침묵을 가져왔으며, 이에 대하여 정부는 일본 여러 도시들에 투하된 미군의 폭격 피해와 같은 선상에서 의도적으로 폄하하였다.[27] 따라서 히로시마의 기억은 국가 차원에서 보다 히로시마 '지역 차원'에서 먼저 복원된다. 국가는 피해(victim)보다 희생(sacrifice)을 강조하여 피해자들의 애국심을 유발하는 데 초점을 맞추며 동시에 피해자들이 전쟁에 대한 책임을 정부당국에 돌리려는 노력을 방지하려고 했다.[28]

국가 차원의 관심은 의외로 피폭이 있은 지 9년 후인 1954년 3월 비키니 섬 부근에서 일어난 '다이고 후쿠류마루'[第五福龍丸]호 사건에 의해서 전국적으로 기억이 확대 재생산된다. 이 어선의 어부 한 명이 미국이 마샬제도 인근에서 실시했던 수소폭탄 실험의 여진에 노출되어 사망하자 일본 전역은 '히로시마의 기억과 의미를 찾자'는 범국민적 평화운동이 일어났다. 이로써 히로시마는 '반전·반핵 평화운동'의 메카가 되기 시작했다.

1985년 시정부가 평화박물관과 평화 기념홀의 전시공간을 확대하면서 또 한 차례 기억의 복원과정에서 충돌이 일어났다. '히로시마 반핵평화연대'등과 같은 진보시민단체들은 '왜 히로시마가 원폭 공격의 대상이 되었는지'를 설명하자고 주장했으며 '침략의 역사' 즉 '가해자 코너'의 설치를 주장한 것이다. 이에 대하여 일본 유족회를 비롯하여 보수정치단체 및 정치인들은 극심하게 반대하였다. 그 결과 1988년 5월 가해자 코너의 신설은 공식석으로 무산된다.[29] 그러나 평화공원 가운데 자리 잡은 원폭 위령

---

27 인터뷰, Hitoshi Nagai 교수, 히로시마 평화연구소, 2008년 5월 9일.
28 Okuda, 2001, p. 83.
29 김미경, 「기억의 전환, 저항 그리고 타협: 광주 5.18민주묘역과 히로시마평화자료

비의 애매한 글귀는 항상 기억의 갈등과 충돌의 위험을 내포하고 있다.

"安らかに眠つて下さい　過ちは 繰り返しもせぬから"
"Let all the souls here in peace: For we shall not repeat the evil"

즉, 우리말로 번역하면 "편안하게 잠드소서, 잘못을 반복하지 않을 테니까"이다. 즉 잘못의 주어가 묘하게 생략되었다. 더욱이 '잘못'(the evil)이라는 명칭은 좌파와 우파 모두의 기억 속에서 갈등을 야기하여 왔다. 1970년 2월 창립된 '원폭위령비를 바로잡는 모임'이라는 단체는 히로시마시 시장에게 제출한 청원취지문을 통해 다음과 같이 말한다.

"일본인에게는 일본인으로서의 자존심이 있다. 패전 점령하의 감각으로 점철된 이 굴욕의 문자가 아직도 피폭의 땅 히로시마 시에 지금도 남아 있다는 것은 우리 민족의 양심에서 볼 때 부조리하다. 비문 그 자체가 잘못이다."[30]

또한 이 문구는 항상 우파진영의 직접 공격이 되곤 하였는데 2005년 7월 26일 우익단체 한 회원이 이 '잘못'이라는 글자 부위를 망치로 훼손하여 경찰에 구속되었다. 그는 왜 일본이 아무런 잘못이 없는데 일본인 스스로가 이런 말을 썼느냐고 훼손 이유를 경찰에서 밝혔다.[31] 이는 히로시마가 비록 평화상징으로 기억되고 있으나 전쟁의 가해와 피해의식이라는 이중적 딜레마를 해결하지 못한 채 기억의 갈등을 잠복하고 있으며 그것은

관을 둘러싼 기억담론의 분석」『한국시민윤리학회보』21집 1호, 2008, 17쪽.

30 권혁태, "원자폭탄은 누구의 잘못인가?" 프레시안, 2008년 3월 30일, [http://www.pressian.com/scripts/section/article.asp?article_num=40080331115054] (2008년 5월 9일 검색)

31 "원자폭탄 투하 60주년," 동아일보, 2005년 8월 6일, [http://www.donga.com/fbin/ output?rellink=1&code=a__&n] (2008년 5월 2일 검색)

항상 쟁점에 따라서 재현될 수 있는 소지가 있음을 보여주는 사례이다.

그 가운데 국가적 차원에서 또 다른 기억의 복원 노력이 진행되었다. 1989년 쇼와 천황의 서거 이후 전쟁책임에 관한 논의가 어느 정도 자유롭게 되고, 정부는 1982년 역사교과서 파동 이후 일본의 전쟁책임문제도 좀더 심각하게 고려하게 된다. 이러한 분위기는 정부로 하여금 1991년 '국립 히로시마 원폭사망자 추도 평화기념관'을 짓도록 하였다. 이곳의 목적은 '원자폭탄 사망자에 대해 진심으로 추도 드림과 동시에 그 참화를 후세와 국내외로 널리 전하고 역사의 교훈을 통하여 핵무기가 없는 평화로운 세계를 이루어 나갈 것을 맹세'하기 위하여 건립되었다.[32] 이곳은 '히로시마 평화기념자료관'과는 달리 원폭사망자의 이름과 영정을 공개하고 사망자 추도공간을 마련하였으며 한국 원폭피해자에 대하여도 언급한다.[33]

히로시마는 '원폭에 의한 민간인의 피해'라는 것을 강조하면서 일본이 하나의 특수한 피해국가라는 점을 상기시킨다. 결국, 이러한 '특수한 피해'를 바탕으로 새로운 자기인식, 모든 형태의 전쟁을 반대하는 것으로 귀착되면서, 전후 일본의 중요한 자기인식은 평화주의자라는 것이다.[34] 히로시마는 피해의 도시라기보다는 평화의 도시로서 재정립하게 된다. 히로시마는 세계평화시장회의를 주최하고, 사하로프, 테레사 수녀, 지미 카터, 달라이 라마 등 노벨 평화상 수상자를 비롯한 세계의 평화지도자들의 네트워크를 구축하고 있으며, 정례적으로 평화의 메시지를 생산하고 세계적으로 확산하고 있다.

마에다 고이치로[前田耕一郞] 히로시마 평화기념자료관 관장은[35] '1945년 8월 6일 히로시마에서 무슨 일이 일어났는지를 알려주는 것'이 기념관

---

32 허광무, 「한인 원폭피해자에 대한 연구와 문제점」『한일민족문제연구』, 6쪽.

33 한국원폭피해자는 당시 5만여 명이 피폭 당하였으며 3만 명이 사망한 것으로 기록되어있다. 이들을 위하여 1972년 건립되었던 기념비는 히로시마평화공원 밖으로 이전되었다가 1995년 다시 공원 내로 옮겨졌다.

34 김상준, 2005, 229쪽.

35 [http://www.pcf.city.hiroshima.jp] (2008년 2월 2일 검색)

의 목표라고 설명한다. 한 개의 원자폭탄을 투하하여 수십만의 생명을 순식간에 앗아갔으며 그들과 그들의 가족들이 아직까지 고통을 받고 있으며 따라서 그는 이곳을 방문하여 핵무기 공포의 진실과 전쟁의 비극적 어리석음 그리고 평화에 대한 성스러운 중요성을 깨닫기를 희망한다고 하였다. 이러한 평화주의의 상징으로 전후 또 다른 '신화'를 만들어낸 히로시마는 유일한 원폭 피해국이라고 끊임없이 반복한다. 동시에 히로시마는 '왜 그러한 비참한 원자폭탄을 미국이 히로시마에 투하하였는지'에 대한 질문을 철저히 외면한다.[36] 또한, 히로시마는 매년 원폭이 투하된 8월 6일 수상까지 참석하는 대대적인 기념식을 거행하고 있는데 이 기념식에서는 원폭 피해의 비참함과 세계평화를 호소하는 평화 선언이 낭독된다. 하지만 그 내용 어디에서도 가해자로서 일본의 모습을 찾아볼 수 없다. 1947년부터 계속되는 평화선언에 처음으로 아시아 태평양지역의 국민들에 대한 가해 책임이 언급된 것은 1991년의 일이었다. 또한, 1999년의 평화선언에 나타난 가해 책임에 대한 언급을 본다면 그것이 결국은 피해자 의식의 표현에 지나지 않는 것을 알 수 있다. 히로시마에 원폭이 투하되기까지 역사적 과정에 대한 설명도 없이 히로시마의 참상만을 강조하며 세계평화를 호소하는 행동은 평화주의의 위선을 더욱 드러내 보인다.[37]

전쟁지도자 책임론과 마찬가지로 '일본'과 '히로시마'를 구별한 후 히로시마는 아무 잘못이 없으며 국가만이 잘못을 했으며 히로시마는 성스러운 평화의 메카로 인식되고 있다.[38] 보수진영에는 일본이 전쟁의 희생자였음을 확인시켜주는 증거로, 진보진영에는 미래의 평화를 위한 초석으로 받아들여지고 있기에 히로시마는 기억의 투쟁과는 거리가 먼 역사적 장소처

---

36 [http://www.pcf.city.hiroshima.jp/kids/KPSH_E/top_e.html] (2008년 2월 2일 검색). 히로시마 평화자료관 전시 중 어느 곳에서도 전쟁원인에 대한 설명은 없다.

37 김준섭, 「전후 일본의 평화주의에 관한 고찰」『국제정치논총』제40집 4호, 2000, 165-166쪽.

38 김준섭, 2000, 166-167쪽 ; 최호근, 「비대칭의 전쟁기억?-독일과 일본의 이차대전 기억비교」『역사비평』제76호, 2006년 가을호, 406쪽.

럼 보인다.[39] 이렇듯 히로시마의 평화주의는 자기들의 피해에만 초점을 두어 보편성을 결여한 내향적인 것이다.

히로시마 평화기념자료관의 관장이 박물관 목적을 설명하는 부분 어디에도 전쟁 책임 및 전쟁원인에 대한 이야기는 없듯이 히로시마 원자폭탄은 히로시마인 들에게만 터 진 것이다. 히로시마의 기억은 히로시마에만 머물러 있다. 한국과 중국은 일본의 히로시마의 기억을 '평화'라는 이름으로 공유하며 히로시마, 제주4·3, 난징을 이어 동아시아 평화벨트를 구상하고 있으나 그 구체적 개별기억의 내용은 히로시마 평화의 한계가 보여준 것과 같이 간극이 심하다. 이러한 차이는 동아시아기억복합체에 평화의 상징으로 히로시마가 선도적 역할을 하고 있음에도 불구하고 일본의 보수적 역사해석과 전쟁책임의 문제가 등장할 때마다 히로시마적 전쟁기억의 역할은 미력하다.

3. 기타 평화기념관들: 대항기억(counter memory)

1) 오키나와 평화기념자료관

오키나와전은 1945년 3월 26일 미군의 게라마[慶良間] 제도 공략부터 개시되어, 4월 1일 오키나와 본토 상륙 그리고 6월 23일 제32군 우시지마 사령관의 자결로 공식적으로 종결되었다. 이 전투에서 미군은 상륙군 18만여 명을 투입하였고, 일본군 수비대는 7만 7천 명 정도였다고 한다. 이 전투에서 일본이 패배를 알고 있으면서도 미국의 본토 침략을 지연시키기 위하여 방파제로서 미군을 오키나와에 하루라도 오래 잡아두려는 데 목적이 있었으며 오키나와 주민들을 또한 강제로 전장에 동원하였다.[40] 그 결과 오키나와전 사망자 중에서 군인이 9만 4천여 명이고 주민이 12만여 명

---

39 최호근, 2006, 407쪽.
40 김민환, 「일본 군국주의와 탈맥락화된 평화사이에서: 오키나와 평화기념공원을 통해본 오키나와전 기억의 긴장」 『민주주의와 인권』제6권 1호, 2006, 12쪽.

으로 민간인이 훨씬 많이 죽었다. 더욱이 오키나와 현지에서 징집된 군인 2만 8천여 명을 빼면 일본 각지에서 온 군인은 6만 6천 명인 반면 오키나와 사람들은 15만 명으로 늘어난다. 이렇게 오키나와 주민들이 많이 죽은 것은 미군의 엄청난 폭격 때문이기도 했지만 일본군이 주민들에게 집단자결을 강요하고 주민을 끌어들여 방패막이로 삼았던 옥쇄(玉碎)작전 때문이었다.[41] 오키나와 평화기념공원은 영웅중심의 서사구조를 가진 야스쿠니의 기억과 다르며 또한 원폭 피해를 중심으로 한 피해의식을 표현하는 히로시마 전쟁기억과도 다르다. 오키나와는 일차적으로 미국으로부터 공격을 받은 것이지만 이 과정에서 일본군으로부터 '군의 행동을 방해하지 않고 식량을 축내지 않기 위해 깨끗이 자결하라'는 집단자결을 강요받아 일본군으로부터 받은 수류탄을 터뜨리거나, 음독자살 그리고 면도칼 등으로 이웃과 가족을 서로 죽였다.[42] 그들은 미군에 이어 일본군으로부터 두 번째 희생을 당한다.

오키나와 평화기념 공원이 현재와 같은 모습으로 한꺼번에 만들어지지 않았다. 1972년 미국으로부터 오키나와가 일본으로 반환된 뒤에 오키나와 현(縣)정부 주도로 평화기념자료관이 건립되었고 1979년에 국립전몰 묘원에 17만 8천여 명의 유골이 안치되었다. 1995년 6월 '평화의 초석'이라는 검은 돌에 국적을 불문하고 오키나와 전투에서 사망한 모든 사람들의 이름을 지역별, 출신별로 새겨 놓은 각명비(刻銘碑)를 세운다.[43]

현재 모습을 갖춘 오키나와 평화기념공원은 크게 두 영역으로 구성되었다. 하나는 국립오키나와전몰자묘원을 중심으로 일본의 각 현(縣)이 자기 현 출신으로 오키나와 전투에서 사망한 사람들을 추모하기 위해 세운 위령탑들이 '영역원로(靈域園路)'라는 길을 따라 늘어서 있는 영역이다. 다

---

41 조성윤, 「일본의 오키나와 평화기념공원」『세계의 역사기념시설』, 서울: 오름, 2006, 124쪽.
42 「오키나와 주민집단 자결, 일본군이 강제」, 조선일보, 2008년 3월 29일
43 조성윤, 2006, 128쪽.

른 한 영역은 오키나와 현이 주도적으로 건립한 평화의 초석이고 다른 하
나는 평화기념자료관이다.[44]

오키나와 현 평화기념자료관은 1975년에 건립된 시설이 노후화됨에 따
라 이를 새로이 신축할 필요성이 제기되어 2001년 4월에 새로 개관을 한
전시공간이다. 원래 크기의 9배 규모로 증축된 이 평화기념자료관은 평화
의 초석과 마주하고 있고, 평화의 초석과의 연계 속에서 건축되었다. 평화
의 초석이 추념의 장소이고 평화의 상징으로서 기능한다면, 기념자료관은
오키나와 현민의 피해를 중심으로 한 전쟁의 비합리성과 야만성이 전시되
는 교육의 장소로서 기능을 한다.[45]

오키나와 현민의 희생이 이중적이라는 것은 가해의 주체가 복수라는 뜻
이다. 오키나와 현민들은 일차적으로 미군의 공격의 대상임과 동시에 일
본군으로부터 자결을 강요당했다. 보수진영은 오키나와를 군·관·민 혼
연일체가 되어 싸우다가 스러져간 '민족의 성지'로 만들려고 하는데 비해,
오키나와 주민들은 집단자결로 끝나버린 오키나와 전투를 일종의 '사석(捨
石)의 작전'으로 받아들인다.[46]

이러한 전쟁 기억의 차이는 평화기념공원 일대의 기념물 조형과 공간
배치를 통하여 첨예하게 드러난다. 국립전몰자 묘원과 그 꼭대기에 있는
여명의 탑, 그리고 평화기념당이 전몰장병의 영웅적 행위를 찬미한다면,
혼백의 탑과 평화기념공원, 그리고 평화기념자료관은 오키나와 주민의 희
생을 강조하고 천황제와 군국주의를 비판하는 데 초점을 맞춘다. 이와 더
불어 주목할 것은 1995년 6월 23일 오키나와전투 종식 50주년을 기념하여
평화기념공원 내에 세워진 '평화의 초석'이다. 국적·신분·계급·서열·
연령에 관계없이 모든 희생자의 이름을 새긴 이 각명비는 '죽은 자들의 평
등'과 '죽은 자들의 화해'를 표상하고 있다는 점에서 일본의 전쟁 기억의

---

44 김민환, 2006, 9-10쪽.
45 김민환, 2006, 10쪽.
46 최호근, 2006, 405쪽.

변화를 보여준다.[47]

그러나 오키나와 평화기념관은 야스쿠니 기억의 대항기억으로서 피해자의 시각 특히 식민지 국민들의 피해사실을 기억하고자 하였지만 그 과정에서 현(縣)정부로부터의 저항과 충돌이 있었다. 제1차 전시문제는 1975년 6월 첫 평화기념자료관을 개관하면서 시작되었다. 현 정부에 의하여 개관된 전시관은 오키나와 주민들의 엄청난 희생을 무시한 채 미군과 전투를 했던 일본군을 중심으로 한 것이었다. 즉 철저히 야스쿠니적 기억의 메커니즘을 따랐던 것이다. 희생을 민족주의화하여 또 다른 영웅들을 만들어내어 미국으로 하여금 상처받은 국가적 자존심을 복원시켰다. 오키나와의 주민들의 비판 여론이 심해지자 당시 현 지사는 지역주민들의 의견을 대폭 수용하여 애초의 전시를 전면 철거하고 전시내용을 바꾸기로 하여 기억의 충돌은 일단 가라앉는다.[48] 두 번째, 1999년 8월 기념 자료관의 자료전시를 둘러싸고 '제2의 전시문제사건'이 발생하였다. 사건의 발단은 현(縣) 문화제국이 자료관 감수위원회의 승낙을 얻지도 않은 채 당초의 전시계획을 변경하려다 발각되었다. 내용은 '조선인 종군 위안부'와 '방언 사용은 간첩으로 간주한다'는 전시는 중단하며, 구 일본군의 현민(縣民)에 대한 차별적 발언은 삭제하고, '싹쓸이 동원'이나 '집단사(集團死)', '학살'이란 표현을 '현민의 동원'과 '희생된 사람', '희생자'로 어감을 완화시키고, 황군에 의한 '방공호에서 내쫓은 일'과 '주민 희생자 수'는 삭제하기로 하였다.[49] 나아가 당시 이나미네[稻嶺] 현 지사는 한국 독립기념관도 철저한 반일감정에 기반 한 전시를 비판하는 발언을 하면서 군이 군 위안부 문제 등을 언급할 필요가 없다는 본인의 입장을 간접적으로 표출한다.[50] 당국의

---

47 최호근, 2006, 405쪽.

48 조성윤, 2006, 124-127쪽.

49 호사카 히로시, 「오키나와전의 기억과 기록」, 제56주기 제주4·3 기념 국제심포지움, 2004년 3월 27일, 55-56쪽; 강근형외 공저, 『오키나와 평화』, 서울: 보고사, 2007, 48-49쪽.

50 호사카, 2004, 56쪽. 여기에 전쟁자료관은 독립기념관을 뜻하는 것으로 추측됨.

태도는 현민 사이에서 오키나와전의 진실을 왜곡시킨다는 분노의 소리가 높아지면서 결국 당초의 전시계획으로 돌아가서 감수위원회에 맡기겠다는 취지의 답변을 현지사로부터 얻어냄으로써 종결되었다.[51]

그러나 여전히 전시내용에 문제점들이 남아있다. 그것은 제3전시실의 전쟁 당시 동굴 내부의 상황을 재현하는 과정에서 일본군이 주민을 위협하려는 데 쓰인 인형의 손에 들고 있던 칼이 사라졌으며 또한 비슷한 장면들의 구체적 설명을 해놓고 방치된 상태로 전시되고 있는 점이다.[52]

아울러 오키나와 피해의식의 기억 속에 히로시마, 야스쿠니, 기타 평화기념관들과 다른 점은 1972년까지 미군이 이 섬을 점령하였던 사실이다. 마지막 제5전시실에는 '태평양의 요충지'라는 테마로 미군정하의 오키나와 상황을 보여주는 곳인데, 전투가 종결된 다음 미군정하의 피난생활, 미군의 점령과 지배실태, 미군에 의한 사건, 사고, 미군정하의 주민생활, 미군 통치로부터 벗어나려는 본토 복귀 운동 등을 비디오 자료로 전시하고 있다.

이렇듯 오키나와의 기억재현은 야스쿠니적 기억과 대항적 관계에 놓여 있으며 히로시마의 피해의식과 다른 국가폭력에 대한 저항의식이 담겨져 있다. 이러한 국가폭력에 의한 민간인의 피해와 미국이라는 적대적 대상을 내포하는 서사구조는 한국의 제주4·3기억과 공유기억을 생산하는 토대가 되었으며 민간차원에서 동아시아평화연대를 구축하려는 기억의 국제화에 기여하고 있다. 동아시아 국제관계 틀 안에서 한국과 일본은 미국과 동맹관계를 맺고 있으나 동북아기억복합체는 이와 같이 미국에 대하여 적대관계 패턴을 만들어낼 수 있는 기억의 장치를 가지고 있다. 즉 오키나와

---

51 2008년 3월 28일 오사카 지방재판소는 1970년 오에 겐자부로가 출판한 '오키나와노트'의 기술 내용 즉 '오키나와 주민 집단 자결을 일본군이 강제했다는 부분에 대한 당시 부대장이 2005년에 이와나미 서점과 오에씨를 상대로 제기한 출판금지 청구 소송을 기각했다. 따라서 일본법원이 태평양전쟁 당시 오키나와에서 일어난 주민들의 집단자결을 일본군이 강제했다는 노벨상 작가 오에 겐 자부로의 주장을 사실로 인정했다. 조선일보, 2008년 3월 29일.
52 조성윤, 2006, 135-136쪽.

와 제주는 언제라도 쟁점 영역에 따라 민족주의적 감정에 힘입어 반미감
정을 드러낼 수 있다.

한편 오키나와의 기억은 타국가의 기억과의 관계 속에서 문제가 없는
것은 아니다. 한국과 관련된 오키나와 기억 재현의 문제점은 군 위안부이
다. 1992년 오키나와에 있는 연구자들에 의하여 밝혀진 위안소만 해도
130여 개 이상인데 그 중 본섬에만 90여 개가 있었다고 한다.[53] 그러나 오
키나와 평화의 초석에 각명(刻銘)된 조선 출신자들은 남북한을 합해 300
명을 밑도는 수치이다. 즉 아직도 수많은 밝혀지지 않은 조선 군 위안부들
이 기록이 남아있지 않다는 이유만으로 기억에서 배제된 채로 남아있다.

오키나와 지역적 전쟁기억은 야스쿠니적 지배기억에 대한 대항기억으
로서 국가와의 갈등이 잠복되어있으며 동시에 지역적 기억의 정치가 곧
동아시아 전쟁기억의 충돌로 이어질 수 있다. 그러나 다른 한편으로 제주
4·3평화기념관은 기억의 국제화 차원에서 항상 오키나와와 타이완의 기
억과 희생을 포섭하고 있다. 이는 '섬'이라는 지리적 공통점 이외에 국가
폭력에 의한 '민간인 학살'이라는 공통의 기억을 공유함으로써 동아시아
평화연대를 구축하려는 노력이다. 이렇듯 오키나와 평화기념관은 하나의
일본 내 지역에서 있었던 전쟁경험의 기억이 일본 내에서 국가와 지역의
기억재현의 차이 그리고 대항기억의 국가적 수용에서 생기는 충돌 또한
주변국가와 기억을 연대함으로써 동아시아기억복합체를 형성한다.

2) 오사카 국제평화센터

오사카 국제평화센터는 일본의 전쟁책임에 대하여 가장 비판적인 시각
에 의하여 1991년 9월 오사카 시민들의 기금도 포함되어 설립하게 되었
다. 오사카 지역 주민의 시각에서 태평양전쟁의 경험을 기억하고자 하는

---

53 강정숙, "식민지여성은 동굴 속에서 울었네," 「한겨레 21」, 2000년 8월 24일 [http:
//h21.hani.co.kr/section-021048000/2000/021048000200008170322055.html] (2008
년 6월 5일 검색)

오랜 노력의 산물이었다.[54]

　오사카 평화센터는 태평양전쟁 기간 중 50회가 넘는 미군의 공습으로 인한 오사카 주민들의 고통과 희생을 기억하고 그 의미를 후세들에게 전달하고자 세워졌다. 오사카 평화센터는 히로시마적 기억[55]처럼 역사적 원인에 대하여 침묵하며 일본을 단지 희생자로만 기억하는 것이 아니라 가해 사실도 인정하며 재현한다. 즉 일본이 동아시아 국가들에 대하여 행한 침략전쟁과 식민지 국가들인 중국과 한국 사람들이 겪었던 아픔에 대하여 전시하고 있는 것이다. 오사카 평화센터의 가장 근본적인 목적은 어떠한 전쟁도 다시 일어나서는 안 된다는 점이며 이것은 한글로 된 브로슈어에 다음과 같이 소개되어 있다.

　　"제2차 세계대전 중 오사카는 50차례가 넘는 공습을 받아 시가지의 주요 부가 폐허로 변했습니다. 이 같은 피해는 오사카뿐만 아닙니다. 세계 최초의 핵의 피폭도시, 히로시마와 나가사키 그리고 '본토 결전'의 희생이 된 오키나와를 비롯하여 수많은 일본국민이 존엄한 생명을 잃었으며, 상처 입고, 병들어 죽어갔습니다. 동시에 1945년 8월 15일에 이르는 15년 전쟁에서 전쟁터로 변해버린 중국을 비롯한 아시아·태평양 지역주민들, 또 식민지 지배하의 한국(조선), 대만인들에게도 심각한 피해를 준 것을 우리는 결코 잊어서는 안 된다."[56]

　제1전시실에는 미군의 공습으로 인한 피해, 학교동원, 군국주의적 교과서를 보여준다. 제2전시실에서는 가해자로서 기억을 전시하고 있다. 일본이 중국과 한국 그리고 아시아 국가들에게 끼친 가해와 아울러 비교적 사실적으로 중칭(重慶)폭격과 난징 대학살, 731부대, 군 위안부 등을 전시한

54 Laura Hein and Akiko Takenka, "Exhibiting World War II in Japan and the United State," *Japan Focus*, July 20, 2007.
　[http://japanfocus.org/products/topdf/2477] (2008년 2월 12일 검색)
55 김상준, 2005, 230쪽.
56 [http://www.peace-osaka.or.jp/pdf/pamphlet_ko.pdf] (2008년 2월 18일 검색)

다. 한국 관련 부분에서는 강제징용도 아울러 언급하면서 현재 680,000명
의 재일교포의 인권문제와 관련하여 '일본은 여전히 풀지 못한 많은 문제'
를 가지고 있다고 지적한다. 마지막 전시실에는 원자폭탄의 위험과 특히
지구환경파괴의 문제 등 현대 세계가 겪고 있는 갈등을 보여줌으로써 평
화의 중요성을 보여준다.

비록 오사카 평화센터가 가해자의 입장을 솔직하게 재현해냄으로써 피
해와 희생의 지배적인 공식기억으로부터 대항기억의 장으로 자리매김하였
다고 평가하는 데는 이의를 제기하기 어려울 것이나 일본 우익의 공격으
로부터 결코 자유로울 수 없는 한계를 보여준다. 그것은 1997년 신민족주
의 우파진영의 자민당 의원들과 단체들이 오사카 평화센터가 이데올로기
적인 편견으로 가득 찼다는 비판을 함으로써 오사카 평화센터 내에서의
자원봉사자들의 구술을 통한 개인경험을 하지 못하게 되었으며 또한 학생
들을 위한 학습지침서의 사용을 금지하게 되었다.[57] 즉 공식기억과 대항기
억의 충돌과 갈등을 정치적으로 봉합한 셈이다.

3) 교토 리츠메이칸 대학 국제평화뮤지엄

리츠메이칸 국제평화뮤지엄은[58] '과거의 슬픈 전쟁의 역사를 기록하고,
두 번 다시 그러한 비극을 반복하지 않겠다고 하는 소원을 담았으며 평화
와 민주주의를 학문적 이념으로 삼아' 세계에서 유일하게 대학교부설로
1992년에 개관하여 2005년에 큰 폭으로 개축하였다. 전쟁과 평화의 역사
를 배울 뿐 만아니라, '평화를 만들기 위해서 우리 한 사람 한 사람에게
무엇이 가능할까'를 생각하는 구체적 평화창조(creating peace)의 공간이
다.[59]

---

57 Hein, 2007
58 평화기념관이라고 하지 않은 까닭은 리츠메이칸 대학 측에서 기념관으로 쓰지 않
　고 평화뮤지엄을 공식명칭으로 사용하고 있기 때문이다.
59 리츠메이칸대학 국제평화뮤지엄, 『뮤지엄가이드』, 쿄토: 국제평화뮤지엄, 2008, 1쪽.

우선 이 평화뮤지엄은 역사 서술 특히 전쟁의 명칭에서 뚜렷한 차별을 보이며 기존 전쟁기념관과 거리를 두고 있다. 태평양전쟁에 대한 명칭은 일본의 전쟁책임과 전쟁기억을 들어내는 명명작업이다. 야스쿠니 신사 내 전쟁박물관인 유슈칸은 태평양전쟁을 '대동아전쟁'으로 표기하고 있으며,[60] 히로시마 평화기념자료관은 '태평양전쟁'으로 그대로 사용하며[61], 리츠메이칸 대학 국제평화뮤지엄에서는 '15년 전쟁'이라고 일본의 침략사실을 정확히 기록하고 있다. 일본어와 함께 영어, 중국어, 한국어로 전시 설명이 되어 있으며 15전쟁을 아래와 같이 설명함으로써 가해 사실을 인정한다.

"1931년 9월, 일본군은 철도를 폭파하고 이를 중국이 벌인 일이라며 군사행동을 일으켜, 중국 동북부를 점령했습니다. 이어 1937년 7월의 루거우차오[盧溝橋] 사건을 계기로, 중국과 전면 전쟁에 돌입했습니다. 이 전쟁의 막다른 국면을 타개하기 위해, 1941년 12월에는 미국, 영국, 네덜란드와 전쟁을 시작하며, 아시아·태평양전쟁에 돌입했습니다. 1945년 8월 15일, 일본은 패배했고, 9월 2일에 항복문서에 조인했습니다. 이 15년 동안에 걸친 전쟁에서 일본군은 중국 등에, 무차별 폭격을 가했을 뿐 아니라 독가스와 세균병기 등도 사용했습니다. 전장에서는 포로와 민간인을 살해했고, 저항하는 지역을 철저히 파괴하는 작전을 취했습니다."[62]

식민지 국가 내에서 항일운동, 오키나와 전 및 원폭에 대한 전시와 함께 '전쟁책임'이라는 코너에서는 "천황은 극동국제군사재판의 피고가 되지 않았고, 제국 군대의 최고 책임자임에도 불구하고 전쟁 책임은 추궁받지 않았습니다. 중국 전선에서의 독가스 사용이나 731부대에 의한 세균병기 개발을 위한 생체 실험 등에 대해서도, 미국 측의 의도로 재판이 이루어지

---

60 靖國神社, 2008
61 廣島平和資料館. 『廣島平和資料館 圖錄』, 廣島: 廣島平和資料館, 2007, 14쪽.
62 [http://www.ritsumei.ac.jp/mng/er/wp-museum/korea/index.html](2008년 5월 7일 검색)

지 못했습니다. 또 구제받지 못한 전쟁 희생자는 일본 국내뿐 아니라 동아
시아를 비롯해 세계 각지에 걸쳐 있습니다. 많은 전쟁 피해자로부터 다양
한 보상 요구가 재판 등의 형태로 제기되고 있습니다."라고 설명한다. 이
렇듯이 명확하게 천황의 전쟁책임론을 제기함으로써 야스쿠니적 기억과
정반대의 대항기억을 재현한다.63

　'평화의 추구'라는 테마로 이어지는 전시실에서는 구체적인 평화문제를
재현한다. 지구적 차원에서 제기되는 환경, 불평등한 무역과 금융 그리고
전쟁을 지원하는 경제 즉 군산복합체의 문제까지 지적하고 있다. 아울러
분쟁지역에서 일어나고 있는 소년병, 난민, 민주주의의 붕괴, 군사정권, 무
장테러 등의 문제도 설명하며 나아가 매우 구체적으로 지역사회가 겪고
있는 폭력문제를 전시한다. 여기에는 여성차별, 외국인차별, 장애인차별,
인권침해에 대하여 문제를 제기한다. 이렇듯이 리츠메이칸 국제평화뮤지
엄은 정부와 국가보다도 시민사회 즉 비정부기구(NGO)를 중심으로 한 자
발적인 시민들의 평화 창조를 강조하는 전시를 보여 준다. 그 일환으로써
1998년 리츠메이칸 국제평화뮤지엄에서 세계 평화 관련 기념관 관련자들
과 연구자들이 모여 평화회의를 개최함으로써 평화기념관이 단지 역사적
기억의 전시에만 그치는 것이 아니라 변화하는 세계에 대한 대응으로서
활발한 역할을 할 수 있다는 점을 보여준다. 이러한 리츠메이칸의 평화교
육은 일본의 피해의식만을 강조하는 히로시마적 평화교육의 한계를 넘어
서 일본의 가해 사실을 인정하는 출발 위에 전 지구가 직면하고 있는 '폭
력'의 문제를 시민사회 차원에서 해결하고자 하는 미래지향적인 평화관을
피력하고 있다.

　이를 반영하듯이 평화뮤지엄은 무기전시와 '영웅 만들기'의 서사보다는
전쟁 중 일상생활의 규제, 언론 자유의 억압 그리고 민족주의적 선전이 미
친 민간인들에 대한 피해에 더 많은 관심을 할애하고 있다. 특히 이 박물

63 리츠메이칸대학 국제평화뮤지엄, 2008, 7쪽.

관은 한·중·일 역사교과서를 있는 그대로 전시하여 일본 역사인식의 우경화를 고발함으로써 야스쿠니와 히로시마의 전쟁기억과 다른 차원에서 대중교육에 힘쓰고 있다.

대항기억으로서 위 세 기념관은 다음 네 가지 점에서 기존 일본의 전쟁기념관들과 차별성을 보여준다.[64] 첫째, 기존 야스쿠니와 히로시마적 기억 담론으로부터 벗어나 전쟁책임에 대한 질문을 던짐으로써 새로운 기억의 공간을 제시하였으며 둘째, 단순한 전쟁 중의 고통과 피해를 전달하는 수준을 넘어서 적극적 평화담론을 생산해내는 역할을 하려고 노력한다. 따라서 야스쿠니 유슈칸과 히로시마평화공원 내 두 개의 기념관들이 기념관의 종교적 성격을 강조하였다면 위 세 개의 기념관들은 평화운동에 중점을 둔 '인도주의적'[65] 성격을 부각시키고 있다. 셋째, 평화와 관련된 비정부 기구들의 정치적 활동을 담아냄으로써 박물관과 기념관 안에 박제된 채로 머물러 있는 평화로부터의 탈피를 시도하고 있다는 점에서 높이 평가할 만하다. 넷째, 세 기념관은 3국이 합의된 공유기억을 창출하는 데 긍정적인 기여를 하고 있으며, 특히 그것은 일본의 전쟁책임을 솔직하게 인정하는 데서 출발하고 있다.

III. 결론: 원폭 민족주의와 기억의 경합

일본은 전쟁 패배 이후 1945년부터 1951년 동안 의도하지 않았던 미국에 의하여 통치됨으로써 전쟁에 대한 자유로운 담론이 허용되지 않은 채

---

64 Daniel Seltz, "Remembering the War and the Atomic Bombs," in Daniel J. Walkowitz, and Lisa Maya Kanuer, eds., *Memory and the Impact of Political Transformation in Public Space,* Durham: Duke University Press, 2004, p. 143.

65 James M. Mayo, "War Memorials as Political Memory," Geographical Review. Vol. 78, No. 1, Jan., 1988, pp. 64-65.

억압된 기억만이 존재하였으며, 1950년대와 1960년대에는 전쟁책임론과 원폭 피해를 중심으로 한 보수적 전쟁기억 서사가 지배적이었다. 일본의 전쟁기억은 '피해와 가해의 이중성'이라는 딜레마를 안고 있었으며, 사회제 이익집단들 사이에서 전쟁기억의 문제를 그들의 이해관계에 따라 정치적 쟁점화 함으로써 전쟁기억의 다양한 재현이 시작되었다. 한편 1980년대부터 일본의 전쟁책임 문제에 대한 국제적 이목이 집중되자 일본의 전쟁기억은 국내적 차원을 넘어선 동아시아 국가들, 특히 중국과 한국으로부터 민감한 외교적 쟁점으로 부각하게 되었다.

일본의 전쟁기념관중 태평양전쟁기간 동안 아시아 제국에 대한 침략 사실과 가해에 대한 기억을 철저하게 부정하며 침략의 정당성을 주장하는 서사구조를 재현한 야스쿠니 신사 내의 유슈칸 전쟁박물관이 있다. 이곳은 전몰자 위패를 봉안하고 있는 신사 내부에 있다는 점에서 동아시아 전쟁기념관들 중 가장 종교적 색채가 짙은 유형으로 분류할 수 있다. 또한, 일본의 수상과 정치인들의 야스쿠니 신사의 방문은 한국과 중국의 민족주의를 자극하여 끊임없이 적대적 관계로 전환할 수 있는 요소가 잠복하고 있음으로써 동아시아기억복합체에 가장 근본적인 원인을 제공하는 전쟁기억의 재현 공간이다. 다음으로 일본이 유일한 원자폭탄의 희생자라는 피해에 대한 기억만을 재현하는 히로시마 평화기념자료관이 있다. 비록 이 자료관이 평화운동의 메카라는 이미지 구축에는 성공하였다고 할지라도 전쟁의 원인과 책임에 대한 기억재현을 배제함으로써 전쟁기념관의 '인도주의적' 가치를[66] 구현하지 못하는 한계를 지닌다. 반면에 리츠메이칸 평화뮤지엄, 오키나와 평화뮤지엄 그리고 오사카 국제평화센타에서 보여주는 전쟁기념의 서사는 가해 사실을 솔직히 인정함으로써 기존 유슈칸과 히로시마 평화기념자료관의 전쟁 담론을 넘어선 인도주의적 가치에 접근하고 있다. 일본이 전쟁책임을 망각하고 야스쿠니적 우익 전쟁기억만이

---

66 Mayo, 1988, p. 64.

존재한다고는 볼 수 없으나 원폭의 피해의식에 의존한 내향적 전쟁기억의 재현이 지배적이라는 사실은 부인하기 어렵다.

그렇다면 일본은 왜 전쟁의 침략이나 가해 사실을 충분히 인식하지 못하는 것일까? 우선 전후 일본은 전후 독일과 달리 자기 반성적인 '하나의 기억'을 형성하는 데 실패하였으며, 이로 인하여 일본은 주변 국가들과의 근본적 관계를 개선하지 못했다.[67] 첫째, 전쟁 당시 즉 1931년부터 1945년까지 일본 국민들이 독일이나 미국보다 훨씬 궁핍하여 어두운 시대로만 기억하고 있으며 둘째, 15년 전쟁기간을 '군부독재'시기로 치환해버림으로써 다른 행위자들에 대한 죄의식으로부터 벗어났다. 여기에는 미국이 주도했던 도쿄재판의 원인도 크다. 셋째, 중·일 전쟁과 곧 이은 태평양전쟁으로 이어져 미국에 의하여 종전이 됨으로써 구식민지를 자동적으로 상실하게 되었으며 이 과정에서 피비린내 나는 독립전쟁이 없었다는 점이다. 넷째, 국제정치적 요인으로 전후처리 과정에서 미국의 단독점령, 냉전의 강화[68] 그리고 아시아 제국의 상대적 지위 약화 등이 주요 원인이다.[69]

일본은 전후 매우 경쟁적인 전쟁기억의 모습을 보여 왔으며 기억상실증과 도덕 불감증의 국가로 묘사되는 것은 잘못되었다고 하더라도 일본 보수 정치세력이 보여주는 전쟁기억의 모습은 국제적 지도자를 꿈꾸는 일본으로서 자격조건이 충분하지 못하다. 그러나 일본이 동아시아 주변 국가들의 끊임없는 사죄요구에 지친 측면도 간과할 수 없다. 독일의 역사적 과오 즉 나치즘에 의한 이데올로기적 피해는 일본의 군국주의에 비해서 크다고 할 수 있다. 또한, 미국의 베트남, 프랑스의 알제리, 파키스탄의 동방 글라데시, 벨기에의 콩고의 식민 지배과정도 일본의 그것처럼 매우 비인

67 동아일보, 2007년 6월 19일.
68 Mark Seldon, "Nationalism, Historical Memory and Contemporary Conflicts in the Asia Pacific: the Yasukuni Phenomenon, Japan and the United States," *Japan Focus*, August 25, 2006, [http://japanfocus.org] (2007년 3월 13일 검색)
69 요시다, 2006, 237-239쪽.

간적이다. 독일의 영국 도시 폭격, 이태리와 독일의 독가스 사용 등 전쟁 중 잔혹 행위 또한 수많은 경우가 있지만, 영국, 프랑스, 미국의 수상 및 대통령들이 인도, 베트남, 필리핀을 방문할 때마다 과거 식민지 역사에 대하여 사과하는 것은 상상 할 수 없는 일이다.[70]

동시에 일본이 언제까지나 태평양전쟁의 역사적 그늘에서 살 수 없으며 왜 주변국가 특히 한국과 중국에서 수교와 그 이후에 많은 경제적 원조를 해주었음에도 불편한 관계가 지속되었는지를 파악하여야 하며 이를 위하여 우선 우파 보수주의자들은 역사적 정확성, 보편성, 수용성을 확보하며 국제적 지도자로서 미국의 이념을 지지해주는 영국의 역할을 모델로 고려해 볼 필요도 있다.[71] 그럼에도 불구하고 주변 국가들은 일본의 군사 대국화에 대하여 비이성적으로 두려워하고 있다. 그 이유는 일본의 군국주의 부활 가능성과 아시아 제국을 침략했을 당시 일본군이 보여주었던 비도덕적인 잔혹함에 대하여 기억하고 있기 때문이다. 그러나 일본이 다시 그렇게 전쟁을 일으킬 가능성은 거의 없다. 일본은 그동안 자유민주주의가 확고히 뿌리내렸으며 평화를 수호하는 헌법 9조가 대중적 지지를 확보하고 있으며 아울러 세계경제 2위로 상호의존적 국제경쟁 체제에서 위기의 조장과 발생이 일본 경제에게 실질적인 이익을 주지 않는다. 끝으로 굳건한 미·일 동맹이 이를 제도적으로 불가능하게 하고 있으며 중국과 한국의 군사적 힘이 태평양전쟁 때와는 완전히 다르다. 따라서 일본이 또다시 아시아 국가를 무력으로 점령할 확률은 거의 없다고 판단한다.[72]

단순히 일본이 전쟁의 피해자라는 것을 부각하는 것 자체는 결국 '가해-피해'라는 축 가운데 일본을 위치하게 되는 것을 의미한다. 일본이 미국에 의한 피해의식이 부각되면 될수록, 일본은 또 다른 타자인 다른 아시아 국

---

70 Barry Buzan, "Japan's Future: Old History versus New Role," International Affairs, Vol. 64, No. 4, Autumn, 1988, p. 568.

71 Buzan, 1988, pp. 561-561.

72 Buzan, 1988, p. 567.

가들과의 관계에서 '가해자'라는 국가 정체성이 부각될 수밖에 없다.[73] 전후 일본에서는 몇 가지 변화가 있기는 했지만 기본적인 주장은 변하지 않았다. 한편에는 과거의 범죄를 교훈 삼아 다시는 전쟁을 일으키지 않겠다는 결의를 가진 일본 사람들이 있다. 다른 한편에는 일본이 다시 보통군사력을 보유할 권리가 있다고 주장하는 사람들이 있다. 한편에서는 평화의 비전을 옹호하기 위해 과거의 죄악을 거론하는 한, 다른 편은 그것을 부인할 것이다.[74] '경쟁적이며 뒤엉킨' 전쟁기억들이[75] 아직 사회적 합의를 도출하지 못하고 있으며 그 이면에는 자민당의 보수적 정치권력 및 국외적으로 미국의 영향이 크다.

제86회 발표, 2009년 6월 23일

---

73 Seraphim, 2006, p. 201.
74 부루마, 2002, p. 281.
75 Seaton, 2006

명치유신과 일본의 근대화

|

박훈(서울대학교 교수)

Ⅰ. 근대일본국가의 형성과 전개

1. 명치유신의 전개과정

메이지유신 이전 일본은 바쿠후[幕府]와 270여 개의 한(藩:영주국가)으로 나뉘어 있었다. 비록 바쿠후가 이 한들을 정치적으로 장악하고 있었고, 한들도 바쿠후에게 충성을 바치고 있었지만 그 관계는 조선이나 청의 중앙집권적 왕조와는 사뭇 달랐다. 한의 지배자(다이묘:大名)는 세습되었고 바쿠후는 다이묘의 계승자를 임명할 권한이 없었다. 각 한은 독자의 징세권을 갖고 있었으며 독자의 관료기구와 군사력을 보유하고 있었다.

19세기 들어서 서양선박이 빈번하게 나타나자 바쿠후와 각 한은 위기감을 느꼈다. 특히 아편전쟁에서 청이 영국에게 패한 것은 커다란 충격이었다. 지배세력인 사무라이들은 원래 군인들이었기 때문에 이런 정세에 민감하게 반응했다. 이런 외세의 위협에 바쿠후가 유화적으로 대응하자 몇몇 한들은 바쿠후에 도전하기 시작했고, 위기를 이용해 권력을 빼앗으려고 했는데 그 대표적인 한이 사쓰마와 쵸슈였다. 이들을 중심으로 한 반바쿠후 세력은 마침내 궁정쿠데타를 일으켜 천황의 이름으로 바쿠후를 해체시켜 버렸다. 이를 메이지유신(1868년)이라고 한다.

메이지유신의 리더들은 원래 '천황을 받들고 서양오랑캐를 몰아낸다(존왕양이)'는 캐치 프레이즈를 내걸어 여론의 지지를 얻는 데 성공했으나, 정권을 장악한 후에는 양이는커녕 철저한 서양화를 추구했다. 그들이 내건 목표는 '도덕사회의 건설'이나 '백성의 교화'가 아니라 '일본의 독립'과 '경제적, 군사적으로 강한 나라를 건설(부국강병)'하는 것이었다. 이를 위해서는 서양국가와 같은 사회체제를 긴급히 도입하여 '국민국가'를 만들어야 한다고 생각했고, 이에 대해 광범한 정치세력의 동의를 이끌어내는 데 성공했다. 이 글에서는 19세기 후반 일본이라는 근대국가가 어떻게 만들어졌는지 그 과정을 살펴봄과 동시에, 그 특징이 무엇인지에 대해 살펴보고자 한다.

메이지정부가 첫 번째로 해결해야 할 가장 큰 과제는 270여 개의 영주국가, 한으로 분열되어 있는 일본열도를 통일하는 것이었다. 근대적인 국민국가를 건설하려면 한 국가 내에 여러 국가가 있어서는 안 되었다. 바쿠후를 폐지하고 천황을 내세운 신정부를 세우는 데는 성공했으나, 다이묘들은 수백 년간 이어져 온 자신들의 '국가'를 쉽게 내어놓으려 하지 않았다. 메이지유신에 협조한 다이묘들 중에도 이것이 자신들의 한을 뺏으리라고 생각한 사람들은 많지 않았다. 그러나 메이지유신의 주역들인 기도 다카요시[木戸孝允]와 사이고 다카모리[西郷隆盛] 등은 이미 궁정쿠데타 직후부터 한의 철폐를 결정하고 치밀한 준비를 해가고 있었다. 그들은 한들의 반발에 대비해 천황직속군대를 창설하고, 마침내 궁정쿠데타를 일으킨 지 3년 만인 1871년 전격적으로 한을 철폐하고 중앙정부가 직할하는 현을 설치했다[폐번치현(廢藩置縣)]. 이제 중앙정부가 징세권을 행사하게 되었고 다이묘들은 전원 도쿄로 이주하게 하였다. 이로써 270여 개의 한들은 72개의 현으로 정리되었다.

그런데 수백 년간 이어져 내려온 자신의 '국가'를 한순간에 잃어버린 다이묘들은 이에 대해 거의 저항하지 않았다. 왜일까? 통일과정이라는 것은 보통 수많은 전쟁을 거쳐 달성되지 않는가? 먼저 그들이 자신들의 한을 떠나 도쿄에 거주한다는 것은 그리 낯선 것은 아니었다. 도쿠가와 바쿠후는 다이묘들을 감시하고 견제하기 위해 그들을 일정 기간 에도에 체류하게 하는 제도를 실시하고 있었다(참근교대제). 다이묘들은 에도에 대저택을 짓고 처자식과 가신들을 머무르게 했으며 자신은 에도와 한을 왕복했다. 이 때문에 도쿄(에도의 후신)에 이주한다는 것이 이들에게 견딜 수 없는 큰 충격은 아니었던 것이다.

다음에 당시 다이묘들은 거의 심각한 재정난에 허덕이고 있었다. 그대로 가다가는 곧 파산할 한들도 있었다. 메이지 정부는 한을 폐지하는 대신 다이묘들에게 각 한의 연 조세수입의 10% 정도를 보장했기 때문에, 재정 적자를 감당할 자신이 없던 다이묘들은 저항감이 덜했던 것이다. 이로써 일본은 하나의 정부 아래 통일되었고 정부는 각 지역에 대해 점점 장악력을 높여갔다.

2. 입헌국가 수립을 위한 노력

메이지 정부가 왕조나 바쿠후가 아니라 유럽식 국민국가를 모델로 한 이상, 제한적으로라도 국민의 일부를 대표하는 정치세력이 정치에 참여할 수 있는 통로를 만들어야 했다. 메이지정부의 리더들은 스스로가 메이지유신의 변혁과정에서 폭넓은 계층의 정치참여를 명분으로 바쿠후에 도전했기 때문에, 이에 대한 반대파들의 요구를 수용하지 않을 수 없었다.

원래 도쿠가와 시대에는 바쿠후만이 '정사(政事)'를 논할 수 있었다. 특히 사쓰마나 쵸슈와 같이 과거에 바쿠후에 적대한 전력이 있는 한들은 바쿠후의 정치에 간여할 수 없었다. 그러나 외압이 심각해지고 체제가 요동치자 이 틈을 이용하여 바쿠후에 도전하려고 꾀하는 세력들은 자신들의 정치개입을 정당화할 명분이 필요했다. 이들은 먼저 정치적으로 힘이 없었던 천황을 정치무대에 등장시켜 그 권위를 이용하여 바쿠후가 정치를 독단하는 것을 문제 삼았다. 그러나 이것은 어디까지나 천황의 정치참여였지 자신들의 정치참여를 직접적으로 정당화시켜주는 것은 아니었다. 그들이 여기서 명분으로 내세운 것이 '공의여론(公議輿論)'이었다.

공의여론이란 쉽게 말하면 주요 한들의 여론이었다. 주요 한들은 자신들의 의견이 공의, 공론임을 주장하면서 천하가 위기에 빠진 상황에서 바쿠후는 기존의 정치운영방식을 탈피하고 공의에 따라 정책을 결정해야 한다고 주장했다.

바쿠후는 몇 차례에 걸쳐 이들의 정치개입을 탄압했으나 이들의 세력은 점점 커져갔다. 주요 한들은 이제 정치를 논할 기구를 구성하려고 했다. '공의의 제도화'에 나선 것이다. 이때 그들이 의지한 것은 천황의 권위였다. 그들은 1864년 천황의 조정에 참예회의를 구성하였다. 이것은 내분으로 곧 해체되었지만, 이후 주요 한들을 모아 일종의 회의체를 만들어 새로운 권력기구를 수립하려고 하는 움직임은 계속되었다. 마지막 쇼군 도쿠가와 요시노부의 '대정봉환'도 결국 천황을 받들어 다이묘들의 회의체를 만들고 그 의장에 쇼군이 취임하려고 했던 시도였던 것으로, 결국 '공의의 제도화'의 하나였던 것이다.

궁정쿠데타를 일으켜 이 대정봉환의 정권구상을 무너뜨리고 집권한 사쓰마, 쵸슈도 역시 이 '공의의 제도화'를 받아들이지 않을 수 없었던 것이다. 즉 메이지유신이란 정치변혁은 한편에서는 왕정복고와 천황의 등장을 의미했지만, 다른 한편에서는 '공의정권' 탄생의 기대도 한 몸에 받고 있었던 것이다. 쿠데타 직후 메이지 정부가 국정방침으로 발표한 '오개조어서문'의 제1조가 「널리 회의를 열어 모든 일을 공론으로 결정할 것」이라고 한 것은 이런 상황을 잘 나타내고 있다.

그러나 폐번치현으로 이미 한이 없어진 상황에서 주요 한들로 구성되는 회의체는 불가능한 것이 되어버렸다. 공의의 담당자였던 한들이 없어진 것이다. 그러자 이제 유신 과정에서 형성된 각 정치세력들이 공의의 담당자를 자임하고 나섰다. 그들은 메이지 정부가 공의를 무시하고 사쓰마, 쵸슈등 일부 한들의 인사들이 정부를 독단적으로 운영하고 있다며, '공의의 정부'가 아닌 '번벌(藩閥)의 정부'라고 공격했다. 이들은 하루빨리 공의를 제도화할 것을 요구했는데, 당시 이것의 가장 적합한 모델은 서양식 의회였다. 이에 따라 조속히 헌법을 제정하고 의회를 개설하라는 운동이 크게 일어났다. 이것이 자유민권운동이다.

원래 메이지 정부도 「오개조어서문」의 제1조에서 밝힌 바와 같이 공의에 의해 정치를 운영할 것임을 밝혔고, 헌법제정과 의회설치는 불가피하며, 또 부국강병을 위해서 필요한 것이라는 인식을 갖고 있었다. 다만 그 주도권을 자유민권파가 가질 경우 의회세력이 너무 커져 국가가 혼란에 빠질 것이라고 우려했다. 따라서 어디까지나 정부의 핵심세력이 주도하는 것이 필요했다.

이것과 관련된 중요한 사건이 1874년 발생했다. 정한론분쟁에서 패한 정부의 일부 참의들이 사직하면서 천황에게 민선 의회설립을 청하는 상서를 올렸던 것이다. 이 사건은 헌정문제를 둘러싼 정부의 분열을 만천하에 폭로하였고, 민간의 헌법제정, 의회개설운동에 불을 붙였다. 결국, 정부는 정부를 이탈한 유력정치인들이 다시 복귀하는 조건으로 천황의 이름으로 앞으로 헌법을 제정할 것을 공개 약속했다(1875년). 정부는 이 해 원로원을 설치하고 헌법 기초를 시작케 하였다. 이제 헌법제정은 국시가 되었다. 문제는 실시의 시기와 내용, 그리고 제정의 주체였다. 자유민권파에서는 조속한 실시와 영국식 의원내각제를 주장하는 세력이 점점 커져갔다.

1881년 사쓰마계 고위관료의 부정사건이 언론에 알려지자 자유민권파는 의회가 없어 정부감시를 제대로 하지 못하기 때문에 이런 사건이 터진 것이라며 정부를 맹공했다. 당시 도쿄 등 대도시에는 이미 신문이 상당히 보급되어 있었고, 정치연설회등도 빈번하게 열리고 있었기 때문에 사람들은 '근대적 여론'의 힘을 실감할 수 있었다. 메이지 정부의 실력자는 이토 히로부미와 오쿠마 시게노부였는데, 오쿠마는 여론의 힘을 배경으로 의원

내각제 실시를 꾀하려는 움직임을 보였다. 정적의 움직임을 간파한 이토는 천황을 움직여 오쿠마를 정부에서 쫓아내었다. 이른바 '메이지 14년의 정변'이다. 이제 드디어 여론이 정변의 주요행위자의 하나로서 등장한 것을 이 사건은 잘 보여주고 있다.

오쿠마를 실각시키고 여론과 맞선 메이지 정부는 위기에 빠졌다. 이에서 벗어나고자 정부는 천황의 이름으로 10년 후에 헌법을 제정하고 의회를 개설한다는 조칙을 발표했다. 이제 헌정실시의 시기까지 명시한 것이다.

헌정실시가 확실해지자 지금까지 헌정실시를 주장해왔던 자유민권파의 운동방향은 바뀌지 않을 수 없었다. 이제는 의회개설과 총선거에 대비해 각자의 정치세력을 규합하는 방향으로 경쟁했고, 한편에서는 헌법내용을 어떻게 할 것인가를 두고 백가쟁명의 상황이 전개됐다. 1880년대의 일본은 이처럼 정치적으로 매우 활발한 시기였다.

그러나 이런 민간 쪽의 상황전개를 살피면서 헌법제정을 향한 움직임을 시작한 것이 정부의 실세 이토 히로부미였다. 그는 1882년 프로이센으로 가서 황제 빌헬름 1세를 만나 헌법제정에 관한 조언을 들었고, 법학자 그나이스트에게서 헌법강의를 들었다. 정부 실세인 그가 직접 유럽에 가서 헌법을 공부하고 돌아왔다는 사실은 헌법 문제에 관한 한 그가 권위를 발휘하는 일종의 '입헌카리스마'를 갖게 했다. 1883년 8월에 귀국한 이토는 정부가 아니라 궁중에 제도취조국이라는 기구를 설치하고 헌법 기초를 시작했다. 그리고 스스로는 궁중을 관할하는 자리인 궁내경에 취임하여 이 과정을 총괄했다. 정부산하 기구에서 이 일을 시작했을 경우에는 각 정치세력이 헌법기초에 간여할 것이고, 그 정보도 민간에 쉽게 노출되어 민간의 공격도 받을 것이 예상되었다. 궁중에 설치한다는 것은 곧 천황의 직속 기구임을 의미하여, 민간의 정치세력도 쉽게 이를 공격할 수 없을 것이고, 정부의 주요인사라 할지라도 쉽사리 간섭할 수 없었던 것이다. 이처럼 이토는 '공의의 제도화'인 헌법제정을 가능한 한 공의의 간섭을 받지 않은 상태에서 추진하였던 것이다.

헌법제정을 앞두고 이토는 정부조직을 대대적으로 개편했다. 지금까지 왕정복고라는 명목을 충족시키기 위해 1천 년 전의 고대 천황제 정부 조직을 모델로 했던 태정관제도를 폐지하고 서구풍의 내각제도로 개편했다. 내각의 책임자는 총리대신이고 그 휘하에 각 국무대신이 있었으며 초대총리는 이토 스스로가 취임했다. 그리고 궁중과 부중(府中), 즉 궁궐과 정부를 제도적으로도, 재정적으로도 분리해 근대적인 국가기구의 모양을 갖추었다. 이어서 화족제도를 만들어 이전의 다이묘, 공경등 귀족들에게 작위를 수여해 국가체제에 단단히 포섭했다. 이는 훗날 상원인 귀족원을 이들로 채워, 예상되는 하원의 공세에 대한 방어막으로 삼을 포석이었다.

헌법 기초를 마무리 지은 이토는 1888년 추밀원을 설치해 천황 참석 하에 헌법을 심의하기 시작했다. 천황이 헌법심의에 거의 매회 참여한다는 것은 이 헌법에 큰 권위를 부여하는 것이었다. 물론 이 심의에는 원로원의 의관과 궁중의 요인들도 참석했지만, 거의 전적으로 이토와 그 참모들의 뜻이 그대로 반영되었다.

3. 명치헌법의 반포와 의회설치

이런 과정을 거쳐 1889년 2월 11일 마침내 「대일본제국헌법」(통칭 메이지 헌법)이 공포되었다. 헌법공포일을 전후로 해서 전국, 특히 수도인 도쿄는 전 시민적인 축제 분위기였다. 국가와 국민을 묶는 하나의 도구로 헌법을 자리매김했던 정부지도자들은 이를 극적으로 각인시키기 위해 이런 축제 분위기를 유도하고 조장했다. 도쿄 시내 곳곳에 헌법공포를 축하하는 봉축문이 세워졌고, 축하행렬이 계속되었으며 밤이 되면 화려한 조명이 번쩍였다. 원래 축제를 좋아하는 에도 시민의 후예들인 도쿄시민들은 헌법내용은 잘 몰랐어도 축제기간 동안 엄청난 술을 소비하며 흥겨워했다. 10일부터 3일간 거의 3만 4, 5천 타루의 술이 동이 나, 도쿄시민 일인당 거의 1승씩의 술을 마신 셈이었다. 술에 취해 길거리에 쓰러져 자도 평소에 엄격하던 경찰들은 관대했다.

헌법공포에 때를 맞춰 정부는 자유민권파를 비롯한 정치범 540명을 석
방하고, 사무라이반란 때의 사무라이 신분[사적(士籍)]을 박탈당했던 사람
들의 신분을 복귀시켰다. 석방된 사람들 중에는 오이 켄타로[大井憲太郞]
등 국사범으로 취급받았던 인물들도 포함돼 있어 사람들을 놀라게 했다.
또한, 메이지 정부에 대한 최대의 반란자였으나 대중적 인기는 높았던 사
이고 다카모리[西鄕隆盛]를 정3위에 추증하여 복권시킴으로써 민심의 환
영을 받았다. 이때까지 정부의 헌법안에 불만을 품고 있던 세력들도 이런
정부의 파격적인 조치에 더 이상 반발할 의욕이 사라지고 말았다.

이 헌법에 의해 이듬해인 1890년 제1회 총선거가 실시되어 의회가 구성
되었다. 비서유럽 국가 중에서는 터키가 1870년대 후반 경 의회개설에 성
공했으나 얼마 못가 의회가 폐쇄되었기 때문에, 이로써 일본은 비서유럽
국가 중 유일하게 의회를 갖는 국가가 되었고, 이후 오늘날까지 한 번도
의회제도가 정지된 적 없이 유지되어 오고 있다.

그렇다면 총 7장 76조로 이뤄진 메이지 헌법은 어떤 내용과 특색을 갖
고 있었을까.

말할 것도 없이 주권은 국민에 있는 것(주권재민)이 아니라 천황에게
있었다. 주권재민이 헌법에 규정되는 것은 1947년 일본을 점령한 미군이
만든 「일본국 헌법」에서이다. 이 때문에 일본에서는 democracy의 번역어
로서 '민주주의(국민이 주인이라는 사상)'라는 말을 잘 쓰지 못했고, 대신
'민본주의(民本主義)'라는 말이 쓰여졌다. 헌법은 천황에게 막대한 권한을
부여했다. 천황은 입법권, 육해군 통수권, 선전포고 및 강화권, 조약체결
권 등을 갖고 있었고, 의회에 대해서도 그 소집권, 폐회권 및 중의원 해산
권 등을 보유했다. 헌법에는 명시되어 있지 않지만 천황은 주권자이므로
당연히 정부의 수반인 내각총리대신을 임명할 권한도 갖고 있었다. 다시
말해 행정부, 의회, 외교 전반에 걸쳐 강력한 권한을 갖고 있었던 것이다.
메이지헌법대로라면 천황은 '군림하되 통치하지 않는' 존재가 아니라 강력

한 권력을 가진 군주였던 것이다.

그러나 실제 정치에서는 어떠했는가. 여기에 근대일본정치의 특징이 있다. 결론적으로 천황은 일본을 '통치'하지 않고 '관망' 또는 '조정'하는 데 그쳤다. 정책 결정에 천황은 거의 간여하지 않았고, 정책 결정은 대부분 원로그룹(메이지유신의 공훈자들)과 내각, 그리고 의회 사이에서 이루어졌다. 이 정책 결정에 대해 천황이 이의를 제기하는 일은 매우 이례적이었다. 역대 천황은 스스로도 정책 결정에의 간여를 극히 자제했고, 정치의 핵심인물들과 천황의 간여움직임이 있는 경우 이를 제지했다.

천황의 위치를 단적으로 나타내주는 것이 총리임명이다. 물론 총리는 형식적으로 천황이 결정하고 임명하는 것으로 되어 있었지만 대부분의 경우 원로들이 서로 협의하여 총리를 내정하였다. 그들이 단독 후보자를 천황에게 천거하면 천황이 이를 거절하거나 개인 의사에 따라 총리를 임명하는 일은 없었다. 1920년대 정당내각제가 실현되었을 때는 총선거결과 중의원의 제1당을 차지한 당의 당수가 자동적으로 총리 후보자가 되는 관례가 확립되었고, 천황은 이를 총리로 임명하여 선거결과를 추인하였다.

총리의 사임도 마찬가지였다. 총리가 사임해야 할 이유가 생겨도 천황이 직접 사임시키거나 사임을 유도하는 의사를 표명하는 일은 거의 일어나지 않았다. 1920년대 후반 다나카 기이치 총리의 중국정책에 대해 당시 히로히토 천황이 불만스런 의사표명을 하여 즉시 다나카 총리가 사임한 것이 인구에 회자될 정도로 희귀한 예였다.

천황은 왜 정치에 직접 참여하지 않나. 현실정치에는 승패가 있기 마련이고 성공하는 경우도 있지만 실패할 가능성도 있다. 실패하면 그것도 국민의 생활이나 국가의 안위와 관계되는 큰 실패를 하는 경우 그 권위는 손상을 입게 되고 책임문제가 뒤따르게 된다. 천황이 직접 정치에 간여할 경우 천황 역시 권력다툼과 정책의 성패에 말려들게 된다. 그렇게 된다면 천황의 신성성은 크게 손상될 것이다. 역대 천황들은, 또 일본의 근대국가를 만들었던 정치가들은 천황을 현실정치와는 거리를 둔 구름 위에 두고 천황의 권위를 신비화하는 체제를 선택했고, 그것을 끝까지 관철시켰다.

그렇다면 일본이라는 근대국가는 어떻게 운영되었는가. 결론부터 말한다면 근대일본의 권력과 국가기구는 '할거체제'라고 불리울 정도로 분절적이었다. 이 말은 근대일본 권력의 리더십이 약했다거나 일본 정국이 항상적으로 혼란스러웠다는 것을 의미하지는 않는다. 그러나 권력내부에 강력한 구심점이 존재하지 않았고, 신속한 정책 결정을 이끌어내는 시스템이 존재하지 않았다. 권력기관은 내각, 추밀원, 군부, 의회 등이 거의 대등한 위상으로 나열되어 있었다. 각 기관은 천황에 대해서만 책임을 질 뿐 상호 통제 기능은 약했다. 내각총리는 의회에 대해 책임지지 않았고, 내각총리에게는 군부에 대한 통수권이 없었다. 이 때문에 훗날 군부가 중국대륙에서 독자적으로 침략행위를 확대해 나가도 총리는 이를 제대로 통제하지 못했다. 군부를 통제할 권한은 오직 통수권자, 즉 천황에게만 있었으나 천황은 적극적인 제지를 하지 않았다. 이처럼 분립되어 있는 권력기구를 통솔할 권한은 헌법상 오직 천황에게만 있었는데, 천황은 현실정치를 '관망'만 하고 일단 유사시 드물게 '조정'만 했다.

그렇다면 누가 이 권력기관들 상호 간의 마찰과 권력 갈등을 통합하고 융합하는가. 이것이 바로 메이지유신의 공신그룹인 원로들이었다. 원로그룹은 헌법상, 또는 법률상 존재하지 않는 법적으로는 '유령단체'였으나(천황이 그들을 원로로 우대한다는 조칙만이 근거라면 유일한 법적 근거였다), 그들이 메이지유신 과정에서 쌓아올린 권위와 강력한 리더십으로 인해 자연스레 정치의 실권자로 군림했다. 메이지 시대에는 이토 히로부미, 야마가타 아리토모 등 모두 7인의 원로들이 있었는데, 이들은 서로 간에 격렬한 권력다툼을 벌이면서도 중대한 정책결정에서는 서로간의 이견을 협의하여 결국 분열되지 않고 단결을 유지했다. 메이지 시대에는 내각총리도 이들 중에 한사람이 하거나 이들이 내정한 사람이 임명되었고, 의회도 군부도 이들에 의해 적절하게 컨트롤되었다. 그러나 이들이 훗날 사망하거나 노쇠하여 정치력을 발휘할 수 없게 되자, '할거체제'의 약점은 다시 드러나 1930년대 중반 이후 군부의 폭주를 제어할 수 없게 되었던 것이다.

4. 근대일본 정당정치의 전개와 특색

도쿠가와 시대에 당을 결성한다는 것은 엄격히 금지되어 있었다. 이 '도당(徒黨)', '결당(結黨)'의 금기를 어기는 사람에게 중한 벌이 내려졌다. 농민들은 물론이고 도시의 초닌[町人:상공업재들도 정치조직을 결성하려는 시도를 거의 하지 않았다. 지배계층인 사무라이들도 마찬가지였다. 이들은 대부분 에도 또는 각 한의 수도인 조카마치[城下町]에 거주하였는데, 각각 군사조직의 형태를 띤 행정조직에 편제되어 있었지 그것을 벗어난 정치조직은 거의 결성되지 않았다.

이 사무라이들이 횡적으로 연결될 수 있는 계기는 대체로 두 가지였다. 하나는 무술연습실인 도장이었고, 다른 하나는 학문을 배우는 사설학원인 사숙이었다. 19세기 들어 대내외적으로 위기감이 커지자 사무라이들은 이 두 곳, 특히 사숙에 모여 정치에 대한 의견을 교환하며 당국자의 무능을 비판하였다. 위기감이 커질수록 이들 사무라이의 모임은 전국적으로 그 수가 늘어났고, 이윽고 한을 이탈하여 횡적인 네트워크를 갖는 '탈번 낭인'들까지 생겼다. 이 탈번낭인들은 주로 에도나 교토에 모여 정치운동을 벌여나갔다. 메이지유신 과정에 광범하게 참여한 사무라이들은 신정부수립 후에도 정치에 적극적으로 발언하려는 의욕을 감추지 않았다. 여기에 농촌상층부인 호농층도 정치에 적극적인 관심을 나타냈다. 또한, 도시에 새로운 계층으로 등장한 지식인과 언론인들도 있었다. 이들은 대체로 메이지정부가 정치참여를 제한한다고 비판하며 반정부운동을 펼쳐나갔다. 이들에게 큰 명분을 준 것이 의회설립과 조약개정문제였다. 이들은 이 목표의 실현을 위해 정치조직을 건설하였다. 그 지도자에는 주로 메이지 정부 내의 권력투쟁에서 밀려난 사람들이 옹립되었다.

1881년 메이지 14년 정변을 수습하는 과정에서 천황이 10년 후 헌법제정과 의회개설을 약속하자, 이 정치세력들은 이제 본격적으로 정당을 결성하고 총선거를 대비해 세력을 확산해나가기 시작했다. 그 중 대표적인 정당이 자유당과 입헌개진당이다. 자유당은 농촌의 지주를 주요기반으로 하고 있었고, 입헌개진당은 도시의 상공인, 지식인, 퇴직관료들을 주축으로 했다. 그러나 이 정당들은 1880년대 민권운동의 고조를 맞이했지만 내부분열과 급진화로 더 이상 성장하지 못하고 해산되었다.

1890년 처음으로 의회를 구성하기 위한 총선거가 실시되었다. 다른 나라와 마찬가지로 이때는 보통선거는 아니었고, 재산세 3엔 이상을 납부하는 남자만이 투표권을 가졌다. 전 인구의 1%인 40만 명 정도가 유권자였던 것이다. 선거결과 자유당계가 130석, 입헌개진당계가 50석을 차지했다. 중요한 것은 이들은 모두 정부와는 관계가 없는 야당이었다는 점이다. 당시 메이지 정부는 의회를 설치하기는 했으나 의회 내에 정부를 지지할 세력을 만들려고 하지 않았다. 그들은 의회와 무관한 강대한 정부를 만들고 (초연정부), 의회를 적절하게 통제하면서 국가를 운영하려고 했다. 따라서 메이지 정부에게는 의회를 장악하고 있는 정당들에 어떻게 대처하느냐가 과제였다.

메이지 정부 지도자들은 정당에 대해 매우 부정적이었다. 그들은 상하일치 · 국민통합을 위해 민심의 일부를 대표하는 기구로서 정당의 필요성에는 동의했으나, 그것이 정권에 과도하게 개입하거나 하물며 정당이 정권을 잡는 상황은 극력 회피하려고 했다. 그들이 정당을 기피하는 데는 두 가지 원인이 있었다. 하나는 정당이 대표하는 민심이라는 것이 고도의 정책적 판단을 할 수는 없으며 전적으로 신뢰할 수 없다는 것이다. 중론이 곧 정론은 아니라는 것이다. 또 하나는 정당이라는 것은 특정계층의 사익을 대변한다는 것이다. 따라서 공공적 관점에서 운영되어야 할 정권은 자신들과 같이 어느 당파에도 얽매이지 않은, 천황의 신하들이 맡아야 하고 정당의 침투를 막아야 한다는 것이다.

그러나 메이지 정부의 예상과 달리 의회와 정당의 힘은 더 크다는 것이

판명되었고 점점 정부의 통제를 벗어났다. 조약개정이라는 외교 문제와 지조 경감이라는 감세문제를 둘러싸고 정부와 의회는 자주 충돌하였다. 이때 정부에서는 두 가지 의견이 나왔다. 하나는 의회를 폐쇄하자는 것으로 이는 곧 헌법 정지를 의미하는 것이었다. 또 하나는 초연정부를 바꿔 의회 내에 친정부정당을 만드는 것이었다. 다시 말하면 의회의 존재를 완전히 부정하는 입장과 반대로 의회의 정치력을 정권 강화에 이용하려고 하는 입장이 갈렸던 것이다. 후자의 대표자가 이토 히로부미였다. 청일전쟁 후 치러진 총선에서 자유당(이타카키 다이스케가 리더)과 진보당(오쿠마 시게노부가 리더)이 합당한 헌정당이 중의원을 장악하자, 제3차 이토 히로부미 내각은 총사직하고, 이토는 헌정당에게 정권을 위임했고 오쿠마 시게노부가 총리에 취임했다. 일본최초의 정당내각이 탄생한 것이다. 그러나 이 내각은 오자키 유키오 문부대신의 공화제연설 파문과 내부대립으로 6개월도 견디지 못하고 무너졌다. 이 내각은 최초의 정당내각이라고는 했지만, 총리를 비롯해 중요인물들이 정당생활로 성장한 게 아니라 명치유신 리더 출신들이어서 본격적인 정당내각이라기에는 한계가 있었다.

오쿠마 내각이 무너진 후 초연정부의 주창자인 야마가타 아리토모가 총리가 되었다. 그러나 이토는 이제 스스로 정당조직에 나서기 시작했다. 메이지 원로 중에서도 최고권위를 갖는 인물이 정당을 직접 만드는 것에 대한 정부 내에서 많은 우려와 반발이 있었으나, 이토는 반대하는 메이지 천황을 설득하고 자유당을 자기편으로 끌어들여 1900년 입헌정우회라는 정당을 탄생시키고 스스로 총재에 올랐다. 이 정당은 1940년 군국주의체제 하에서 대정익찬회로 모든 정당이 통합될 때까지 일본 정치사에서 중요한 역할을 수행하게 된다.

이후 대략 10년 동안 내각구성과 총리선출에서 정우회는 중요한 정치적 기반이었다. 정우회의 총재인 이토 히로부미(1900.10~1901.10)와 사이온지 긴모찌(1906.1~1908.7, 1911.8~1912.12)의 내각이 연달아 구성되었고, 가쓰라 타로의 내각도 정우회의 지지를 중요한 기반으로 하고 있었다. 그러나 이토는 물론 사이온지(공경 출신)나 가쓰라(초슈의 장군 출신)도 정당인 출신이 아니었고, 그 내각들도 정당인들이 주도권을 잡고 있는 상황은 아니었다. 아직도 총리선출은 원로그룹에서 이뤄지고 있었고, 정권의 안정을 위해서 정당과 제휴해 정당인들을 내각에 몇 명 받아들이는 정도에 그치고 있었다. 즉 총선거에서 제1당이 된 당의 당수가 자동적으로 총리가 되어 내각을 구성하는 영국식 정당내각제, 혹은 의원내각제와는 아직 거리가 멀었다.

이런 상황에 큰 변화를 초래한 것이 1913년 제1차 호헌운동이다. 당시 군부는 사이온지 내각에 육군 2개 사단 증설을 요구하고 있었는데, 내각이 이를 거부하자 육군, 해군 대신을 사임시키고 후임자를 추천하지 않는 사태가 발생했다. 당시 제도에서는 육군, 해군 대신은 현역군인 중에서 선임해야 했기 때문에 군부가 사람을 보내주지 않으면 내각이 구성될 수 없었다(군부대신 현역무관제). 결국, 군부의 보이코트로 사이온지 내각은 무너지고, 후임에는 원로이자 군부의 대부인 야마가타 아리토모의 수하인 가쓰라 타로가 임명되었다.

이 과정은 메이지 시대 내각을 만드는 과정과 크게 다른 것은 아니었다. 야마가타를 중심으로 한 원로와 관료, 군부세력은 아직도 내각을 무너뜨리거나 새로 만들 수 있는 힘을 보유하고 있음을 보여주는 듯했다. 그러나 이에 대해 전대미문의 도전이 일어났다. 정당인, 지식인, 저널리스트, 그리고 도시대중이 이에 반발하여 대중적인 정치운동을 일으킨 것이다. 이들은 야마가타 그룹이 내각을 멋대로 무너뜨리고 만드는 데 항의하며, 내각은 제1당의 당수가 맡아야 한다는 정당내각제를 요구했다. 그들은 이것이야말로 '헌정의 상도'라고 했다. 가쓰라 총리는 이 대중적 정치운동에 견디지 못하고 곧 사임하고 말았으며 야마가타 그룹의 정치적 위신은 크게 손상되었다.

그러나 그 이후 정당내각제가 즉각 실시된 것은 아니었다. 이어 총리로 등장한 사람들은 야마모토 곤베에, 오쿠마 시게노부, 데라우치 마사타케

등 군 장성출신이거나 메이지유신의 공훈자들이었지 제1당의 당수는 아니었다. 물론 이들은 모두 정당과 긴밀한 관계를 맺고 정당의 지지를 배경으로 정국을 운영하기는 했으나 명실상부한 정당내각은 아니었던 것이다. 일본에 실질적인 정당내각을 가져온 것은 역시 1918년 전국각지에서 벌어진 '쌀 소동'이었다. 도시하층민들은 당시 쌀값의 급상승과 매점매석으로 쌀을 구하기 힘들게 되자 소요를 일으켰는데, 그 상황은 정부가 군대를 부분적으로 출동시킬 정도로 심각한 것이었다. 원로그룹은 이 사태를 수습할 수 있는 것은 정우회 총재인 하라 다케시라고 생각하고 그에게 정권을 주었다. 하라는 제1당의 총재였고 명실상부한 정당인이었다. 비록 총선거가 아니고 원로의 지명에 의한 것이긴 했지만 정당내각이 탄생한 것이다 (1919). 더구나 하라는 사쓰마도 초슈출신도 아니었고 작위도 없는 '평민재상'이었다.

제1차 호헌운동 이후 원로들의 정치적 힘도 많이 약화됐고 많은 수는 이미 저 세상 사람이 되어 있었다. 야마가타를 비롯해 생존해 있는 원로들도 고령으로 왕성한 정치활동을 하기 힘든 상태였다. 이제 정치의 중심은 내각총리대신 하라 다케시였다. 그는 천황의 신임을 받았고 군부도 그에게 특별히 불만을 표하지 않았다. 하라는 탁월한 정치적 리더십으로 관료계에도 서서히나마 영향력을 미치기 시작했으며 대중의 지지도 있었다. 무엇보다 그는 정당내각제를 실현할 의사가 충분했기 때문에 예정대로라면 하라의 후임은 총선거에서 제1당이 된 정당의 당수가 될 터였다. 그러나 1921년 예기치 않게 하라는 암살당한다. 정당내각제의 실현은 다시 연기되고 그 후 일본의 총리는 또다시 원로그룹과 천황 측근들에 의해서 정해졌다.

1925년 정당내각을 구성하라는 대중운동이 다시 고양되었고(제2차 호헌운동), '호헌' 즉 정당내각 구성을 공약으로 내건 세 당, 즉 '호헌삼파'가 의회에서 다수를 차지했다. 선거에서 제1당이 된 헌정당의 당수 가토 다카아키가 내각총리가 되어 내각을 구성했다. 이후 약 7년간 일본은 양대

정당인 정우회와 헌정당(후에 민정당으로 개명)이 총선거를 통해 국민의 지지를 묻고, 거기서 승리한 정당이 내각을 조직하는 명실상부한 정당내각제, 의원내각제가 순조롭게 실시되었다. 1927년 전 성인 남자에게 투표권을 주는 보통선거제도 실시되었고 언론, 출판도 활성화되었으며 서양문화도 급격히 밀려들어 왔다. 정당내각제에 이론적 기초를 제공한 요시노 사쿠조의 민본주의가 시대를 풍미했고, 천황도 헌법에 제약되는 국가기관의 하나라고 주장한 미노베 다쓰키치의 '헌법기관설'이 정설로 받아들여졌다. 이 시대를 '다이쇼 데모크라시'의 시대라고 한다.

이제 일본의 정치는 원로, 관료, 천황측근의 손에서 벗어나 내각, 의회, 언론, 대중에 의해서 움직여지는 듯이 보였다. 이제 일본정치도 영국이나 미국과 같은 민주주의시대로 진입할 것이라고 많은 사람들이 예상했고 희망했다. 그러나 이 '다이쇼 데모크라시'는 두 군데로부터 공격을 받고 맥없이 무너졌다. 하나는 세계대공황을 전후로 한 심각한 불경기였고, 다른하나는 군부였다. 많은 사람들은 불경기에 대한 정당내각의 대처가 재벌이나 대기업을 우선시하고 도시대중이나 농촌을 희생시키는 것이라고 생각했다. 가끔 드러나는 정경유착의 부패상은 정당내각을 더욱 불신케 만들었다.

다른 하나는 군부의 대두였다. 일본 군부는 제1차 세계대전이 역사상 미증유의 총력전이었던 데 자극받아 일본도 총력전체제를 구축하지 않으면 안 된다고 생각하기 시작했다. 그러나 1920년대는 세계적으로 평화외교가 풍미하고 있었고 일본의 정당내각도 이에 발맞추어 영국과 미국을 비롯한 국제사회와 협조적인 외교노선을 펼치고 있었다. 따라서 군부의 총력전구상을 정당내각은 받아들이지 않았고 오히려 군축의 방향으로 나아가고 있었다. 국제무대에서도 1921년 워싱턴회의 1930년 런던회의 등을 통해 미국, 영국의 군사적 우위를 인정한 상태에서 적절한 일본의 군사적 지위를 확보하려는 현실적인 태도를 갖고 있었다. 이는 군부에게는 큰 위협이었다. 총력전체제 구축을 통한 강력한 군사대국의 건설은커녕, 기존의 기구와 인원, 예산마저 줄어들게 될 위험에 처하게 되었던 것이다.

　1930년을 전후로 해서 이러한 군부에게 두 가지의 호재가 생겼다. 경제 대불황과 중국 내셔널리즘의 대두이다. 심각한 경제 불황 속에서, 특히 도시대중과 농민들은 현상타개를 원하는 여론이 강력했고, 주로 농촌 출신이 많은 군부의 청년 장교들 사이에서는 이런 농촌 현실에 대한 연민과 정당내각, 대기업 등 기성체제에 대한 적개심이 쌓여갔다. 근대일본의 정당들은 이들의 도전을 물리치지 못하고 쇠퇴해갔다.

II. 일본민족주의의 대두

　근대국가의 특징 중 하나는 '국민'의 창출이다. 국민이란 전근대 국가의 피지배층인 인민, 주민, 또는 백성이라고 불리는 존재와는 달리 국가에 일체감을 갖고 국가의 일, 즉 정치에 참여하려는 지향을 갖는 존재이다. 국민은 국가에 일체감을 가질 뿐 아니라 같은 국민끼리 강한 일체감을 가지며 동시에 다른 국가의 국민, 즉 타국민과는 강한 구별의식을 갖는 존재이다. 근대국가란 이런 속성을 갖는 국민을 기반으로 한 국가이므로, 이런 의미에서 국민국가라고도 하는 것이며, 자신의 영토 내의 '백성'을 이런 성격을 갖는 '국민'으로 만들려는 지향을 가진다.

　그런데 이런 국민이 만들어지기 위해서는 가능한 한 국민들 사이의 이질성을 최소화할 필요가 있다. 그 출발은 신분제철폐이다. 주민을 상하신분을 엄격히 가르고 그에 따라 정치, 경제, 사회, 문화적인 차별이 항상적으로 행해진다면 그 주민 사이에는 '우리 일본 국민'이라는 일체성이 형성되기 힘들기 때문이다. 신분에 의한 차별이 엄격히 행해지는 사회의 피지배층이 지배층을 외국인에 비해 '우리'라고 인식할 이유는 별로 없는 것이며, 그 지배층만이 독점하고 있는 국가에 일체감을 갖고 충성을 바칠 이유 또한 별로 존재하지 않는 것이다.

전근대의 일본사회 역시 사무라이-초닌(상공업자)-햐쿠쇼(농민, 임어업
자)를 축으로 한 신분제 사회였다. 물론 사무라이가 지배층이었고 그 인구
는 전체인구의 7% 내외에 달했는데, 이는 청의 지배층인 신사나 조선의
지배층인 양반이 차지하는 인구비중에 비해 높은 것이었다. 사무라이들은
다른 계층과 사는 지역도 달랐고 복장, 생활패턴도 구별되었다. 사무라이
계층 내부에도 많은 차이가 존재했다. 초닌과 햐쿠쇼 사이에도 엄격한 구
별이 있었다. 이런 상황에서 '우리 일본국민'이라는 의식이 형성되기는
어려웠다.

1. 사민평등정책

메이지유신은 피지배층인 일으킨 것이 아니라 지배층인 사무라이들이
주도한 변혁이었기 때문에 메이지 정부가 수립된 후에도 사무라이 층은
여전히 존재했다. 이 계층을 그대로 두고 국민을 형성하기는 어려웠다.
1869년 메이지 정부는 복잡하게 분화되어 있는 사무라이계층을 사와 졸로
나누고, 나머지 종전의 피지배계층은 모두 평민으로 했다. 평민에는 초닌
과 햐쿠쇼 뿐 아니라 최하층민으로 심한 차별을 받던 에타나 히닌도 포함
되었다. 1872년에는 하층사무라이인 졸도 평민으로 편입시켰다. 이래서
모든 사람은 사족과 평민으로 나뉘었다.
이 사족들은 여전히 많은 특권을 누리고 있었다. 그중에 대표적인 것이
국가로부터 대대로 받는 봉록이었다. 원래 사무라이였던 이들은 각 한에
서 봉록을 받고 있었는데, 메이지 정부가 한을 없애고 전국을 통일한 이후
이들의 봉록을 떠안게 되었다. 그런데 그 양이 막대해서 정부수입의 반 정
도를 차지했다. 1873년 메이지정부는 사족들의 봉록에 대해 과세를 선언
하고, 나아가 봉록 대신 정부가 발행하는 채권을 받을 것을 권장하였다.
그러나 이에 응하는 사족들이 거의 없자 마침내 1876년 강제로 봉록을 폐
지하고 정부채권을 주었다(질록처분). 이 조치로 사족 층의 경제적 특권은

사라졌고 정부의 재정부담은 크게 줄었다. 세습재산이 없어진 사족들은 토지매입, 기업투자 등 새로운 경제행위에 뛰어들거나, 관료, 교육자, 언론인 등 전문직에 종사하지 않을 수 없었다. 많은 사족들은 몰락하여 농민이 되거나 도시의 하층민으로 되는 경우도 있었다.

한편 메이지 정부는 신분에 따른 여행, 복장, 헤어스타일, 직업의 규제를 철폐하였다. 사무라이들이 칼을 차고 다닐 수 있는 권한도 폐지되었다. 이제 시각적으로 신분을 구별 짓는 제도들은 거의 없어져 갔다.

2. 교육과 군사제도의 수립

도쿠가와 시대에 병역은 사무라이들의 몫이었으며 그들의 특권이었다. 군대의 구성원이 되고 무기를 소유한다는 것은 사무라이신분의 중요한 표식이었던 것이다. 그러나 이미 1820년대부터 아이지와 야스시 같은 지식인들은 서양국가들이 강한 이유 중의 하나가 징병제에 있음을 지적했고, 메이지유신의 리더들도 이 점을 인식하고 있었다. 모든 성인 남자들이 군대에 간다는 것은 강한 군대를 위해 필요한 것이었을 뿐 아니라 계층 간의 차이를 줄이고 국민을 형성하는 데에도 중요한 계기를 제공하는 것이었다.

근대일본의 징병제는 주로 초슈한 출신의 지도자들이 추진했다. 기도 다카요시, 오무라 마스지로, 야마카타 아리토모 등이 그들이다. 물론 평민을 무장시키는 징병제에 대해 회의적인 의견도 많았고, 이를 반대하는 사무라이들이 오무라를 암살하기도 했다. 그러나 1873년 마침내 징병제는 성립되었다. 이 징병제에는 사무라이들만 반발했던 것은 아니었다. 갑자기 새로운 의무를 떠안게 된 평민층도 애초에는 이에 반발했다. 징병제에 반대하는 폭동이 1873년에서 74년 사이에만 16차례 일어났고 약 10만 명이 체포되었다. 1877년 메이지 정부의 정책에 불만을 품은 사이고 다카모리가 이끄는 대규모의 사무라이반란이 일어났는데(서남전쟁), 징병제로 구성된 정부 측의 평민군대가 이를 잘 진압했다. 이를 계기로 징병군대의 위신은 확립되었고, 이후 군대는 각 계층의 젊은이들을 한데 모아 국민으로 만드는 중요한 장치 중의 하나로 기능했다. 군대가 천황과 국민을 이어지는 매개체로서의 이미지를 강하게 띄면서 일본국민은 청일전쟁과 러일전쟁 때 군대에 열렬한 지지를 보냈던 것이다.

근대국가가 국민을 창출하는 또 하나의 중요한 수단은 의무교육이다. 국민 상호간에 일체감이 형성되기 위해서는 정치의식, 역사의식이 공유될 필요가 있다. 근대국가는 자신이 어디에서 왔으며 현재 어디에 있고 앞으로 어디로 가려는 지에 관한 이데올로기를 만들어 국민들에게 주입시켰다. 이를 위해서는 국가와 국민, 또는 국민 상호 간에 소통할 수 있는 언어(표준어)가 있어야 하고, 대부분의 국민이 문자를 읽을 줄 알아야 일이 편해진다. 근대국가가 국민에게 의무교육을 장려하는 것은 이런 이유에서이다.

메이지 정부는 서양의 어느 국가보다도 교육을 중시했다. 메이지유신의 리더들이 볼 때 서양 국가들의 국민이 일체화되어 있는 것은 그리스도교라는 종교의 힘이 컸다. 그러나 일본에는 이에 필적할만한 종교가 없었다. 메이지 정부가 천황제이데올로기의 창출에 그토록 주의를 기울였던 것은 이런 이유 때문인데, 이를 국민에게 주입시킬 수 있는 중요한 제도가 학교였던 것이다. 즉 일본에서는 서양에서 교회가 하는 역할까지 학교가 담당해야만 했다.

1872년 메이지 정부는 학교령을 발표하여 4년제 의무교육을 시작했다. 평민들은 징병제와 마찬가지로 이에 대해서도 반발했다. 교육세가 부담스러웠을 뿐 아니라 아동 노동력까지 학교에 빼앗겼기 때문이다. 1870년대에는 신설된 학교의 10분의 1인 2천 개가 파괴되었으며 70년대 말까지 취학률은 50%를 넘지 못했다. 그러나 징병제와 마찬가지로 의무교육도, 정부의 강제와 설득으로 점점 사회에 뿌리를 내리기 시작했다. 평민들도 군대와 학교라는 것이 부담스런 의무이기도 했지만, 한편으론 출세할 수 있는 수단이기도 하다는 것을 깨닫기 시작했다.

취학률은 1890년대에 90%를 돌파했고 1905년 취학률은 남자아이 98%, 여자아이 93%를 기록했다. 이를 통해 전국의 어린이, 청소년들은 근대국가의 국민으로서 갖춰야 할 기본적인 지식과 정보를 획득하는 한편으로, 일본국가의 역사관, 가치관을 단단히 교육받았던 것이다.

3. 천황이데올로기의 창출과 확산

근대국가를 만들고 국민을 창출하기 위해서는 국가와 국민을 하나로 묶어주는 강력한 심볼이 필요했다. 근대국가들은 이를 보통 과거의 전통에서 찾아오는데, 과거의 전통적인 어떤 것이 마치 지금의 전 국민과 관련되는 것인 양 새롭게 포장하여 내놓은 것이다. 이른바 '전통의 발명'이다.

근대일본에는 이와 관련해 아주 좋은 재료가 있었으니 이것이 바로 천황이다. 12세기 말 사무라이 정권이 들어선 이래로 천황에게 정치적 실권이 없었음은 물론이고, 그는 일반백성들에게 널리 알려진 존재이지도 않았다. 일본을 개항시킨 페리제독도 에도의 쇼군을 일본의 왕으로 생각했지 천황의 존재는 몰랐을 정도였고, 이토 히로부미조차도 존왕양이의 물결이 몰아치기 전까지는 천황을 몰랐다고 한다. 천황은 그저 서부 일본지역에서 민속적 신앙의 대상 정도로만 알려져 있었던 것이다.

천황을 새로운 일본의 심볼로 삼으려는 메이지 지도자들에게 이런 상황은 곤란한 것이었다. 일반인들도 천황을 실감할 수 있는 존재로 만들어야했다. 이를 위해 동원한 방법이 천황의 순행, 즉 천황이 전국각지를 직접 돌아다니며 자신의 존재를 알리는 것이다. 전근대 시대의 천황은 교토 바깥을 거의 나오지 않았다. 따라서 천황이 전국을 기차를 타고 다니며 순행한다는 것은 전통과는 전혀 무관한 근대적인 국가건설방법의 하나였던 것이다. 16세로 즉위한 메이지 천황은 1869년 처음으로 교토를 떠나 도쿄로 천도했는데, 그 이후 45년의 재위기간 동안 102차례에 걸쳐 순행을 했다.

메이지 천황은 주고쿠, 도호쿠, 야마가타, 호쿠리쿠, 홋카이도 등 전국 각지에 들러 백성과 직접 만나 그들의 생활을 견문하거나 그들의 이야기를 들었다. 또 상을 내리거나 문장을 반포함으로써 자신의 존재를 각인시키려고 했다. 천황이 가는 곳마다 큰 화제가 되었고, 막연히 신적인 존재로만 여겨지던 천황은 이제 그 신성성과 함께 점점 일본이라는 국가의 통치자요 상징으로 인식되게 되었다.

천황의 모습도 많이 달라졌다. 천황이 교토를 떠나 도쿄로 행차하는 전대미문의 일이 벌어졌을 때, 그 행렬은 3천 3백 명을 수행한 장대한 것이었지만 전근대적인 풍경이었다. 천황은 전통방식대로 하얀 얼굴에 상투, 그리고 관을 쓴 모습으로 안이 보이지 않는 어가 속에 있었고 일반인들은 그의 모습을 볼 수 없었다. 그러나 이후에 천황의 행렬은 점점 서양적이며 근대적인 것으로 바뀌어갔다. 말이 이끄는 서양식 마차 안에 서양군주의 복장을 한 천황과 황후가 앉아있고 그 모습은 연도에서도 볼 수 있었다. 연도에 늘어선 백성들은 이 모습에 만세를 외치며 환호했고, 이를 통해 천황과 천황이 대표하는 일본, 그리고 자신들이 하나라는 의식을 갖는 '일본국민'으로 변화해갔다. 천황의 행차 때에는 히노마루(일장기)가 게양되는 것이 관례화되기 시작했고 기미가요도 울려 퍼졌다. 이에 따라 히노마루는 일본국기가 기미가요는 일본국가가 되어갔다.

천황을 국민에게 각인시키는 또 하나의 방법으로 1890년 10월 교육에 관련된 천황의 말씀, 즉 교육칙어를 반포하였는데 천황의 사진인 어진영과 함께 점점 신성시되어갔다. 특히 1930년대 들어서는 전국의 소학교에게 이를 봉독하고 암송하게 했다. 교육칙어는 일본신화에 나오는 국가관과 천황 주권을 선언하며, 천황의 신성성을 강조하는 문장으로서, 천황에게 충성하며 부모에게 효도하는 것이 국민 된 자의 의무임을 강조하고 있다.

정부는 교육칙어를 학교에 하달하면서 이와 동시에 천황의 사진, 즉 어진영을 함께 배부하고 이에 관련된 의식을 갖춰나가기 시작한다. 이후부터 학교에서는 천황의 어진영에 대해 경례를 하고 교육칙어를 봉독하였으며 천황의 어진영과 교육칙어 보호를 위한 숙직제도를 실시하는 등 천황이 신성시되기 시작한다. 이때 배포된 천황의 사진은 전통적인 천황의 모습이 아니라 단발머리에 카이저수염을 기르고 서양식 군복에 칼을 찬 유럽군주의 모습이었다. 이것은 천황이 전통적인 신성성을 갖고 있음과 동시에 근대화, 문명개화의 선도자라는 인상을 국민들에게 강하게 심어주었다. 천황은 1875년에 음력을 폐지하고 양력을 실시했으며 서양인들처럼 일본인들도 육식을 하도록 하기 위해 스스로 육식을 시범실시하기도 했다.

천황이 근대화, 서구화, 문명개화의 선도자라는 의식을 국민들에게 가장 강하게 심어준 것은 바로 성대한 헌법 반포식이었다. 이 반포식은 완전히 서양식으로 이루어져서 황후까지도 서양복장으로 나타났다. 헌법이라는 것은 당시 서양의 대표적인 상징이고 문명개화의 심벌로 인식되었는데, 이것을 천황이 만들어 하사했다는 것은 천황의 서구적, 문명개화적 이미지를 한껏 고양시켰다.

이밖에 정부는 황실은 혼식, 황태자결혼식, 메이지 천황 장례식, 메이지 신궁 건설 등 황실관련 이벤트를 끊임없이 열어 국민과 천황의 일체감을 높이고 유지하는데 세심한 주의를 기울였다. 국민들은 이런 연도에 늘어서 이런 행사에 참여하고, 또는 기념우표, 기념엽서를 통해 그 이미지를 전달받았으며, 라디오방송이 시작된 이후로는 더욱 직접 전국적으로 행사에 참여하게 되었다.

제88회 발표, 2010년 3월 18일

도요토미 히데요시[豊臣秀吉] 다시 보기*

박수철(서울대학교 교수)

I. 서언 : 도요토미 히데요시 상(像)의 변화

1592년 3월 13일 도요토미 히데요시[豊臣秀吉]는 조선을 침략하기 위해 약 16만 명에 달하는 일본군을 편성하였다. 이윽고 4월 13일(日本曆으로는 12일) 고니시 유키나개[小西行長]의 일본군 선봉부대가 부산포를 급습하였고 전쟁의 서막은 올랐다. 이 침략전쟁을 위해 히데요시는 663년 금강(白村江) 전투 이래 일본 역사상 최대의 원정군을 동원하였으나 결국 패배로 끝났다. 그로부터 시간이 흘러 4백 여 년이란 아득한 세월이 흘러 갔다. 흘러간 세월을 감안한다면 어쩌면 이제 우리는 '임진왜란'을 그저 머나먼 옛날이야기의 하나로 치부해 버릴 수도 있을 듯한데 한국의 현실은 아직 그렇지 못하다. 아주 오랜 된 이야기인 '임진왜란'과 히데요시는

---

* 이 글은 拙稿, 「15 · 16세기 일본의 전국시대와 도요토미 정권-'임진왜란'의 재검토-」, 『전쟁과 동북아의 국제질서』, (일조각, 2006). 同, 「豊臣秀吉은 왜 將軍(쇼오군)이 되지 못했나 -일본 역사의 한 단면과 특질-」, 『전남사학』21, (2003). 同 「가부키」와 '功名'으로 본 16세기 일본사회』『지역 교류 문화로 본 역사』, (심미안, 2008)를 바탕으로 재구성 · 재편집하였다.

아직도 우리들의 기억 속에 생생하고 선명한 침략의 '흉터'로 남아 있다.

한국에게는 '악(惡)' 그 자체인 히데요시지만 일본에서의 평가는 전혀 다르다. 일본의 '영웅'이자 서민에게 친근함을 주는 '선량'한 인간 그 자체이다. 그런데 유념할 점은 히데요시가 처음부터 일본 민중들의 인기를 독차지한 것은 아니었다는 사실이다. 히데요시 역시 정권을 차지하고 있었을 때는 많은 비판과 저항에 직면하고 있었다. 교토에는 도요토미 정권을 비판하는 비방문이 나붙었으며 해외 침략전쟁에 대한 불평의 목소리도 자못 높았다. 이렇게 살아생전 전혀 인기가 없었던 히데요시지만 도요토미 가문이 몰락해버린 에도[江戶]시대에 들어와서는 180도로 바뀌었다. 그것은 에도시대 일본 민중의 현실 지배 체제에 대한 불만과 관련이 있다. 에도 막부체제에 대한 민중의 반감이 에도막부 창시자 도쿠가와 이에야스[德川家康] 폄하로 이어졌고 다시 이것은 이에야스에게 멸망당한 히데요시 동정으로 이어졌다. 민중들은 히데요시의 아들(히데요리)을 죽여 '주군'을 '배신'하고 권력을 '찬탈'한 이에야스를 비판하였다. 이 과정을 통해 현실정치에 불만을 품은 에도시대 일본 민중은 카다르시스를 느꼈다. 미려한 문장으로 유명한 오제호안[小瀬甫庵:1564~1640]의 태합기(太閤記)』가 널리 읽혀졌고 나중에는 『회본태합기(繪本太閤記)』(1797년 개판 1802년 완성)라 하여 삽화까지 첨가된 도요토미 일대기가 유행하였다. 이 과정에서 몇 가지 가공의 에피소드가 첨가되어 히데요시의 이야기는 더욱 더 민중적인 요소를 띠어갔다.

그러나 막부 권력자 측에서 보면 민중들의 히데요시 회고는 통치에 방해만 될 뿐이었다. 히데요시를 거론하면 자연히 도쿠가와 이에야스의 배신을 이야기하지 않을 수 없었고 그것은 에도막부의 정통성을 심각히 침해하는 사안이었다. 그리하여 에도 막부는 여러 번 각종 『태합기』의 서적을 발간 금지 처분하였고 8대 쇼군 도쿠가와 요시무네[德川吉宗] 시대에는 "이에야스 및 도쿠가와 씨에 대한 것을 묘사해서는 안 된다"라고 아예 법령으로 금지하기도 하였다. 그러나 히데요시의 인기를 막을 수는 없었다.

　물론 에도 시대 히데요시의 인기상승 원인은 오로지 이러한 에도 체제에 대한 민중들의 반감 때문만은 아니었다. 그들에게는 히데요시의 입신출세 스토리도 매우 매력적이었다. 에도 체제 성숙기인 17세기말이 되면 도시화가 진전되고 상업이 발전하면서 민중들의 생활도 풍족해졌다. 심지어 "사무라이라 하여 귀하지 않고 초닌[町人:도시상인·상공업자]이라 하여 천하지 않다"는 말이 있을 정도로 민중의 지위와 실력은 상승하였다. 그러나 그럼에도 불구하고 이들이 지배층(무사)으로 상승할 수 있는 길은 거의 없었다. 그리하여 "미천하며 가장 하층 출신으로 나(히데요시)의 기량에 의해 최고 최상의 위계에 도달"한 히데요시의 출세담은 '사농공상'의 신분이 고정된 에도시대 민중들에게 강렬한 대리만족을 주었다. 바로 15·16세기 전국동란이라는 커다란 사회 혼란 속에서 얼마든지 기존 신분체제를 뛰어넘을 수 있었던 히데요시 시대에 대한 향수였다. 여기에 히데요시의 이야기가 오히려 그의 사후인 에도시대에 확대 재생산된 중요한 이유가 있다. 근대 메이지 유신[明治維新] 이후 히데요시가 다시 한 번 부각된 것도 그가 '대륙팽창'이라는 당시 일본사회의 당면과제에 아주 잘 부합되는 인물이라는 점에 그 주된 원인이 있었겠지만, 그 이면에는 이와 같이 에도시대를 통해 지속적으로 민중 사이에 형성되어 온 히데요시의 '영웅'관이 깔려 있었다는 점에 유의하여야 한다.

　한편 한국에 있어 그저 옛이야기의 하나로 삼을 수도 있었던 '악인(惡人)' 히데요시 이야기가 다시 부각된 것은 일제 식민지배의 여파 때문이다. 현재까지 이어지는 일제 식민지배로 인한 폐해가 없었다면 '임진왜란'이나 히데요시는 그다지 부각되지 않았을 지도 모른다. 옛날 금강 전투처럼 그저 머나 먼 과거의 한 사건으로 남았을지도 모른다. 그런 점에서 끊임없이 재생산되는 '임진왜란'에 대한 선명한 '기억의 각인(刻印)'은 아직도 한국사회에 일제청산이 완결되지 않고 남아 있음을 말해 주는 것에 다름 아니다.

II. 도요토미 히데요시의 등장과 시대적 의미

도요토미 히데요시는 일본 역사상 비슷한 유례를 찾기 힘든 인물이다. 미천한 백성출신으로 무사 수장(首長)의 자리, 실력으로 보면 사실상 일본 제1인자라 할 수 있는 지위에 오른 인물은 히데요시가 유일무이하다. 전국시대 끝자락에 위치하는 히데요시의 시대는 그만큼 커다란 사회적 변동을 전제로 하고 있다.

먼저 논란이 되고 있는 히데요시의 '출신'에 관한 문제부터 살펴보자. 현재 히데요시 출생에 관해서는 빈농설과 부농설로 양분되어 있다.

근세초기 쓰여진 『태합소생기(太閤素生記)』에 따르면 히데요시는 기노시타 야에몬[木下弥右衛門]의 아들로 아명은 기노시타 도키치로[木下藤吉郎]였다고 한다. 그런데 일본인 모두가 성(姓)을 갖게 된 것은 메이지 유신 이후이며 그전의 일반 백성은 보통 성(姓)을 갖지 못하였다. 그럼에도 불구하고 히데요시가 기노시타라는 성(姓)을 칭했다는 것은 적어도 상층 농민이상의 신분이었음을 반증하는 대목이다. 이것이 바로 부농설의 근거이나, 거꾸로 빈농설을 주장하는 연구자는 당대 사료가 아닌 후대의 전문에 의해 쓰인 이 역사서의 신빙성을 의심하는 입장이다. 실제로 히데요시의 출생과 관련해서는 사생아설, 낙윤설(落胤說), 태양(日輪)의 아들설 등 다기한 주장이 있다. 이와 같이 출생에 관한 설명이 복잡하다는 것 자체만으로도 히데요시가 미천한 신분의 출신임의 반증이라 할 수 있다. 대략 현재까지 통설은 히데요시가 부농이 아니라 조상을 계보를 확인할 수 없는 하층 농민출신이었던 것으로 보고 있다.

그런데 이러한 일반 평민 출신의 인물이 무사의 수장(首長)이 된다는 것은 히데요시 시대 이전에는 도저히 상상할 수 없는 일이었다. 미나모토노 요리토모[源賴朝]가 무사의 수장인 쇼군이 되어 가마쿠라[鎌倉] 막부를 개창할 수 있었던 것도 적어도 그가 세이와[淸和] 천황의 후예란 신분이른바 귀종(貴種)]을 내세웠기기에 가능한 것이었다. 미나모토노 요리토모를 중심으로 동국(東國)지방의 무사단이 집결하게 된 배경에는 천황의 후예 출신이란 신분의 고귀함이 전제로 깔려있었다. 이 점은 당시 미나모토 씨의 라이벌이었던 다이라 씨[平氏]도 마찬가지로 다이라 씨 역시 간무[桓武] 천황의 후예임을 내세웠다. 이러한 '피'의 고귀성을 무기로, 실제야 어떻든 천황가 후예라는 것을 명목으로 삼아 미나모토 씨와 다이라 씨는 각각 간토[關東]와 간사이[關西] 지방에서 무사단의 우두머리로 군림할 수 있었던 것이다. '피의 순수성'이란 고대이래의 낡은 관념은 여전히 없어지지 않고 살아남아 이와 같이 일정한 영향력을 행사하고 있었다.

히데요시의 시대는 그런 점에서 대변화의 시기였다. 14-15세기의 일본을 하극상(下剋上)의 시대라고 통칭하는데, 이 시기는 백성들을 중심으로 새로운 움직임[일규(一揆)]이 나타나고 신흥종교세력[법화종·일향종(法華宗·一向宗)]이 힘을 얻어가던 시기였다. 이들 세력으로 인해 기존 신분적 질서와 관념에 적지 않은 변화가 나타났다. 히데요시란 한미한 출신의 인물이 대두한 것도 기본적으로는 이러한 커다란 사회적 변동이 있었기에 가능하였다.

유명한 동양사학자인 나이토 코난[內藤湖南]은 일찍이 오닌[應仁]·분메이[文明]의 난(전국시대의 시점)이 일본역사상 분기점이 된다고 설파하였다. 나이토에 따르면, 에도시대 약 260여개 번(藩:領地·領國)의 번주(藩主·大名家)에 대한 유서를 살펴보면 거의 대부분이 오닌·분메이의 난을 기점으로 하고 있다. 이 난을 계기로 사회질서가 크게 변동하여 지배층의 부침이 격심하였다. 아시가루[足輕]라는 서민층이 대거 등장한 것도 이 시기이다. 극심한 사회변동이 있었고 그 와중에 고·중세 이래의 명망가, 기존 대부분의 귀족무사가문은 몰락하게 되었다.

히데요시 역시 아시가루 출신이다. 오닌의 난 이후 전개되었던 거대한 사회변화의 정점에 히데요시가 위치한다. 바로 이런 입장이 현재까지 통용되는 도요토미 히데요시 상(像)이다. 필자는 이러한 통설에 전적으로 수긍하지는 않는다. 상당한 정도의 사회변동이 있었다는 사실 자체에 대해선 이론(異論)이 없다. 그렇지만 히데요시가 권력을 장악해 나가는 과정의 이면을 자세히 살펴보면 이러한 기존 통설의 주장과는 다소 다른 점이 보인다.

'하극상'이란 시대변동의 '총아' 히데요시 조차 기존 질서체제에 순응하는 측면이 있으며 전통적 중세적 관념을 극복하지 못한 부분이 잔존하고 있다. 아이러니하게 기존 질서체제의 이완에 인해 등장한 히데요시였지만 그가 기존 체제를 극복하지 못한 점이 곳곳에서 발견된다. 그 단적인 사실은 히데요시가 쇼군이 되지 못했다는 점에 있다. 당시 일본사회에는 미나모토 씨만이 쇼군이 될 수 있다는 사회적 관념이 있었고 히데요시는 끝내 이러한 관념을 극복하지 못하였다.

이 점은 한국사회와 비교해 보면 보다 명확한데 그 단적인 예가 고려시대 만적(萬積)의 경우이다. 고려시대 노비 만적은 1198년 개경(開京)의 공사노비를 모아 놓고,

> 경계(庚癸) 이래 공경대부(公卿大夫)는 천예(賤隷) 속에서 많이 일어났다. 장상(將相)이 원래 씨가 있겠는가. 때가 오면 누구든지 할 수 있는 것이다. 우리가 어찌 근골(筋骨)을 수고롭게 하고도 매질 밑에서 괴로워만 하겠는가.…… 각기 그 주인(主人)을 죽이고 천적(賤籍)을 불살라서 삼한(三韓)으로 하여금 천인(賤人)이 없게 하면 공경(公卿) 장상(將相)은 우리들이 모두 할 수 있다.(『高麗史』卷129·列傳卷第42).

고 주장하면서, 정해진 씨가 어찌 따로 있을 수 있겠느냐고 역설하였다. 실제 이의민(李義旼)과 같은 천민출신이 장상(將相: 일본에 비유하면 將軍, 關白)의 반열에 올랐으니 만적의 주장이 전혀 터무니없는 것만은 아니었다. 물론 '미천한' 출신인 히데요시도 장상(將相)의 반열(關白)에 올랐으니 외견상 일본이나 한국이나 별 차이가 없는 듯 보인다. 그러나 히데요시를 비롯한 당시 일본인은 적어도 관념적으로는 정해진 씨가 따로 있다고 생각하였으니 이것이 바로 일본과 한국의 당시 사회적 관념의 커다란 차

이이다.

그 배경에는 귀종(貴種: 天皇·攝關家의 후예)관념이 있다. 귀종관념에 대해선 현재 연구가 그다지 진척되지 않은 측면이 있다. 참고로 이해를 돕기 위해 한 가지만 더 덧붙이면, 무로마치[室町] 막부의 창시자는 아시카가 씨[足利氏]이며 에도[江戶] 막부 역시 도쿠가와 씨[德川氏]로 미나모토 씨[源氏]가 아니지 않느냐고 반문할 수도 있다. 그러나 사실 아시카가 씨와 도쿠가와 씨 역시 모두 미나모토 씨로 그 한 분파이다. 비유하자면 미나모토 씨라는 것은 한국(韓國)의 김, 이, 박이란 씨(氏)에 해당되는 것이고, 아시카가나 도쿠가와는 한국의 본관에 해당한다. 한국의 본관은 지명에서 유래하는데 이 점은 일본도 마찬가지로 아시카가 장원[足利莊]이나 도쿠가와 촌[德川村: 得川村] 등 모두 지역 명에서 유래한다. 다만 일본의 경우 한국의 '본관'에 해당하는 지역 명을 씨성(氏姓)으로 쓴다는데 특질이 있다(도쿠가와 이에야스[德川家康]의 원래 성은 마쓰다이라 씨[松平氏]로 도쿠가와 씨와는 전혀 관계가 없었다. 후일 이에야스가 계도(系圖)·계보조작을 통해 미나모토 씨의 분파인 도쿠가와 씨로 탈바꿈하였다).

어떻든 히데요시 역시 미나모토 씨 아니면 안 된다는 전통적 관념의 틀에서 벗어나지 못하였다. 당초 그는 쇼군이 되어 새로운 막부를 열고자 하였다. 그러나 문제는 히데요시가 도쿠가와 이에야스와 같이 계보조작이라도 가능할 정도의 가문조차 아닌 한미(寒微)한 출신이라는 점에 있었다. 쇼군이 되기 위해서는 어떻든 쇼군[將軍]=미나모토 씨[源氏]라는 형식적인 틀에 맞추어야 하였다. 그리하여 히데요시는 나이가 동갑인 무로마치[室町] 막부 마지막 쇼군 아시카가 요시아키[足利義昭]의 양자[猶子]가 되는 형식을 통해 미나모토 씨[足利(源)氏]로서 쇼군이 될 수 있는 자격을 획득하려 하였다. 그러나 이러한 시도는 요시아키[義昭]의 거부로 인해 좌절되었고 어쩔 수 없이 히데요시는 다른 길을 모색하게 되었다.

고대 후지와라 씨[藤原氏]의 선례를 모방하였다. 645년 다이카 개신[大化改新]의 주역인 나카토미노 가마타리[中臣鎌足]는 그 공을 기반으로 그 후 덴치[天智] 천황에게서 후지와라 씨[藤原氏]라는 새로운 성을 하사받았다. 이후 후지와라 씨는 천황가의 외척으로서 섭정·관백이 되어 국정을 장악하였는데, 히데요시는 아주 먼 옛날의 이 예를 따라 도요토미 씨[豊臣氏]란 새로운 씨를 창시하였다.

그런데 히데요시가 후지와라씨의 선례를 따른다 하더라도 문제가 없던 것은 아니었다. 관백 역시 후지와라 씨의 적장자가(嫡長子家)인 이른바 5섭가(五攝家; 近衛·鷹司·九條·二條·一條)의 후예가 임명받는 관직으로 히데요시와는 전혀 무관하였다. 여기에 조정의 친히데요시 파인 우대신(右大臣) 기쿠테이 하루스에[菊亭晴季]등이 획책하여 고노에 사키히사[近衛前久]를 설득하여 히데요시를 사키히사의 양자[猶子]로 삼게 하였다. 그리하여 1585년 7월 11일 마침내 히데요시는 관백에 취임하였다. 당시 히데요시는 하시바 히데요시[羽柴秀吉]란 이름을 사용하고 있었는데, 이 시점에서 히데요시는 후지와라 히데요시[藤原秀吉]가 되었고 후지와라 씨가 그러했던 것처럼 관백이 되어 천황을 보좌한다는 명목을 내세워 사실상 실권을 잡는 방식을 채택하였다. 그리하여 그 해 12월 조정(천황)은 나카토미 씨[中臣氏]가 후지와라 씨를 새로 수여받았던 것처럼 히데요시에게 새로이 도요토미란 씨성을 하사하였고 이에 명실상부한 도요토미 정권이 탄생하였던 것이다.

그러나 관백이나 쇼군이나 기본적으로 천황가 사이에 모종의 '피'의 연관성이 존재한다. 후지와라 씨의 양자로서 관백직에 취임할 수는 있었으나 누가 보아도 '순리(順理)'가 아니라는 것이 분명하고 도요토미 정권의 정통성은 매우 취약하였다. 여기에 히데요시는 새로운 주장을 펴기 시작하였다. 히데요시 역시 천황가와 '피'로 연결되어 있다는 주장이다.

이와 관련된 것이 『천정기(天正記)』라는 책의 유포이다. 권력을 장악한 히데요시는 대내외에 도요토미 정권의 정당성과 자신의 공적을 과시하기 위해 문서행정 비서격인 오무라 유코[大村由己]를 시켜 자신의 행적을 적은 기록을 편찬하게 하였다. 그것이 바로 『천정기(天正記)』로서, 이 책은

「播磨別所記」, 「惟任謀反記」, 「柴田合戰記」, 「紀州御發向記」, 「關白任官記」, 「四國御發向幷北國御動座記」, 「聚樂行幸記」, 「小田原御陣」 등 총 8권으로 구성되어 있다. 특히 이 중 「關白任官記」의 경우, 1585년 8월 길일(吉日)에 썼다는 오쿠가키[奧書 : 저술기록 말미에 적어 놓은 由緖]가 있는 점으로 보아 당대 기록임에 틀림없으며 여기에는 히데요시의 출생과 관련된 중요한 내용이 들어 있다. 1585년 8월이면 히데요시가 막 관백에 취임한 직후로서 히데요시의 사전 인지 아래 발간되었음은 두말할 것도 없다. 여기에는 히데요시가 1537년 2월 6일에 태어났다고 하는 등 출생과 관련한 매우 중요한 사실이 포함되어 있다.

이 기록에 따르면, 히데요시의 조부는 하기 주나곤[萩中納言]이란 인물로 궁중(宮中)에 근무하고 있었다. 그런데 그는 히데요시의 어머니가 세살 되던 때 참언을 받아 유배형에 처해져 오와리 국[尾張國] 무라쿠모[村雲]에 칩거하였다. 그 후 참언이 무고임이 밝혀져 히데요시 어머니가 상경하여 3년간 궁시(宮侍)하다가 다시 낙향하였는데 얼마 후 히데요시가 태어났다고 하여 히데요시가 천황의 낙윤(落胤)임을 암시하고 있다. 또 히데요시가 어릴 때부터 기담(奇談)이 많아 범상한 인물이 아니었다고 주장하면서, "어찌 왕씨(王氏)가 아니라면 이러한 준걸(俊傑)을 얻을 수 있겠는가"라고 히데요시가 천황의 후예(王氏)임을 주장하고 있다. 무엇보다 이러한 주장의 이면에는 무사 수장이 될 수 있는 자는 '고귀한 피'를 가진 천황과 연결되어야 한다는 '피의 순수성'이란 전통적 귀종(貴種)관념이 여전히 뿌리 깊게 잔존되어 있다. '하극상'의 총아로 통칭되는 히데요시도 결국 무사의 수장(首長)=천황과의 밀접한 혈통(貴種)관계라는 전통적 관념에서 벗어나지 못하였다.

결국 히데요시가 쇼군이 되지 못하였다는 점, '왕씨(王氏)'임을 적극적으로 주장하였다는 사실은 16세기 일본사회가 얼마나 전통·선례를 중시하는 가를 단적으로 말해준다. 한국이나 중국의 경우였다면 그냥 힘(무력)으로 쇼군이 될 수도 있었을 것이다. 아니 한발 더 나아가 천황도 될 수 있었을 것이다. 군사권을 장악하고 있던 히데요시로선 사실 그다지 어려운 일이 아니었을 것이나 그는 하지 않았다. 아니 못했다고 해야 맞은 표현일 것이다. 히데요시는 당시 관념에서 벗어나지 못했고 또 당시 일본사회가 이러한 선례의 틀을 넘어서는 것을 용납하지 않았다. 바로 여기에 '하극상' 이란 시대적 '총아' 히데요시조차 선례·전통중시라는 일본적 특질에서 완전히 벗어나지 못한 모습이 잘 드러나 있다. 『천정기(天正記)』에 기술된 히데요시=천황 낙윤(落胤)설은 이러한 의미를 내포하고 있다.

Ⅲ. '임진왜란'의 구조적 이해

1. 침략의 논리

히데요시는 국내 통합과정에 있어 천황을 적극적으로 이용하였다. 1589년(天正 17) 고호조 씨[後北條氏] 정벌을 여러 다이묘[大名]에게 밝힌 히데요시의 취지에 따르면 "천도(天道)의 정리(正理)에 어긋나고 제도(帝都)에 대해 간모(奸謀)를 꾀하니 어찌 천벌을 받지 않겠는가"라고 하면서 "요컨대 보천(普天)의 아래(下), 칙명(勅命)을 위반하는 무리를 빨리 주벌하지 않으면 안 된다"고 하여 정벌의 정당성을 주장하기 위해 천황(天皇)을 내세웠다. 천황권위는 도요토미 정권의 다이묘[大名] 정책에 있어 '핵'이었다. 히데요시는 전국대명이 복속의 뜻으로 인질을 내고 천황 알현의 명목으로 교토에 와서 자신을 만나면 기존 지배권리를 그대로 보장해 주고 그렇지 않으면 정벌하였다. 알현의 요구를 받아들여 히데요시에게 신종(臣從)의 뜻을 표한 도쿠가와 이에야스는 살아남았고 이를 거부한 고호조 씨는 멸망하였다.

그런데 히데요시는 이러한 방식을 외국에도 그대로 적용시키려 하였다. 간토[關東]는 물론이거니와 아직 큐슈[九州]조차 평정되지 않은 1586(天正

14)년 6월 16일 히데요시는 쓰시마 도주(島主) 소 요시시게[宗義調]에게 "일본지역은 동으로 히노시타 지역[日下:關東]까지 모두 장악하여 천하를 평정하였다. 지쿠시[筑紫:큐슈]에도 군대를 보내려 한다. 그 때 고려(조선)도 (협조) 병력을 파견하도록 명령을 해 두어라"라는 지시를 내렸다. 히데요시가 조선을 쓰시마에 복속된 나라로 오인하였기 때문에 이런 지시를 내린 것인데, 조선이 이 명령에 따를 리 만무하였다. 그러자 1587년(天正 15) 6월 1일 히데요시는 다음과 같은 의지를 피력하였다.

> 고려국(조선)이 여러 물품과 중요 인질을 진상하겠다는 뜻을 쓰시마에 전해왔다고는 하나 아직도 진상품이 도착하지 않고 있다. (이것은) 우리 나라의 평판에 관한 것이므로 고려국왕이 참내(參內:천황을 알현하는 것) 해야 한다는 뜻을 전하도록 (쓰시마 도주에게) 명령해 두었다. 만약 (조선국왕의 알현이) 늦으면 그 나라로 병력을 보내 처벌할 것이다.(『朝鮮日日記:高麗日記』)

이어 보름 뒤 동년 6월 15일 소 요시시게[宗義調]에게 "(조선)국왕이 일역(日域:일본)에 참내하러 상경하면 모든 것을 이전처럼 할 것(기존 지배권 인정)이나, 만약 늦어지면 즉시 도해(渡海)하여 주벌할 것이다"라는 문서를 내렸다. 조선에도 항복→지위보장, 거부→정벌의 논리를 관철시키려 한 것이다.

그럼 도요토미 정권은 왜 끊임없이 영지 확장을 지향하였는가? 그것은 지속적인 영토 확대 전쟁을 통해서만이 다양한 구성원의 이해관계를 조정하고 그들의 불만을 잠재울 수 있었기 때문이다. 히데요시는 정권초기부터 명(明)을 침략하려 하였다. 1585년(天正13)년 7월 관백(關白: 天皇 보좌역)에 취임한 히데요시는 그 해 9월 부하 히토쓰야나기 스에야스[一柳末安]에게 명 정복의 포부를 피력하고 있다. 히데요시는 가토 미쓰야스[加藤光泰]의 토지를 빼앗아 이를 스에야스에게 주면서 그 경위를 설명하였다.

원래 20석에 불과한 자(가토 미쓰야스)에게 5백석, 천석씩 여러 번 나누
어 주었고 지금은 2만관에 해당하는 요충지 大枡(大垣)성을 주었고 덧붙
여 7천석에 대관(代官 : 연공징수·관리자)자리도 주었다. 作內(가토 미
쓰야스)는 히데요시가 일본국은 말할 나위없이 당국(唐國:중국)까지 지배
할 것이라 생각하여 히데요시를 따랐을 것이다. 부하에게 나누어주는 지
행(知行:지배지)은 엄격히 이루어져야 하는데 (光泰는 자신의) 지행(知
行)보다 많은 군대를 거느리고 있다고 하면서 대소(臺所: 藏入地 히데요
시의 직할 토지)의 대관(代官)자리를 달라고 하였다. 아무리 히데요시와
막역한 사이라고는 하나 이러한 요구는 도를 지나친 것이다.(「伊予一柳
文書」)

일개 무사에 불과하였던 가토 미쓰야스는 히데요시를 따라 전쟁을 수행
하는 과정을 통해 대영주로 성장하였다. 여기에 도요토미[豊臣]정권의 군
사동원 방식이 잘 드러나 있다. 히데요시의 부하들은 도요토미 정권의 끊
임없는 영토 확장의 주역이며 확장에 따른 이익을 히데요시와 공유하고
있었다. 이 과정에는 철저히 실력이 중시되었다. 가토 미쓰야스가 분에 넘
치는 군대를 소유하지 않을 수 없었던 이유도 여기에 있었다. 전쟁터에 나
가 공을 세워야 살아남을 수 있었다. 모든 것이 경쟁체제였다. 능력이 있
는 자는 우대 받고 그렇지 못한 자는 도태되었다.

2. 원인과 배경=공명설(功名說)

도요토미 정권은 과연 무엇을 지향하였는가. 분열된 전국사회를 통합한
히데요시의 목적은 무엇이었으며, 히데요시가 왜 국내통합에 그치지 않고
대외침략의 길을 밟아 나갔는가. 도요토미 정권의 지향점과 '임진왜란'의
원인에 관해서는 현재 諸說이 분분한 실정이다.
우선 '임진왜란'의 원인은 대체로 ① 무역·상업 등 경제적인 면을 중시
하는 견해(「감합무역부활」설 등), ② 히데요시 개인의 입장을 강조하는 견

해(아들 쓰루마씨[鶴松])의 요절설, 功名說), ③ 영주계급의 이익이나 도요토미 정권의 구조적 측면을 강조하는 견해(영토확장설, 도요토미 정권의 전제성(專制性) 강조)로 나눌 수 있다.

필자는 이 중에서 히데요시의 공명심 주장에 '임진왜란'의 진정한 원인이 숨어 있다고 본다. 다만 공명설을 제기한 기존 ②의 문제점은 공명심을 단순히 히데요시 개인 차원으로 환원시키는데 있다. 그러나 히데요시의 공명심은 결코 히데요시 개인 차원에만 국한된 것이 아니었고 당시 무사집단의 일반적인 지향이자 그들의 정서가 반영된 구조적인 산물이었다.

그러면 왜 당시 영주들은 공명에 집착하였을까. 그것은 공명심이 단순한 개인의 명예 문제로 끝나는 것이 아니었기 때문이다. 공명은 영주들에게 영지(경제)의 축소 또는 확대, 가문의 존속 등과도 관련된 사활이 걸린 문제였다. 일본에서 억류생활을 한 강항은 이러한 논리구조를 잘 이해하고 있었다. 강항은 그 구조를 다음과 같이 파악하고 있다.

① 전쟁에서 공을 세운 자에게는 토지로 상을 줍니다. 식읍이 혹은 8-9주에 뻗치기도 하고 혹은 두어 주에 뻗치기도 합니다. 단 한 주밖에 안 되는 자도 있고 그 밑으로 성 몇 개를 차지한 자도 있고 또 성 하나를 차지한 자도 있습니다. …… ② 공을 못 세운 패들의 토지는 도로 깎아 버릴뿐 아니라 사람으로 치지를 않기 때문에 전쟁에서 패하면 못 당할 일을 당하기 전에 자결하여 버리고 맙니다. 전쟁터에서 죽으면 그의 아들이나 아우가 그 職品을 가로맡게 마련입니다. …… ③ 분한 김에 서로 엉켜 싸우다가 상대를 죽여 버리고 다시 쫓아가서 목을 베어 버리고 배를 갈라 헤쳐 버리면 모두들 혀를 널름거리며 떠들어 댑니다. '장부야, 장부! 사내 대장부야!'하고 치하하기를 마지않으며 그의 자손을 보고선 '저 애가 죽음을 무릅쓰고 덤빈 그 사람의 아들이야!'하며 서로 사위를 삼고 며느리를 삼으려 드는 자들이 수두룩하게 나섭니다. ④ 장군들의 토지는 다시 공을 세운 그의 부하들에게 나누어 줍니다. 부하들은 또 그 토지의 수입으로 많은 용사를 기릅니다. 힘센 놈, 칼 쓰는 놈, 총 쏘는 놈, 활 다루는 놈, 헤엄치는 놈, 병법에 익숙한 놈, 걸음이 재빠른 놈 등 가지각색의

재주풀이 나부랭이들을 길러 내는데, 큰 州는 그 수가 몇 만이 넘고 작은
주라 해도 몇 천 명씩은 됩니다.(『간양록』)

①과 ④는 '공'과 '토지'의 상관관계를 보여준다. 공을 세워야 부하들을
확보할 수 있는 구조이다. 즉 공을 세워야 토지를 확보할 수 있고 다시 이
를 부하들에게 분배하여 그 수입으로 군사력을 유지할 수 있었다. 전란 속
에서 살아남기 위해서는 상대방 보다 많은 병사를 확보해야 하였으며 일
단 확보한 많은 병사를 유지하려면 역시 토지가 필요했다. 그리하여 토지
를 확보하여 병사를 유지하거나 늘리기 위해서는 다시 '공'을 세워야 하는
일(그 결과 名이 높아짐)이 반복된다. 도요토미 정권이 지속적으로 영지확
대에 나설 수밖에 없는 이유도 실로 여기에 있다. 또한 '명(名)'의 구체적
인 내용은 ③의 '용맹함'을 핵심 요소로 한다. 강항은 일본인을 다음과 같
이 파악하였다.

장수나 군졸들에게 언젠가 이런 말을 물어보았다. "살기를 좋아하며 죽
기를 싫어하는 것은 사람마다 다 같은 인정이건만 왜 일본 사람들만은
죽기를 좋아하고 살기를 싫어하는 거요?" "그건 모르는 말씀입니다.……
한번 담보가 없는 놈이라는 이름이 나면 어딜 가거나 퇴박을 받고, 칼단
속을 잘못하고 다니면 사람으로 치지를 않습니다. 칼이나 창대의 흉터가
얼굴에 있으면 씩씩한 사내라 하여 극진한 대우를 받지만 귀 뒤에 있으
면 도망질 잘 치는 놈이라 하여 배척을 받습니다. 이 때문에 굶어 죽느니
보다 차라리 적과 싸우다 죽는 편이 낫다고 생각하는 것입니다.

'명(名)'(이름이 남)의 구체적인 내용을 살펴보면 ① 담보가 없는 자=흉
터가 귀 뒤에 있는 자와 ② 씩씩한(용맹한) 사내=흉터가 얼굴에 있는 자가
있다. '명성'과 '명예'는 '용맹함'을 반대의 경우는 '비겁함'을 의미한다. 이
당시 일본에 거주했던 예수회 선교사 루이스 프로이스는 고니시 유카나가
[小西行長]의 평양 철수에 대해 다음과 같이 서술하고 있다. "(고니시 유키

나가는) 관백(히데요시)을 모범으로 하여 어떤 경우라도 적에게 등을 보이는 것은 비겁한 것으로 보고 평양성에서 후퇴하라는 조언을 듣지 않았다. 그는 (후퇴하여) 살아남더라도 추방에 처해져 영원히 불명예스럽게 되어 관백의 총애를 잃기 보다는 (오히려) 긍지를 갖고 전사하는 편이 낫다고 했다."고 밝히고 있다. 이에 대해 고니시의 부하들은 "전원이 戰死(용맹)하여 지나(중국)군의 사기를 북돋아 주면 후방의 일본군의 사기가 저해되어 관백에게 더욱 나쁜 결과를 초래합니다. 3일간 계속된 전투로 식량과 탄약이 모두 떨어졌으니 퇴각한다고 해서 비겁하다고 간주되지 않을 것이 명백하니 관백을 두려워할 필요는 없습니다."고 하였다. '비겁'=불명예와 '戰死(용맹)'=명예가 동전의 앞뒷면처럼 '공명'이란 이름으로 표출되고 있음을 알 수 있다.

이 점은 히데요시도 마찬가지였다. 히데요시는 "자신의 명성을 확대하고 지위를 고양하기 위해 교활하게도 다이리[內裏 : 禁裏, 천황]의 모든 일에 원조할 방침을 정했"고, "모든 일에 있어 자신의 명예를 높이려고 일본국왕인 오(皇)로부터 자신이 받을 수 있는 최고위인 관백직을 얻으려고 교토로 갔다"는 것이다. 또한 "히데요시는 자신의 명성을 높이기 위해 늙은 오(皇)가 지위를 큰 아들(誠仁)에게 양위할 수 있도록 지극히 아름다운 궁전(仙洞御所)을 건축"하였고, 1588년 고요제이 천황[後陽成 天皇]이 히데요시의 교토 저택(聚樂第)을 행차한 것도, 히데요시가 다른 모든 것에 우월하여 자기 권력과 위업을 과시할 것을 소망하고 또 자기 명성이 사람들의 커다란 박수와 칭찬 속에 영원히 남길 것을 원하여 5백년 가까운 이전부터 잊혀 온 일본왕가의 행사를 부활시킨 것이었다. 요컨대 "히데요시는 스스로 말하기를 나의 위명(偉名)을 남기는 것 이외에는 무엇도 원하는 것이 없기 때문에 존대한 그의 권력을 과시하려고 교토에서 아주 비범한 행동"에 나섰다.

그런데 '공명'의 강조는 히데요시 시기에 이르러 갑자기 등장하는 것은 아니며 무사계급의 일반적인 속성이었다. 무가정권의 등장 이래 일본사회는 '무위(武威)'를 자신의 아이덴터티로 파악하고 반대로 '문(文)'의 국가인 명과 조선을 멸시하는 대외관이 싹텄는데 이 과정에서 '공명'은 '용맹'과 '비겁'의 상관관계를 통해 표출하게 되었다. 히데요시는 '공명'의 범위를 해외로까지 확대시켰다. 전국시대의 분열을 '통합'한 히데요시가 무사층의 경제적·정치적 욕구라 할 수 있는 '공명'의 논리를 대외로 확장시킨 것이다.

히데요시는 "고려국에 지시한 취지는 일본왕궁에서 내년 중으로 대면하라"는 것이며, 만약 이를 거부하여 "입락(入洛)하지 않는다고 하더라도 후대에 이름[名]을 남"기기 위해 정벌하겠노라는 뜻을 피력하였다. 이렇듯 히데요시 시기에 이르면 개인과 영주층에 국한되는 '名'이 아니라 일본 국가 전체를 대상으로 한 '名'으로 확장되었다. 이 논리가 확대되어 나가면 곧 히데요시의 대외침략 논리와도 연결된다.

해외까지 '공명'을 적용하려 한 것은 1592년 '임진왜란' 당시에 시작된 것이 아니라 히데요시가 늘 인식하고 있던 문제였다. 1586년 일본 예수회의 부관구장인 가스펠 코엘류가 오사카 성을 방문하였다. 이 때 히데요시는 자신은 이미 최고의 지위에 올라 일본 전체를 귀속시켰기 때문에 이제 더 이상 영토[領國]도 금·은도 획득하려고 생각하고 있지 않으며 그 외에 무엇도 원하지 않는다고 하면서, "단지 나의 명성과 권세를 사후에 전하는 것을 소망할 뿐"이라는 의견을 밝혔다. 이어 일본 국내를 무사 안온하게 통치하고 싶고 그것이 실현된 후에는 동생 히데나가(풍신수장)에게 물려주고 조선과 중국을 정복하는 일에 종사하려 한다고 밝히면서 반텐렌[伴天連]이 2척의 대형 선박(나와)을 지원해 줄 수 있는가의 여부를 타진하고 있다. 그러면서 히데요시는 "이 사업의 와중에 죽어도 나는 어떤 후회하는 바가 없다"고 하면서 왜냐하면 "나는 후세에 이름을 남기고 일본 통치자로서 옛날부터 지금까지 시도하지 못한 것을 감히 해보았기" 때문이라고 하였다.

이 승리는 관백(히데요시)의 마음을 놀라울 정도로 오만함과 끝을 알 수 없는 과신으로 충만하게 하여 마치 지금 한 명의 루시퍼가 (재현)한 것 같았다. 그는 스스로 (군대를 이끌고) 중국으로 건너갈 것을 엄숙하게 선언하고 이 원정을 위해 대규모 준비를 개시하도록 명령을 내리고 다음과 같이 말했다. 나는 지금 일본 전국의 유일한 군주이며, 중국을 정복하는 것 이외에 내가 할 수 있는 일은 없다. 설령 이 사업을 수행하는 과정에서 내가 생애를 마친다고 하더라도 나는 이 시도를 생각에만 그치게 하지는 않을 것이다. <u>왜냐하면 나는 일본(사상) 누구 하나도 도달한 적이 없는 영예와 명성을 (후세에) 남기는 것을 원하기 때문이다.</u> 가령 중국을 정복하지 못하고 도중에 쓰러져 죽는 일이 있어도 <u>나의 이름[名]은 항상 남아 불멸의 영예를 가지고 영원히 기념될 것이다.</u>(フロイス日本史2)

이렇게 볼 때 히데요시가 조선에 국서를 보내 "제가 바라는 바는 다른 것이 없고 단지 가명(佳名)을 삼국(三國)에 남길 뿐입니다"라고 한 문구를 단순히 미사여구나 개인적 망상으로만 볼 수 없다. 그 속에는 '공명'이란 일본사회의 특질이 내재되어 있다. 히데요시는 중국 정복이란 사업[功]을 통해 이름[名]을 남기기를 간절히 소망하였다. 당시 24년간 일본에 살았던 프로이스가 줄기차게 유독 '名[名聲·名響]'을 지적하고 있는 점을 숙고해 볼 필요가 있다.

IV. 결어 : 3인의 인물평

15세기 중반에서 17세기 초에 이르는 시기(전국시대~근세 초)는 일본사상 유난히 이름난 무장(무사)이 많이 나타난 시기이다. 전국시대라는 희대의 전란은 실로 이루 헤아릴 수 없을 만큼 많은 수의 무장을 잉태하고 소멸시켰다. 그러나 각지의 기라성 같은 인물들의 각축도 오다 노부나가, 도요토미 히데요시, 도쿠가와 이에야스의 출현으로 종지부를 찍는다. 그런데 기묘하게도 이들 3인은 현재 나고야 지역에 해당하는 오와리·미카와 출신이나 독특한 개성만은 서로 크게 달랐다.

에도시대에는 이들 세 명의 인물을 빗대 다음과 같은 하이카이[俳諧]가 유행했다(『甲子夜話』). 이를 통해 노부나가·이에야스와 구별되는 히데요시의 인물 특징을 소개하면서 이 글을 맺고자 한다.

> 울지 않으면, 죽여 버리지, 두견새
> 울지 않으면, 울게 만들지, 두견새
> 울지 않으면, 울 때까지 기다리지, 두견새

첫째 구절은 노부나가, 둘째 구절은 히데요시, 셋째는 이에야스를 각각 지칭한다. 기존 권위를 부정하고 강압과 폭력을 통해 자신의 뜻을 관철해 나간 혁명아·이단아로서의 노부나가, 온갖 지모와 방법을 동원하여 목적한 바를 추구한 기재와 재주의 히데요시, 명랑한 히데요시와 달리(陽氣) 진중하며 속을 알 수 없는(陰氣), 참고 참아 원하는 바를 손에 넣은 인내의 화신 이에야스, 이 하이카이는 3인의 개성을 압축하여 실로 훌륭히 형상화했다.

제90회 발표, 2011년 4월 14일

식민지 조선의 일본인*

피식민 조선인과의 만남과 식민의식의 형성

|

권숙인(서울대학교 인류학과 교수)

I. 들어가기

이 글에서는 식민지배기에 한반도에 형성되었던 일본인 커뮤니티의 일상과 의식을 통해 식민자로서 일본인과 현지 조선인의 만남, 그리고 이를 통해 형성·유지된 식민의식을 고찰 한다1. 좀 더 구체적으로 다음과 같은

---

* 이 글은 같은 제목으로 『사회와 역사』80집(2008)에 게재되었던 논문에 약간의 수정을 가한 것임을 밝힌다.

1 최근, 일제강점기 동안 한반도로 이주했던 일본인들에 대한 연구가 시작되면서 이들에 대한 명칭도 다양하게 쓰이고 있다. 이 주제에 대한 본격적인 연구를 촉발한 기무라 겐지(木村健二, 1989 등)가 사용한 '재조일본인(在朝日本人)'이란 표현이 '재한일본인(在韓日本人)'이란 용어와 함께 일반적으로 사용되는 한편, 가지무라 히데키(梶村秀樹, 1974), 윤건차(尹建次, 1989), 무라마쓰 다케시(村松武司, 1972) 등은 식민지배층으로서의 이들의 위치를 비판하면서 '식민자'(植民者)라는 용어를 사용한다. 본 논문에서는 '보통의' 일본인들의 일상적 실천과 의식을 조망하기 위해 식민정착민(colonial settlers)이라는 의미로 '식민지 조선의 일본인'이라는 표현을 쓰되 맥락에 따라 '식민자'라는 용어도 사용하고자 한다. '식민지 조선의 일본

질문을 제기한다 : 식민지배의 구체적인 실행자(agents)로서 일본인들은 한반도에서 어떤 일상을 영위하고 있었을까? 식민자와 피식민자의 '만남'(encounter)은 어떤 형태로 이루어졌으며, 그것은 식민지배라는 현실에 의해 어떻게 영향을 받고 있었을까? 일상에서 '보통의' 일본인들의 식민주의적 편견과 식민의식은 어떤 기제를 통해 형성되고 유지 · 재생산되었을까?

이상의 질문을 규명해 가는 데 본 연구는 식민연구와 관련해 다음과 같은 최근의 경향을 참조하고자 한다. 최근의 식민(지배) 연구들은 식민권력이 전지전능하거나 안정된 것이 결코 아니었음을 드러내며(Dirks, 1992), 오히려 그 안에 내포된 두려움, 공포, 취약성(Cooper & Stoler, 1997; Stoler, 1995)이 식민권력을 지속적으로 불안하게 만들고 있었음을 보여준다. 따라서 이러한 시각에서는 "제국의 다양한 틈새와 긴장"(Cooper & Stoler, 1997) 및 "지배자와 피지배자 간의 접촉 지점"(柳澤遊 · 岡部牧夫 編, 2001)에서 발생하는 다양한 문제를 파악하는 것이 식민지배의 '실체'를 입체적으로 규명하는 데 매우 중요한 작업이 된다. 요컨대 식민지의 상황을 식민과 피식민, 지배와 저항의 단순한 이분법이 아니라 다양한 위치와 입장의 주체들이 각축하면서 만들어내는 복잡한 역학의 산물로 접근하려는 경향이 강조되고 있다.

상위수준의 정치(high politics)와 정형화시킨 식민지배구조에 근거한 연구만으로는 식민지배의 실상을 파악하기 힘들다는 인식에 따라 중요한 연구영역으로 등장한 것이 '일상'과 '문화/지식'의 문제이다. 식민 상황을 지배세력과 피지배층 내부의 다층적인 분화와 상호작용, 그리고 지배와 피지배의 복합적인 만남의 장으로 파악하려는 연구에서는 다양한 차원의 '일상'에서 작동하는 긴장과 타협, 통제와 저항에 초점을 맞추는, "대상"과 "방법"으로서의 일상연구(정근식, 2006)가 중요해질 수밖에 없다. 또한,

인'이란 표현은 다카사키 소지(高崎宗司, 2002) 등이 사용한 바 있다.

식민제국에게 지배의 안정성은 제도적 장치로만 확보될 수는 없는 것으로, 피식민자/지의 '타자성'과 '차이'를 발견하고 정의내리는 것은 지배를 공고히 하는데 필수적인 과제였다. 특히 식민지배층의 정체성이나 피식민자의 타자성이 내재적이거나 안정적인 것이 아니라는 점은 통치과정에서 매우 골치 아픈 사회공학적 숙제를 제공했다(Cooper & Stoler, 1997; Tamanoi, 2006). 즉 식민지배는 '문화'의 문제이자 '지식'의 문제이기도 했다(Dirks, 1992).

서구식민지를 중심으로 진행되던 이러한 사회문화사적 접근이 최근에는 동아시아 제국주의와 식민지에 대한 연구(Bickers & Henriot, 2000; Tamanoi, 2000; Young, 1998)로 확대되고 있으며, 국내학계도 일제의 식민지배에 대한 연구가 제도사나 구조적 접근에서 사회사, 미시일상사로 전환하면서 새로운 붐을 맞고 있다. 그동안 식민지배 세력을 하나의 '구조'로 간주하여 어떤 단일한 힘으로 파악해 온 것에 비해 최근의 연구들은 지배세력 내부의 균열과 긴장, 애매함, 불안정성을 드러내고(김백영, 2005; 신주백 2001), 피지배 주체의 행위성을 적극적으로 규명함으로써 식민지에서의 지배와 피지배 관계를 보다 다층적인 역사적 과정으로 그려내고 있다(김진균·정근식 편저, 1997). 또한, 연구 영역에서도 의료/위생/건강, 교육, 미디어, 소비생활, 가족과 젠더, 대중문화 등 다양한 차원의 '일상'에서 작동하는 통제와 저항, 지배와 균열의 역학을 조망하는 연구들이 축적되고 있다(공제욱·정근식 편, 2006; 미즈노 나오키 외, 2002; 연세대 국학연구원, 2004 등).

한편, 새로운 시각에 근거한 최근의 활발한 연구에도 불구하고 한반도의 식민지배에 대한 연구는 식민지배세력, 특히 식민지배세력 내부의 다양한 구성과 차이, 일상적 실천과 의식을 드러내는 데까지는 나아가지 못하고 있다. 이런 맥락에서 볼 때 근년에 들어서야 연구가 시작되고 있는 식민지 조선의 일본인은 매우 중요한 연구영역이라 할 수 있다. 그 규모와 중요성에 비해 오랫동안 연구자들이 "회피해 온 영역"(梶村秀樹, 1974 :

80)이던 식민지 조선의 일본인에 대한 연구가 지난 수년 사이 새롭게 조명 받으며 여러 곳에서 연구 작업이 진행되고 연구결과도 발표되고 있다2. 그러나 전체적으로 보아 관련 연구가 이제 막 본격화되기 시작한 단계라할 수 있으며, 특히 본고에서 주목하고자 하는 일본인들의 일상이나 의식에 대한 연구는 미미한 편이다. 식민지 조선의 일본인 연구가 갖는 중요성을 일찌감치 환기시켰던 가지무라 히데키가 "아래로부터의 침략"이라 지적한 것처럼 일제의 한반도 지배가 공고해짐에 따라 대규모로 이주해 온 "일본의 서민들"은 식민지배의 강고한 기반이 되었다(梶村秀樹, 1974). 이 보통 일본인들의 식민의식의 형성과 작동 기제를 정면으로 다룬 것은 가지무라 히데키의 언급으로부터 상당한 시간이 지난 뒤 윤건차에 와서이다. 그는 만주와 조선에 거주했던 '보통' 일본인들이 지배자로서 누릴 수 있었던 일상생활상의 특권, 지배를 정당화하기 위한 민족차별의 심리적 구조, '선의의 일본인'이라는 허위의식 등에 날카로운 비판을 가한 바 있는데(尹建次, 1989), 이는 본고의 문제의식과 상당 부분 공명한다고 할 수 있다.

이 연구에서는 그동안 거시 역사의 그늘에 가려졌던, 식민지배의 현지 대리인으로서 한반도 거주 일본인의 일상과 의식을 규명함으로써 지배와 피지배, 식민과 피식민의 접점과 역학을 드러내고, 이를 통해 일본의 식민지배, 일본인의 이주사, 나아가 한국의 식민지역사에 대한 이해를 다각화하는데 기여하고자 한다. 해방 당시 70만 명이 넘는 규모에 달했던 조선 내 일본인들은 한반도 전역에 거주하면서 현지조선인들과 다양한 차원의 시공간을 공유하고 있었다. 그러나 근본적으로 식민지배 집단의 일부인 일본인과 피식민자로서의 조선(인)의 상호작용은 당시의 식민 상황에 의

2 식민지조선의 일본인 관련 연구에 대한 2006년 시점에서의 간단한 개괄로 권숙인의 연구(2006)를 참조할 수 있다. 2006년 이후 현재 시점까지 한국이나 해외학계에서 몇 편의 연구들이 발표되고 있으나 본 논문과의 직접적 연관성은 많지 않은 관계로 언급을 생략한다.

해 굴절되거나 제한될 수밖에 없었다. 양자의 만남은 대개 지배와 피지배란 틀 속에서 이루어졌고, 식민의식과 식민주의적 편견이 이들의 상호작용을 지배하였다. 따라서 일상적 차원에서 이루어진 양 집단 간 만남의 방식과 이를 통해 형성되고 유지·재생산된 식민의식의 기제에 대한 탐구는 식민지배의 구체적 실상과 의미를 파악하는데 중요한 의미를 갖는다.

분석에 활용된 1차 자료는 일본의 패전 후 본국으로 철수한 일본인들이 써낸 각종 회고록과 회고담을 중심으로 식민지 조선에서의 체험을 주요 소재로 작품 활동을 한 작가들의 소설3도 포함한다. 아울러 식민지 조선에서 생활한 경험이 있는 일본인들에 대한 인터뷰와 설문자료를 기초로 한 연구(다바타 가야, 1996; 咲本和子, 1998)에서도 인터뷰 내용을 '1차 자료'로 활용하였다. 회고록은 본인이 직접 쓰거나 딸 혹은 손자가 어머니와 할아버지를 인터뷰한 내용으로 펴낸 단행본 10여 권, 회고담은 식민지 조선의 일본학교 동창회 문집을 비롯해 다양한 저널에 기고한 한반도 생활에 대한 기억을 담은 글 30여 편이다. 저자들은 대부분 일본인 사회에서 '중간층'이라 할 수 있는 사람들로, 당시 교사나 교사 자녀가 가장 많고, 중소 자영업자(혹은 그 자녀), 총독부 중하급 관리(및 그 자녀), 의사 자녀 등이 포함되어 있다. 대부분 도시생활자로서 경성 출신이 가장 많고 기타 평양, 대구, 경주, 마산, 북진, 익산 등지에 거주했던 사람들이다. 따라서 엄밀히 말하면 이 자료가 대변하는 사람들은 중간층 이상의 도시생활을 했던 일본인이라 할 수 있다.

---

3 이 논문에서 주로 참고한 소설집은 고바야시 마사루(2007)와 가지야마 도시유키
  (梶山季之, 2003)의 소설집이다.

II. 식민지 조선의 일본인 커뮤니티
: 현지와 분리된 생활세계

식민지 조선에 거주했던 일본인들은 한반도 각지의 주요 지역에 현지 조선인 사회와 분리된 '일본인 커뮤니티'를 만들어 냈다. 경성을 비롯해 부산, 평양, 마산, 대구, 군산, 원산, 신의주, 인천 등에는 조선인들이 오랫동안 거주하면서 자연스럽게 형성되었던 시가지와 구분된 일본인 구역, 혹은 별도의 일본인 '신도시'가 만들어졌다. 일본인 구역에는 야마토초[大和町], 하세가와초[長谷川町], 메이지초[明治町], 아사히초[旭町], 사쿠라이초[櫻井町], 히노데마치[日之出町], 고토부키초[壽町], 야나기마치[柳町], 코가네초[黃金町] 식의 '전형적인' 일본식 이름을 붙인 거리가 생겼다. 그 안에는 일본인들을 위한 주택가, 학교, 종교시설, 상업시설, 관청, 유흥가가 갖추어졌다.

지방의 소도시나 농촌 지역에 거주하는 일본인은 어느 정도 조선인들과 접촉을 유지했던 것으로 보이나[4], 일본인 거주구역과 상권이 형성되어 있

---

4 상대적으로 일본인 비율이 낮은 농촌지역에서는 일본인들이 현지인들과 일상적으로 접촉을 하거나, 언어나 습관 등에서도 일정정도 '현지화'하는 경우가 도시지역보다 더 많았던 것 같다. 그러나 본 연구에서 분석한 자료에서는 농촌지역에 대해서는 간접적이고 단편적인 언급만 간혹 찾을 수 있을 뿐, 비도시지역에 거주하는 일본인들의 일상과 관련된 직접적인 자료는 거의 찾을 수 없었다. 가지무라 히데키에 의하면 도시의 많은 일본인들이 "의외일 정도로 조선의 토지와 사람들과 섞이지 않고" 생활했던 것에 비해, "싫어도 별 수 없이 조선사회에 구체적으로 들어가서 살지 않으면 안 되었던 사람들은 농촌에 들어간 교사와 금융조합 직원 등 비교적 소수"(梶村秀樹, 1974: 90)였다. 예를 들어 하야시 히로시게 가족의 경우 토목기사로 일하던 부친을 따라 부여에서 살았는데 늦가을이면 김장 김치를 대량으로 담고, 나물이나 찌개 등도 즐겨 먹었다고 한다(하야시 히로시게, 2007: 186). 즉, 농산어촌에서 조선인과 섞여 살아야 했던 일본인들이나 업무상 조선인을 직접 대면해야 했던 하급관리의 경우엔 조선인과 접촉 빈도도 더 잦고 생활상 '현지화'하는 정도가 높았을 것으로 추정된다.

던 대부분의 도시(어쨌든 절대 다수의 일본인들은 도시생활자였다)에 사
는 일본인은 현지사회와 별 접촉 없이도 일본식 일상이 가능했다. 그들은
일본음식을 먹고 일본 옷을 입고, 일본학교에서 일본교육을 받고, 일본식
절기와 관행에 따라 종교생활을 유지했다. 즉 일본을 떠나 있으면서도 '일
본 밖에 만들어 낸 일본'(Japan outside Japan) 속에서 생활하는 것이 가
능했다. 경남 마산에서 태어난 역사학자 하타다 다카시[旗田 巍]5는 아래
와 같이 회고한다.

> 나는 조선에서 자랐지만, 조선인 아이와 친하게 지낸 적은 없다… 여기
> 에는 마산이란 도시의 구조가 커다란 영향을 주었다. 마산은 신마산과
> 구마산으로 나뉘어져 신마산의 중심부에는 일본인 구역, 구마산은 주로
> 조선인 구역이었다. 나는 신마산의 일본인 지역에서 자랐다. 따라서 근
> 처에는 모두 일본인 집밖에 없었다. 소학교도 일본인 아이들만 다니는
> 학교였다. 신마산의 일본인 지역 안에 있는 학교였는데 구마산에 사는
> 일본 아이들도 이 학교를 다녔다… 일상생활도 일본의 생활양식 그대로
> 로, 조선인의 생활방식과 전혀 달랐다. 일본식 목조 가옥에 살며 일본 옷
> 을 입고 일본풍의 식사를 했다. 집안 일부에 온돌을 간다던지 김치를 담
> 근다던지 하는 식으로 조선인 생활양식의 일부를 받아들이는 경우는 있
> 었지만, 거의 완전하게 일본의 생활양식을 고수하고 있었다(旗田 巍
> 1979 : 200).

또 다른 회고록의 저자인 사토 토시오[佐藤 俊男]6는 평양의 일본인 거
리가 아닌 조선인 거리에서 생활했던 드문 사례인데, 그럼에도 불구하고
마찬가지로 현지사회와의 분리를 강조한다.

---

5 1908년 마산 출생. 부친은 의사. 부산중학교, 구마모토 제5고등학교, 동경제국대학
  을 거쳐 만철조사부원으로 근무하다 1948년 귀국. 이후 일본의 식민통치에 대한
  반성적 성찰을 하며 일본학계에서 한국사 연구의 토대를 열어 감.
6 1913년 평양 출생. 부친은 1906년에 한국으로 이주한 뒤 도자기상을 시작으로 여
  러 사업을 운영.

조선인 거리 한가운데 살면서 조선인 집에는 거의 출입해 본 적이 없었
다. 근처에 비슷한 또래의 조선인 아이들이 많이 있었지만, 그 이름은 물
론 말 한마디 나누는 일이 없었다. 무관심이라기보다는 무언의 상태에서
반목하고 있었다고나 할까. 단 한 번 교류하거나 놀았던 일이 없었다(佐
藤俊男, 1984 : 54).

현지 조선인들과 분리된 일본인들의 일상은 단순히 주거지역의 분리나
관계의 단절에 국한되지 않았다. 일본인들은 일상적인 의식주뿐만 아니라
일본인들을 위한 학교7와 종교기관(신사, 절), 오락·유흥시설(가부키 공
연장, 카페, 유곽)을 만들고, 벚꽃놀이, 스모공연, 신사 마쓰리 등의 일본
식 연중행사와 오락을 즐겼다. 거제도 어촌에서 살았던 한 일본인 여성은
다음과 같이 회고한다.

金比羅神社8에서 하는 가을 축제예요. 1년에 한 번 열리는 큰 축제로 신
을 모시는 가마를 젊은이가 들고 다니고, 노점도 많이 나와서 정말 성황
이었어요. 조선에서는 그러한 마을 축제는 없어요. 조선 사람들도 즐거
워 보였어요. 특히 신을 모시는 가마를 마을의 젊은이가 매고 마을을 돌
았으니까… 일본인이 모여 살면 당연히 가을 축제를 해야 했어요(다바
타 가야, 1996 : 48쪽서 재인용).

거제도는 일제시대 일본인들의 이주어촌이 형성되었던 곳으로, 일본정
부의 지원 하에 지역 단위의 이주를 포함해 어업에 종사하던 일본인들이
대규모로 식민이주를 한 곳이었다(여박동, 2002). 위의 인용 내용을 보면
마을의 신사 축제를 중심으로 떠들썩한 일본 어촌 마을의 풍정이 그대로

---

7 식민지 조선의 일본인 학교 및 교육에 대해선 권숙인(2008), 이나바 쓰기오(稻葉
繼雄, 2005) 등의 연구를 참조할 수 있다.
8 콘피라 신사. 콘피라는 일본에서 어업을 지키는 신으로 어촌지역에서 많이 모신
다. 일본의 마을 공동체의 '공동체성'이 확인되고 발현되는 가장 중요한 장은 마을
수호신사에서 행해지는 연례 제례이자 축제인 마쓰리(祭り)이다.

느껴진다. 경성신사의 연례 마쓰리 풍경도 여느 일본 도시의 마쓰리 풍경
과 다르지 않다.

> 경성의 마쓰리는 정말이지 떠들썩했어. 일 년에 한 번, 10월에 토, 일 이
> 틀간 계속되었지. … 행렬 앞에는 신관(神官)과 무사로 분장한 사람들이
> 말을 타고, 마치 교토의 시대 마쓰리처럼 한 바퀴 돌았지. 사촌여동생은
> 얼굴을 하얗게 바르고 치고[稚兒: 마쓰리 때 때때옷을 입고 행렬에 참가
> 하는 어린이]로 분한 뒤 인력거를 타고 행렬에 가담했지. 혼마치[本町: 현
> 재 충무로로 일본인 상권의 중심지]의 상점가 사람들이 중심이 되었기 때
> 문에 모두 경쟁하듯이 자기 아이들을 예쁘게 입혔지. 혼마치는 엄청난
> 구경꾼으로 넘쳐날 정도가 되고, 화류거리인 신마치[新町: 현재의 쌍림동]
> 의 게이샤들이 샤미센[三味線]을 연주하면 더 화사한 분위기가 되었지.
> 좁은 혼마치 거리를 다시[山車]가 왔다 갔다 하고 북소리가 들리고 대단
> 했어. 군중에 떠밀리지 않게 신경 쓰면서 정신이 나갈 정도로 구경을 했
> 지(澤井理惠9, 1996: 72).

실제 경성에는 조선 전역의 신사의 총 본산이자 아마테라스오미카미[天
照大神]와 메이지천황을 제신으로 하는 조선 신궁 외에도 경성신사, 이나
리신사[稻荷神社], 노기신사[乃木神社], 하치만궁[八幡宮], 텐만궁[天滿宮]
등의 주요 신사와, 히가시혼간지[東本願寺], 고야잔별원[高野山別院], 니시
혼간지[西本願寺] 등의 사찰이 일본인 구역에 세워져 본국에서와 마찬가지
로 신앙과 절기를 지키는 데 불편함이 없었다. 일본인들은 정월 초하루를
앞두고는 일본식으로 설날 장식을 하느라 들떠 있었고(다바타 가야, 1996:
45), 삼월 삼일의 히나마쓰리[雛祭り]10, 오월 오일 단오, 칠석, 팔월 십오

---

9 사와이 리에. 프리 편집자. 윗 회고록은 식민지 조선에서 태어난 어머니 萬里子의
  회고와 인터뷰 자료에 근거해 쓴 책임. 萬里子는 1925년 경성에서 태어나 1945년
  일본으로 철수할 때까지 경성에서 생활했으며, 아버지는 총독부 중하급 관리를 지
  냈다.
10 여자아이들을 위한 절기 행사로 집안에 전통의상을 입은 인형으로 장식한 단을 만

일 달구경은 집에서 반드시 챙겼다(澤井理惠, 1996 : 73). 봄이면 벚꽃놀이를 하고, 가부키 공연과 오즈모관람은 각별한 여가와 오락의 기회가 되었다.

그 결과 한 회고록 저자의 표현대로 "조선에서 나고 자랐으나 조선에 산 것이 아니라 조선 속에 만들어 낸 '일본' 속에 산 것과 마찬가지"인 경우가 많았고, "조선의 관습에 대해선 '전혀'라고 말할 수 있을 정도로 아무 것도 모르는 채 生活"하는 경우가 허다했다.

> 생각해 보면 나는 경성에 있는 동안 바깥에서 [조선인이 파는] 음식을 사 먹었던 경험이 단 한 번도 없었다. … 그럼에도 불구하고 경성에서 태어나고 자란 나는 과연 '조선에 있었다'고 말할 수 있는 걸까. … 내가 태어나 자란 곳은 '조선'이 아니고 옛날 '일본'이었던 셈이다. … 내가 사랑하고 그리워한 것은 자신이 나고 자란 '경성'이었지, 조선 혹은 조선인이 아니었던 것이다(本田靖春[11], 1974: 34).

III. 피식민 조선(인)과의 만남: 정형화와 인종화

현지사회와 상당 정도 분리되어 영위되던 일본인 커뮤니티의 성격상 식민지 조선의 일본인과 현지조선인과의 만남은 매우 제한적인 방식으로 이루어졌다. 조선인과의 관계나 접촉은 생활에 필요한 서비스와 노동을 값싸게 활용하는 데에 주로 집중되거나, 조선인 집단 중에서 '대표성'이 적은 특수한 계층('양반', 중상층 지식인 등)과의 제한된 형태의 만남이었다. 그 결과 조선인들에 대한 일본인들의 태도는 상당히 '정형화'(typified)되기

_____

들고 음식을 나누며 아이의 건강한 성장을 기원한다.
11 혼다 야스하루. 1933년 경성출생. 부친은 군수업자. 일본으로 귀환 후 와세다대학을 졸업하고 요미우리 신문의 사회부 기자생활을 했으며 은퇴 후 논픽션 작가로 활동함.

쉬웠고, 그 정형화된 조선인의 특징들이 쉽사리 '조선인 일반'의 본질적인
특징으로 해석되는, 즉 '인종화' 되어 버리는 경향을 보였다.

1. '요보'로부터 '양반'까지: 경멸에서 경외까지

회고록에 묘사되는 현지 조선인의 모습은 '요보'와 '양반'이라는 두 축을
중심으로 하고 있다. 그것은 일본인들이 접하는 조선인의 '유형'이기도 했
고 동시에 조선인에 대한 일본인들의 태도를 집약한 상징어이기도 했다.
'요보'는 조선어 '여보'나 '여보시오'의 일본식 발음으로, 원래는 상대방을
부르는 호칭이지만 시간이 지남에 따라 현지조선인에 대한 일본인들의 인
종적 차별을 압축하는 말이 되어 버렸다. 일본인이 쓸 때는 "엄청난 경멸
을 담거나"(佐藤俊男, 1984 : 52), "요보는 냄새나!"(森崎和江, 1984 :
92) 식으로 사용되었다. 의미상으로는 일본 국내에서 조선인들에 대한 차
별어로 정착되어 간 '조센징'(朝鮮人)이란 용어와 비슷한 용법인 셈이다.
즉 현지조선인은 정의상(by definition) '요보'이며, 따라서 열등하고 멸시
받아 마땅한 사람이 된다.

> 그들은 어떤 조선인에 대해서도 일률적으로 "요보"라고 부른다. "요보"
> 란 말은 원래 누군가를 부르는 말로 결코 그 자체가 경멸의 말이 아니지
> 만, 내지인[內地人=일본인]이 조선인에 대해 쓸 때는 반드시 그 성조에
> 일종의 경멸과 위협의 의미가 덧붙여진다. 또한, 교섭이 잘 안 되거나 말
> 이 잘 안 통하게 되면 내지인은 반드시 "요보"에 이어 "바카[馬鹿: 바보,
> 멍충이]"나 "야로[野郎: 놈]" "이누마[이놈아]" 등의 말을 쓴다. "조선인
> 주제에"란 말도 굉장히 많이 사용되었다(高崎宗司, 2002 : 128-129).

> [조선인에 대한 멸시감은]아이들이 조선인에 대해 내 뱉는 "요보인 주제
> 에!"란 말에도 분명히 드러나 있었다. 이 말은 당시 조선에서는 올-마이
> 티였다. 그 말 뒤에는 "조선인인 주제에 감히 일본인에게 말대답을 하는

가." 라든지. … 등의 뜻이 내포되어 있었다. 요보란 원래 "여보세요"라고 사람을 부르는 말이지만 일본인들은 그것을 조선인, 혹은 노예 같은 의미로 쓰고 있었다(梶山季之, 2003: 11).

반면 회고록 속에 자주 등장하는 또 하나의 조선인 범주는 '양반'이다. 일본인들은 조선사회에서 양반이 특별한 지위에 있는 사람임을 알고 있었고, 실제 양반을 대하는 태도에서도 예컨대 '요보'와는 상당히 차이를 드러내곤 한다. 양반들은 대개가 (엄청난) 부자이고, 기품이 있고, 지적 수준이 탁월한 것으로 묘사된다. 그리고 이들을 대하는 일본인들의 태도에서도 '경외심'이나 '압도당함' 등의 느낌이 팽배하다. 예를 들어 아랫글은 경성 중학교 출신의 한 저자가 만주로 떠났던 수학여행에서 돌아오는 길에 겪은 에피소드를 소개하고 있는데, 이런 종류의 묘사가 양반을 바라보는 일본인들의 시선에서 전형적으로 반복되고 있다.

> [만주와 북조선으로의 수학여행에서 돌아오는] 기차에서 우리는 기차가 탈선 전복할 정도로 난리를 치며 놀았다. 야단 법석한 중에도 장군(張君)은 혼자 조용히 창밖을 내다보고 있었다. 한마디 기념 사인을 하라고 수첩을 내밀자 미소를 짓더니 Orae et laborae(기도하라, 그리고 나서 움직여라)라고 쓱쓱 썼다. 라틴어다. 아무 생각 없이 난리를 치고 있는 우리들과는 성숙도가 다르다. 학교공부 외에 독자의 교양을 쌓고 있는 것을 깨닫고 눈이 번쩍 뜨였다. 조선인 중 좋은 가정은 외래자로서 일본인은 범접할 수 없는 부분이 있었던 것이다(京喜會, 1982 : 361).

일본인들이 만나는 조선 양반들은 월등한 부(富)와 지적 능력으로 일본인들을 압도시키는 사람들이었다.

> 수원의 설씨 집. 넓고 오래된 집. 집의 겉모습은 조선가옥이었지만, 안내되어 들어간 응접실은 일류 호텔처럼 두꺼운 카펫트가 깔리고 고가의 가죽소파 등이 배치되어 있는 훌륭한 방이었다. 그럼에도 부녀가 입고 있

는 조선 옷이 방과 조화를 이루고 있는 것이 신기했다(梶山季之, 2003 : 17).

이 학교[평양 야마노테山手소학교]는 일본인 아이들만을 위한 학교였다. 그러나 특별히 조선인 가정의 아이를 한 반에 한 명 정도 입학을 허락했다. … 옆 반 남자 반에는 두 명이 있었다. 최(崔)라는 아이는 수재로 중학교 4년을 마치고 一高[동경제일고등학교]를 거쳐 동경대에 들어갔다. 박(朴)이라는 나이를 좀 먹은 또 한 명은 엄청난 부자집 아들인 듯했는데, 벌써 아내가 있다는 소문이었다(佐藤俊男, 1984 : 134-145).

또한, 회고록 저자들이 묘사하는 양반들은 태도도 매우 성숙하고 어른스러우며 반듯하다. 따라서 (피식민자이지만) 오히려 일본인의 모범이 될 수 있고 배울 점이 많은 사람들이다.

어머니는 김씨네 집 아이들은 행동이 반듯하니 보고 잘 배우라고 하셨다. [그 집에서는]남자아이건 여자아이건 양친과 이야기를 나눌 때면 반듯하게 앉아서 조선어로 이야기를 하곤 했다(森崎和江[12], 1984 : 49~50).

'요보'가 일본인들이 경멸해마지않는 조선인 일반이라면 '양반'은 "학업실력이 발군"이거나 "당당한 품격"을 갖춘 사람들, 혹은 "엄청난 재산"을 가진 특별한 사람들이었다. 달리 말하면 당시 일본인 주류세계에 들어가거나 일본인들과 교류할 수 있는 조선인들은 압도적인 재력이나 지적 능력을 갖춘 소수의 조선인뿐이었다. 이 '특별한' 조선인들은 '요보' 일반이나 아래에서 살펴보게 될 '오모니'나 '기지베'와는 달리 개별 인격을 갖고 '이름'을 가진 존재이며 심지어는 일본인들이 본받아야 할 모범이다. 식민

---

12 모리사키 가즈에. 대구에서 태어나 대구, 경주, 김천 등에서 일본의 패전까지 17년간 생활. 부친은 (조선인)보통학교 교사였음. 일본으로 철수 후 작가로 활동하며 식민지에서의 경험에 대한 자성적 글을 써냄.

사관에 팽배했던 '조선정체(停滯)'의 원인이자 처분해야 할 대상으로서의 양반(오타 심페이, 2006)이라는 인식은 식민지 조선에 살았던 '보통의' 일본인들의 일상 감각과는 사뭇 간격이 있었던 셈이다.

2. 정형화된 만남, 보통명사 조선인: '오모니'와 '기지베'

한편 위의 사례에서처럼 일부 양반의 경우를 제외하면, 현지조선인들은 종종 개별적인 인격을 지닌 독립적인 존재가 아니라 하나의 '보통명사'로 등장한다. 그것은 일본인들과 조선인들의 만남이 지극히 정형화된 방식에 많이 의존했기 때문이다. 일본인들이 일상생활에서 흔히 접할 수 있는 대표적인 조선인 범주가 '오모니'와 '기지베'로, 이들은 회고록에 등장하는 몰개성적인 조선인의 대표적인 사례이다. '오모니'는 당시 일본인 가정이 부리고 있던 가사노동자(maid)로 특히 기혼의 중년여성을 지칭했으며, '기지베'는 미혼의 젊은 가사노동자나 아이를 봐주는 조선인 소녀를 지칭하는 말이었다. 위에 언급했듯이 일본인들이 공적 공간에서 조선인과 상호작용할 기회는 매우 제한되어 있었지만, 대부분의 일본인 가정에서는 조선인 가사노동자나 육아도우미를 고용하고 있었다. 그 결과 한반도에서 태어난 일본인 아이들에게 조선인의 경험은 '오모니'나 '기지베'에 국한된 경우가 많았다. 그들은 대개 '오모니', '기지베', 혹은 '네-야'[ねえや: 언니]라는 호칭으로 불렸고, 간혹 개별적인 이름으로 불릴 경우도 원래의 조선 이름이 아니라 일본인 고용주가 부르기 편하게 적당히 붙여준 일본식 이름이었다. 예를 들어 "하나[花]쨩" 같은 것이 그것인데, 이는 한 저자가 언급하듯이 미국 남부 흑인 노예들이 대충 "샘"이나 "톰"으로 불리던 것과 비슷한 맥락이었다.

> 네-야상[ねえやさん: nanny]을 쓰고 있었다. 조선의, 아직 정말 어린 네야 상이었는데, 모두 하나쨩으로 부르고 있었다. '하나'라는 이름은 물론 일

본식 이름을 마음대로 붙인 이름이다. 당시는 아이 수가 많았기 때문에 경성의 일본인 가정에는 네-야상을 쓰는 것이 보통이었던 것 같다(澤井 理惠, 1996 : 40).

일본인 가정 어디든지 그래요. 이름도 몰라요. 오모니-라고 불렀지요. 싼 월급으로 혹사시켰어요. 〈가사 전반을 했지요?〉 네 그래요. 특히 힘든 일은 거의 다. 그것이 당시의 일본인 생활이고(다바타 가야, 1996 : 79).

거제도에서 운반선을 경영했던 집의 딸로 자랐던 한 일본인 여성도 "늙은 가정부는 다른 일본인들도 그렇듯이 '오모니-'라고 어머니를 일본 발음으로 불렀고, 젊은 가정부는 '네-야'라는 젊은 가정부를 비하하는 일본어로 불렀고, 젊은 사환에게는 '다케'라는 일본 남자 이름으로 불렀다"(다바타 가야, 1996 : 76)고 회고한다. 그러나 같은 집에서 생활을 같이했어도 가정부나 사환에 대해 아무것도 모르고 지냈고 그들은 "다만 집안일을 도와주는 사람에 불과"했다. 당시 일본인 가정이 어느 정도 조선인 가사노동자에 의존했는지 '객관적인' 지표는 존재하지 않는다. 다만 다바타 가야가 행한 설문조사 결과를 보면 23명의 응답자 중 17명이 자기 집에 조선인 가정부나 인부를 고용하고 있었고, 관료나 은행원 같은 중상류층 가정에서는 '네-야'라 불리는 일본인 가정부를 포함해 여러 명의 사용인이 있었던 것으로 나타난다(윗글: 73). 특히 회고록의 저자들은 당시 대부분의 일본인 가정에서 '오모니'나 '기지베'를 쓰고 있었다고 기록하고 있는데, 이는 회고록 저자들의 계층적 배경을 보여줄 뿐만 아니라 일본인들의 '실감'으로 기억하는 조선인 가사노동자의 존재라 할 수 있다. 가사노동자의 임금에서도 조선인과 일본인 사이에 큰 차별이 있어서 일본인 입주자의 경우엔 20엔, [조선인] 오모니는 입주에 10엔 정도, 기지베는 기껏해야 6엔 정도였다고 한다(沢井理惠, 1996 : 178).

이처럼 현지조선인들과의 만남이 극히 제한되거나 정형화된 방식으로 이루어진 결과, 식민지 조선의 일본인들의 의식세계에 조선인들의 존재가 갖는 의미가 특별히 각인되지 못한 것으로 드러난다. 특히 당시의 식민 상황을 고려할 때, 이러한 점은 식민자의 비성찰성을 그대로 반영하는 것으로 해석할 수 있다. 즉 자신들이 왜 한반도에서 살고 있는지 한반도에 사는 조선인은 누구인지에 대한 의문이나 고민이 자리할 여지가 별로 없었다. 한 저자는 "조선인은 일종의 풍경의 일부 같았다"(윗글: 35)고 기록하고 있다. 혹은 아래의 고백도 비슷한 상황을 잘 보여준다.

> 내가 철이 들 무렵, 길가에 작은 돌이 굴러다니는 것처럼 조선인들의 삶이 한쪽 편에 있었다. 작은 돌이 그 존재를 사람들이 의문시하건 않건 간에 그곳에 있는 것과 마찬가지였다. 또한, 작은 돌이 사람들의 감각에 어떤 영향도 주지 못하는 것 같은 식이었다(森崎和江, 1984 : 7).

IV. 식민지 조선 내 일본인의 식민의식

본 연구에서 고찰한 '보통'의 일본인의 일상과 생활양식은 당연히 이들이 식민본국의 성원으로, 즉 식민지배자로서 한반도에 거주하고 있었던 점에 크게 기인한다. 그렇다면 식민통치에 직접 가담하지 않은 일본인들이 가졌던 식민의식은 구체적으로 어떤 모습으로 존재했고 어떤 기제를 통해 유지·재생산되었을까?

1. 식민지배에 대한 비성찰성과 무관심

일상을 통한 일본인들의 식민의식은 우선 식민자로서의 자신들의 위치에 대한 비성찰적인 태도로 나타난다. 일본인들이 왜 한반도에 살게 되었는지, 현지 조선인과 일본인의 관계는 무엇인지에 대한 질문이 들어설 자리가 없으며 기존의 질서는 당연히 주어진 것일 뿐이다[13].

나는 아득한 옛날부터 이 세상에는 일본인과 조선인이 서로 섞여 살고
있었다고 생각하고 있었다(森崎和江, 1984 : 21).

특히 식민지 조선의 일본인들은 "농사일, 힘든 일, 몸을 쓰는 일"은 "당
연히" 조선인들의 일이며, 가난한 사람도 "당연히" 조선인이라고 생각하고
있었다. 그리하여 '몸을 쓰는 사람'과 '가난한 사람'을 '일본인'이란 범주로
연결시키지 못하고 있었다. 이들의 인지체계에서 양자는 서로 배타적인
범주에 속했던 것이다. 그 결과 패전 후 일본으로 귀국하면서 대면하게 된
일본인들의 모습은 이들에게 하나의 충격으로 다가왔다.

[패전 후 일본으로 철수할 때 배가 항구에 도착하자] 선착장에는 갑자기
짐꾼들이 몰려들었다. 놀란 것은 말을 끄는 남자들이 한 명 예외도 없이
일본인이라는 점이었다. 그것은 정말로 믿기지 않는 일이었다. 다시 한
번 주위를 둘러보아도 우리들을 상대로 노점을 펼치고 있는 여자들도,
분주하게 짐을 부리는 항만 노동자도 모두 죄다 일본인이었다. 나는 어
머니께 물었다. "이 사람들 정말로 일본인이야? 전부 일본인이야?" 경성
에서는 몸을 쓰는 일을 하는 사람은 모두 조선인이었다. 전차와 버스의
운전수, 기차역 개찰원, 교통 순사, 노점상, 행상인, 마부, 차부, 부두노동
자, 청소부, 화장(火葬)인부, 우편배달원, 교외의 농부와 어부… 철이 들
고 보니 내가 그들 속에 있었다. 인천부두의 바닷물을 보고 바닷물은 탁
하구나 믿었던 것처럼, 손을 더럽히는 일을 하는 것은 조선인이라고만
생각하고 있었다.… 선착장에서 내가 느낀 경악은 식민자 2세가 아니라
면 체험할 수 없는 것이었다. 마차를 끄는 일 같은 '천한 일'을 '선민'(選

---

13 향후 연구 과제로 남겨둘 수밖에 없지만 식민지 조선의 일본인을 고찰하는데 세대
문제는 중요한 변수가 될 수 있다. 일본에서 태어나 일본생활을 어느 정도 경험하
고 한반도로 이주했던 1세들과 비교해 조선에서 태어난 2세들이 보는 '세계'는 사
뭇 다르게 다가 왔을 것이다. 실제 회고록을 보면 패전 후 일본 '귀환' 뒤 적응상의
문제나 '고향 상실감'을 겪은 2세들의 고백을 종종 접할 수 있다. 본 연구에서 인
용하는 상당수의 저자들이 조선에서 출생한 식민자 2세라는 점을 명기해 두고자
한다.

民)인 일본인이 담당할 리가 없다는 말도 안 되는 발상을 우리는 지극히
당연하게 갖고 있었다(本田靖春, 1974 : 159-163).

일본의 촌락 이야기를 부모로부터 듣거나 그림책에서 내지(內地)의 농촌
을 보았지만, 논밭에서 괭이질을 하고 있는 사람이 그 복장이 [조선인과]
달랐음에도 불구하고 모두 조선인이라고 생각하고 있었다(森崎和江,
1984 : 72).

하타다 다카시 역시 중학교 때 고향 오카야마 현을 방문해서 일본인이
힘쓰는 일을 하는 것을 보고 이상하게 느꼈던 기억이 있으며(旗田巍,
1979 : 201), 사와이 리에의 모친도 패전 후 일본에 도착한 뒤 가장 먼저
놀란 것이 항구의 노동자나 농사짓는 농민이 모두 일본인이라는 점(沢井
理惠, 1996 : 11)이었다고 회고한다. 사키모토 가즈코가 인터뷰한 경성여
자사범대학 졸업생들도 비슷한 '충격'을 이야기한다(咲本和子, 1999 : 93).
이러한 점은 중국에서 철수한 일본인들의 어린 자녀들이 "어머니, 일본에
도 '꾸리가 있어요?"(本田靖春, 1974 : 239)라고 질문하곤 했던 상황과 정
확히 일치한다. 그만큼 '노동자'와 '일본인'은 범주적으로 같이 하기가 어
려웠으며, 이는 식민 질서가 확립된 이후 출생한 식민자 2세들에게서 훨
씬 심각하게 나타났다.

기존의 식민 질서가 당연했던 일본인들은 조선인의 저항이나 반감에 대
해 전혀 관심이 없거나 무지했다. 이들은 당시 진행된 독립운동을 거의 알
지 못했거나 관심이 없었고, 식민정책에 대해서도 방관자의 태도를 견지
했다. 3.1운동에 대해 가졌던 막연한 두려움, 그러나 그 배경에 대한 무지
와 무관심(旗田巍, 1979) 정도의 기억을 가지고 있을 뿐이다.

사키모토 가즈코는 경성여자사범대학 출신 일본인 여성에 대한 인터뷰
와 설문지조사를 바탕으로, 조선에서의 생활에 대한 이들의 회고를 지배
하는 "평온한 생활"과 "선량한 일본인"이라는 자기상이 얼마나 기만적일
수 있는지 지적하고 있다(咲本和子, 1999). 이들의 회고를 보면 경성여자

사범에서의 학교생활은 "평온"했고, '내선공학' 정책에 따라 입학이 허락
된 소수의 조선인 학생들과도 "차별 없이 정말로 사이좋게" 잘 지내고[14],
졸업 후 부임한 학교에서도 조선 아이들을 애정을 갖고 정성껏 교육시켰
다. 그러나 사키모토가 지적하듯 이들은 당시의 식민지배의 현실을 의식
하거나 자신들의 "선의"가 갖는 모순을 인식하지는 못했다. 예를 들어 조
선인이 왜 일본어를 강제적으로 배우게 되었는지 의문을 갖지 않았으며,
일본인 교사가 '선의'로 열심히 조선인 학생들을 교육할수록 식민지교육
(당시의 황민화 교육)에 기여하고 결과적으로 지배가 심화되는 구조적 모
순을 성찰하지 못하고 있었다. 특히 설문지에 대한 답의 대다수는 조선인
과의 좋은 관계를 강조하고, 식민지 지배는 비판받아야 하지만 국가의 식
민지정책과 보통의 일본인은 차이가 있다는 식의 인식을 보이고 있다.

　모리사키 가즈에의 고백처럼 식민지 조선의 일본인들의 생활은 "그 자
체가 침략"(森崎和江, 1984 : 38)이었다. 조선인들의 땅에서, 조선사회와
직접 접촉하는 일 없이 느긋하게 생활할 수 있었던 것은 바로 그들이 식
민지배층의 일원이었기 때문에 누릴 수 있었던 특권이었다. 현지의 값싼
노동에 기댄 안락한 일상, 일본 본국의 불황기에도 "낡은 것, 불편한 것,
육체노동을 필요로 하는 것"(윗글: 83)과는 거리가 먼 유복한 삶, "도시생
활자로서의 우아한 생활"(梶村秀樹, 1974) 모두 식민지배로 인해 가능한
것이었다.

　그러나 극히 예외적인 경우를 제외하고 대부분의 일본인들은 자신이 식
민지배자라는 의식도, 특권적 위치에 대한 성찰도 없이 생활하고 있었다.

---

14 1935년 설립된 경성여자사범대학은 당시의 통치이념에 따라 '내선공학'(內鮮共學)
　을 표방했고 미나미지로(南次郎) 총독체제로 바뀌면서 '내선일체'가 학생생활 전반
　에 걸쳐 강조되고 있었다. 그러나 조선인 학생 수는 여전히 소수였고 대부분 상류
　층 출신이었다. 이들은 "일본어가 유창하고 몸가짐도 세련되었으며, 성적은 일본
　인학생보다도 우수"했고, 집에 초대되어 가보면 "방이 몇 개인지 모를 정도고, 많
　은 사람을 부리고 있는 대단한 집"에 살고 있었다(咲本和子, 1999: 84).

즉, '보통' 일본인들의 식민의식, 혹은 제국의식의 실체는 이데올로기적으로 교화된 어떤 분명한 '지식'과 틀에 근거했다기보다 기존 질서에 대한 이러한 무관심과 방관의 모습을 띠고 있었다고 할 수 있다. 사실, 보통의 일본인들이 현실에 대해 보인 비성찰성이나 무관심은 크게 놀랄만한 것은 아니다. 당시 한국을 직접 연구대상으로 한 학자들은 물론이고, 한국문화에 큰 관심을 가졌던 지식인들마저 식민지배의 현실에 대해 침묵하면서 "방관자의 시선으로 조선의 풍물이나 자연의 아름다움을 논하는 데에 집중"(다테노 아키라, 2006 : 241)하고 있었기 때문이다. 자신들이 누리는 삶이 내포한 조선 민중에 대한 억압과 착취에 대한 성찰이 자리하기엔 대부분의 일본인들이 갖는 "의문"은 아래의 예에서처럼 너무 '소박'하고 '순진'했다.

> [집 근처에] 쇼케이엔[15]이라는 게 있었는데, 큰 동물원과 큰 식물원과 …
> 응, 벚꽃이요. 벚꽃의 계절이 되면 서울에 사는 일본인이 다 와요. 나도
> 의문이었어요. 왜 그런 멋진 곳에 조선 사람은 놀러 오지 않는가. 벚꽃
> 구경도 일본 사람밖에 없고 … 정말 조선 사람이 적었어요. 난 그게 항상
> 의문이었어요(다바타 가야, 1996 : 82).

한편, 식민지 조선에서의 자신의 삶이 갖는 의미에 대한 무지와 비성찰성은 귀국 후 한국에 대한 '순진무구한' 향수로 이어진다.

> 경성에서 태어난 나는 고향이 먼 타국이 되어 버렸다. 그건 쓸쓸한 일이
> 다. 나는 서울이 된 뒤 경성에 3번 방문했지만 서울은 예전의 경성과는
> 다른 이국의 수도일 뿐이었다. 인구는 급증하고 거리는 번영하고 있는
> 듯 보였지만 예전의 조용함은 없고 차분한 느낌이 없는 도시가 되어버렸
> 다. 한때 일본어를 유창하게 했던 한국 민중들에게 일본어는 영어보다도

---

15 '昌慶苑'의 일본식 발음. 일제가 창경궁을 파괴하기 시작한 것은 1907년으로, 1909
년에는 동물원과 식물원이 개원하고 1911년에는 창경원으로 이름이 바뀌었다.

더 먼 외국어이다. 광고와 표식에도 일본 문자는 물론 없다. 한자도 모습을 감추어 조선의 가타카나[한글] 뿐이다. 내가 태어난 집도 배웠던 소학교·중학교도 완전히 모습을 감추어 버렸다. 경성 공립중학교라는 명문교는 거대한 호텔의 부지가 되었다. 경성제대 법학부의 훌륭한 벽돌건조물은 흔적도 남아 있지 않았다. 경성의 거리에 서서 나는 역사의 변천을 생각하지 않을 수 없었다(京喜會, 1982 : 13).

조선인 친구들과 사이좋게 지냈고 조선인 학생들을 성심으로 가르쳤다고 회고하는 경성여자사범대학 졸업생들도 한국을 재방문하고는 "이제 한국도 글렀다. 옛날과 비교해보면 우선 일본어가 전혀 들리지 않는다. 그리고 일본인도 별로 없다"(京城女子師範學校同窓會(1980),『めいきょう』제1집: 咲本和子, 1999 : 89에서 재인용)고 아쉬움을 토로한다. 비서구사회에 대한 침탈 과정에서 자신들이 파괴한 비서구의 문화에 대해 그리워하는 서구 제국주의자들의 허위의식에 대해 로살도는 "제국주의자의 향수"라 비판했지만(로살도, 2000), 피식민지가 탈식민이 된 후에도 식민시절의 모습을 그대로 간직하고 있기를 기대하는 것이야 말로 심각한 '식민주의자의 향수'라 할 수 있을 것이다.

2. 차별의식과 인종주의적 편견

피식민 주체들은 단순히 국가권력에 의해 지배되었을 뿐만 아니라, 분류화 작업과 그런 분류범주와 정체성을 자연화 시키는(naturalizing) 기제에 의해 피지배자가 되었다(Cohn, 1996: xi). 분류와 범주화 작업은 때로는 '과학적' 지식의 형태로, 때로는 식민지의 풍속과 습속에 대한 실태조사 형대로, 때로는 일상적인 의식과 정신구조 속에서 일종의 심리적 정당화 기제로 작동하면서 피식민자를 타자화시킨다. 식민지 조선의 일본인들이 식민지배에 대해 보인 비성찰성과 무관심 속에 '정치적 질서'(political order)는 일본인과 조선인의 역할과 위치에 대한 '자연적 질서'(natural

order)로 환치되면서 식민의식은 별다른 거부감 없이 유지·재생산되고
있었다. 조선인들은 더러운 자, 게으른 자, 못 배운 자, 도둑질 하는 자,
육체노동을 하는 자로, 일본인과는 다른 종류의 사람들이었다.

> 더러운 사람, 도둑질하는 사람에 대해 '조선인 같다'는 식의 말을 했고,
> 더러운 일은 모두 조선인이 하는 것으로 생각하고 있었습니다(咲本和子,
> 1999 : 93).

> 경성의 조선인 거리는 일본인 거주지역과 비교하면 훨씬 못했다. 불결하
> 고 유행병이 항상 거기에서 발생했다. 길거리에서 팔고 있는 조선 엿은
> 맛있겠다는 생각이 들기 전에 팔고 있는 조선인의 의복과 손이 워낙 더
> 러워 사고 싶은 생각이 안 났다. 내지(內地)에서는 현관문을 걸어두는 일
> 이 없었지만, 조선에서는 거는 걸 잊고 5분만 지나도 신발을 훔쳐갔다.
> 그뿐만 아니라 바깥에 말려둔 세탁물도 무심코 있는 사이 없어지곤 한
> 다. 도덕관념이 없는 사람들이라고 어른들한테 설명 들을 필요도 없이
> 일본인 아이들은 이미 그렇게 생각하고 있었다. 아울러 일본인은 다르다
> 고도(松岡洋子, 1975 : 16)[16].

살펴본 것처럼 그런 '자연적' 질서 속에서 피지배 민족은 그저 '풍경'의
일부이거나 특정의 역할('오모니', '기지베', '지게꾼', '물장사', '마부', '노동
자', '농부' 등등)과 범주적으로 연결되어 인격이 없는 보통명사로 등장한
다. 혹은 인종주의화 된 편견의 대상으로 일반화된다. 그리고 이 인종주의

---

16 그러나 이글의 저자는 패전에 이은 점령 하 일본에서 조선인에 대한 생각이 결국
   인종주의적 편견이었음을 뼈저리게 깨닫게 된다: "먹을 것도 모자라 혼란한 상황
   에서 문을 철저하게 잠그지 않는 사람이 없게 되었다. 사람의 통행이 적은 밤길에
   서는 입고 있는 것을 빼앗기는 일도 생겼다. 아무리 청결하려고 해도 목욕을 할
   수 없는 날이 이어졌다… 불결하고, 도덕심이 결여되었고 등등, 모두 조선의 민족
   성이라고 생각하고 있던 내 확신은 밑바닥에서부터 무너졌다"(松岡洋子, 1975:
   17).

화 된 편견은 현지 조선인과의 만남이 지극히 제한되어 있는 까닭에 종종 '우연'과 '우발'에 의해 고착된다. 예컨대 경성에서 태어난 혼다 야스하루는 일본인 거리에서 자랐다. 인근에 딱 한 집 김 씨 성을 가진 조선인이 살았는데 늦가을이 되면 십 수 명의 아낙들이 모여 항아리 수십 개분의 김장을 담그는 "장관"을 연출했다. 그 김장김치가 익어갈 무렵이면 김 씨 집에서 하인을 시켜 김치를 보내곤 하였다. 어머니는 정중하게 인사를 하며 받았으나 하인이 돌아가면 김 씨 집안서 자랑하는 그 김치는 바로 쓰레기통으로 들어가는 기묘한 풍경이 반복되었다. 야스하루가 세 살 때 자기 집에서 일하는 조선 소녀('기지베')의 등에 업혀 그녀의 집에 가서 음식을 먹은 뒤 이질에 걸려 죽을 고비를 넘긴 일이 중요한 계기가 되었던 것 같다. 그 일 이후 모친은 "조선인은 화장실에 다녀와서도 손을 씻지 않는다." "조선인은 같은 세면대에서 발도 씻고 입도 씻는다."는 말을 반복적으로 들려주며 자식을 단속하였다(本田靖春, 1974 : 27~29).

이렇게 열등한 범주, 하급의 인간인 조선인들은 일본인들과 전혀 다른 인간이었다. 그리고 반대 범주에 속한 일본인들의 지배를 받는 것은 당연한 일이었다. 따라서 '일시동인' '내선일체'가 정치적 이데올로기로 유포되고, 전시동원체제가 본격화되면서 동원을 위한 '내선일체' 정책이 가동되었을 때 조선 내 일본인들이 보인 반응은 인종주의적 편견에 근거한 식민의식에 기초해 '이해'되어야 할 것이다. 조선인이 선민(選民)인 일본인과 같이 된다는 것은 있을 수 없는 일이었다. 예를 들어 1942년 5월 일본각료회의에서 조선인에 대한 징병제 실시가 결정되자 '내지' 일본인 대다수는 '시기상조'라는 반응을, 일부는 일본국가와 조선인을 위해 축하할만한 경사라는 반응을 보였다. 그러나 조선에 사는 일본인들은 철저한 반대의견이었다. 조선인들은 '동포'가 아니며 일본인에게 복종해야 할 존재라는 의식이 그대로 드러난 반응이었다(尹建次, 1989). 고바야시 마사루의 소설에서는 식민지배가 뒷받침하는 일본인들의 선민의식이 좀 더 극적으로 표현된다. 소설 속 일본인 소년은 일본 제국이 점차 전시동원체제로 들어감에 따라 조선인 중학생들도 〈황국신민의 서사〉를 제창하는 것을 보면서 다음과 같이 외친다.

"우리는 황국 신민이다. 충성으로 천황과 국가에 보답하자." 나는 조선인 중학생이 암송하는 것을 듣고 학교에서 가르치는 것과는 달리 뭔가 잘못 되었다고 생각했다. 너희는 황국 신민이 아니야. 너희는 우리 황국 신민 과 달라, 너희는 우리와 다르다. 모든 생활이 다르듯이 말이야, 너희는 다른 종류의 생물이다(고바야시 마사루, 2007 : 51).

V. 나오기

서두에서 언급했듯이 식민지 조선의 일본인 사회는 그 규모와 중요성에 도 불구하고 아직 연구가 매우 부족한 편이다. 또한, 기존에 수행된 연구 도 대부분 일본인 사회를 '밖'에서 접근하는 시도에 그치고 있다. 예를 들 어 일본인의 직업구조에 대한 분석은 다수 존재하지만 특정 직업이 어떤 형태로 수행되었고, 고용방식이나 고용인은 어떤 사람들이며, 고용주와 고 용인의 관계는 어떤 식이었는지 등에 대한 질적인 접근은 찾기 힘들다. 마 찬가지로 서울의 남촌을 필두로 한반도 각 지역에 형성되었던 일본인 거 주자나 상권 형성과정이 최근 속속 연구되고 있으나, 실제 일본인 거주자 들의 일상적인 실천과 관행, 그러한 것을 통해 파악할 수 있는 일본인들의 의식과 욕망에 대한 접근은 아직까지 별로 시도되지 않고 있다.

살펴본 것처럼 식민지기 한반도로 이주·정착한 일본인들은 물리적으 로나 사회적으로 현지사회와 분리된 자신들만의 세계를 구축하고 있었고, 한국인과의 관계나 접촉은 생활에 필요한 서비스와 노동을 값싸게 활용하 는 데에 주로 국한되어 있었다. 이들 대부분은 스스로가 식민지배자의 일 부라는 의식도 없이 식민지배가 가능하게 한 다양한 특권을 누리고 있었 다. '보통의' 일본인들은 식민지배 기구가 만들어 내는 이데올로기적 '지식'이나 정치적 교화뿐만 아니라, 일상을 영위하면서 만나는 피식민 조선인과의 (불평등한) 관계, 제한된 만남이 초래하는 편견과 오해, 이로 인해 생겨나는 우월의식을 '자연적' 질서인양 받아들이고 있었으며, 이런 비성찰적 태도에 근거해 '식민의식'을 형성해 갔다고 할 수 있다.

이런 맥락에서 식민지 조선의 일본인과 '양반'의 만남은 지배체제, 민족, 계층이 서로 교차하는 장을 제공한다는 점에서 매우 흥미롭다. 소위 일제 식민사관의 부정적인 기술과는 달리 '현장'의 일본인들은 양반에 대한 대단한 경외심과 압도당함을 표현하고 있다. 여기에는 물론 당시 일본인들과 그들이 관계를 맺었던 양반 사이의 계층적 차이가 크게 작용했을 것이다. 그것은 중산층 일본인과 상층 조선인의 만남으로, 당시 상층 양반들이 갖추고 있던 부와 지식, 그리고 '품격'은 적어도 일본인들에게는 '조선인'의 범주를 무력화하는 것이었을 것이다. 혹은 일본인들에게 '양반'과 '조선인'은 범주적으로 다르게 인지되었을 수 있다. 적어도 회고록 자료에서는 '양반'과 '요보'를 같은 '조선인'으로 의식하는 모습은 찾을 수 없었다. 식민자와 피식민자 간의 지배관계 외에 인종, 젠더, 계급이 교차하면서 만들어 내는 복잡한 역학에 주목하는 최근의 연구들(Devereux, 1999; Gowans, 2006;Lester, 1998; Stoler, 1989, 1995; Tamanoi, 2000 등)에 비추어 향후 좀 더 심화된 분석이 가능한 주제라 여겨진다.

마지막으로 한 가지 지적해 두고 싶은 것은, 본고에서는 일본인들의 식민주의적 관행 및 태도에 초점을 맞추었지만, 그것을 피식민 조선인들의 대응에 연결시켜 보다 다차원적인 역학관계로 분석하지는 못했다는 점이다. 향후 과제로 남겨두고자 한다. 다만, 이 연구에서 활용한 일본인 측의 자료들에서 (역시 일본인 시각에서 본) 조선인들의 다양한 저항을 일부 추정해 볼 수는 있었다. 예를 들어 창씨개명이 강제되자 커다란 도마에 도쿠가와 이에야스[德川家康]라고 쓴 '문패'를 내 건 양반집(森崎和江, 1984), 학교(경성여자사범학교) 화장실에 반일적인 낙서가 발견되어 헌병이 학생들의 필적검사를 행한 일이나 조선인 학생이 등교 중에 왜 조선어를 사용

해서는 안 되냐고 항의했다가 퇴학당한 일(咲本和子, 1999), 혹은 수학여
행 길에 철없이 난동 부리는 동료 학생들과는 달리 침묵하며 다른 '꿈'을
준비하던 일본인 중학교의 조선인 학생(京喜會, 1982)의 존재는 식민자와
피식민자가 공존하던 식민지 조선의 일상이 일본인들의 회고처럼 "평온"
할 수만은 없었음을 암시해 준다. 오히려 이 사례들은, 그 평온함이 지배
와 인종주의적 멸시의 이면에 도사린 '긴장'과 '갈등'에 대한 불안정한 통
제 위에 유지되고 있었음을 잘 보여준다. 그런 점에서 식민지 조선의 일본
인들이 누린 "평온한 일상"은 아래 인용에서 보듯 "허상"에 불과했을 수
도 있다. 일본으로 철수한 뒤 조선에서의 체험을 소재로 작품을 써낸 대표
적인 작가 중 하나인 고바야시 마사루[小林勝]의 작품 속에는 평소 순종적
이고 무지하게 보이던, 그렇지만 정체를 잘 모르겠던(uncanny) 조선인 가
정부의 '회심의 복수'가 극적으로 묘사되어 있다. 일본의 패전 사실을 안
일본인 중학생 주인공은 급히 집으로 돌아오는 길에서 자기 집에서 일해
온 조선인 가정부를 만난다.

> 에이코! 라고 나도 모르게 불렀다. 그러자 에이코는 강하게 고개를 가로
> 저었다.
> 그랬다. 에이코는 원래 가공의 이름이었고, 일본인들만이 어리석게도 그
> 실재를 믿고 있었던 허상에 불과했던 것이다. 에이코라는 이름의 여자는
> 애당초 그 어디에도 없었던 것이다.
> 나는 옥순이!, 라고 그녀는 천천히 말했다.… 나는 옥순이 그리고 너는
> 쪽발이!(고바야시 마사루, 2007: 63).

제78회 발표, 2007년 4월 26일

참고문헌

고바야시 마사루 지음, 이원희 옮김, 『쪽발이』, 소화, 2007.

공제욱·정근식 편, 『식민지의 일상, 지배와 균열』, 문화과학사, 2006.

권숙인, 「'도한(渡韓)의 권유': 1900년대 초두 한국이민론 속의 한국과 일본」, 『사회와 역사』 69, 2006.

_____, 「식민지배기 조선 내 일본인학교: 회고록을 통해 본 소·중학교 경험을 중심으로」, 『사회와 역사』 77, 2008.

김백영, 「식민지 도시계획을 둘러싼 식민 권력의 균열과 갈등: 1920년대 '대경성(大京城)계획'을 중심으로」, 『사회와 역사』 67, 2005.

김진균·정근식 편저, 『근대주체와 식민지 규율권력』, 문화과학사, 1997.

다테노 아키라 편저, 오정환, 이정환 옮김, 『그때 그 일본인들』, 한길사, 2006.

레나토 로살도 저, 권숙인 옮김, 『문화와 진리』. 아카넷, 2000.

미즈노 나오키 외 지음, 정선태 옮김, 『생활 속의 식민지주의』, 산처럼, 2002.

박찬승, 「서울의 일본인 거류지 형성과정: 1880년대-1903년을 중심으로」, 『사회와 역사』 62호, 2002.

孫禎睦, 『日帝强占期都市社會相硏究』, 一志社, 1996.

신주백, 「일제의 새로운 식민지 지배방식과 재조일본인 및 '자치' 세력의 대응(1919-22)」, 『역사와 현실』, 한국역사연구회, 2001.

여박동, 『일제의 조선어업지배와 이주어촌 형성』. 서울: 보고사, 2002.

연세대국학연구원 편, 『일제의 식민지배와 일상생활』, 혜안, 2004.

오타 심페이, 「료한(兩班): 식민지화 과정에 보이는 일본인의 조선 양반 표상양식에 관한 지식인류학적 연구」, 『한국문화인류학』 39(2), 2006.

이규수, 『식민지 조선과 일본, 일본인』, 다할미디어, 2007.

정근식, "서장: 식민지 일상생활 연구의 의의와 과제," 공제욱·정근식 편, 『식민지의 일상, 지배와 균열』, 문화과학사, 2006.

다바타 가야, 「식민지 조선에 살았던 일본 여성들의 삶과 식민주의 경험에 관한 연구」, 이화여자대학교 석사학위논문, 1996.

하시야 히로시 지음, 김제정 옮김, 『일본제국주의, 식민지 도시를 건설하다』, 모티브북, 2005.

하야시 히로시게 지음, 김성호 옮김, 『미나카이 백화점』, 논형, 2007.

稲葉継雄, 『旧韓國~朝鮮の「內地人」教育』, 九州大學出版會, 2005.

尾崎新二, 『もう僕は京城っ子には戻れない』, 世界日報社, 1985.

梶村秀樹,「植民地と日本人」,『日本生活文化史 八: 生活のなかの国家』. 河出書房
　　　新社, 1974.

梶山季之,『李朝殘影-梶山季之朝鮮小說集』, インパクト出版會, 2003.

木村健二,『在朝日本人の社會史』, 東京: 未來社, 1989.

＿＿＿＿,「近代日本の移民・植民活動と中間層」,『歷史學研究』613, 1990.

＿＿＿＿, 「朝鮮居留地における日本人の生活樣態」, 『一橋論叢』 第115巻2號,
　　　1996.

＿＿＿＿,「植民地下新義州在住日本人の異文化接觸」, 戶上宗賢編著,『交錯する
　　　國家・民族・宗教』, 不二出版, 2001.

京喜會,『仁旺ケ丘: 京城中學卒業五十周年記念誌』, 1982.

京城高等商業學校創立七十周年記念文集編輯委員會編,『一粒の麦』, 1990.

京城三坂小學校記念文集編集委員會編,『鐵石と天草』, 三坂會事務局, 1983.

柳沢遊・岡部牧夫編,『帝國主義と植民地』, 東京堂出版, 2001.

咲本和子,「'皇民化'政策期の在朝日本人-京城女子師範學校を中心に」,『國際関係
　　　学研究』(津田塾大学) 25, 1999.

佐藤俊男,『他國のふるさと: 朝鮮へ渡つた日本人の子供たち』, 創言社, 1984.

沢井理惠,『母の「京城」・私のソウル』, 草風館, 1996.

昭十二會,『馬頭ケ丘: 京城醫學專門學校昭和十二年卒業五十周年記念誌』, 1990

高崎宗司,『植民地朝鮮の日本人』, 東京: 岩波書店, 2002.

橋谷弘,「植民地都市としてのソウル」,『歷史學研究』614, 1990.

旗田巍,「私の朝鮮体験」,『季刊三千里』, 夏号, 1979.

本田靖春,『私のなかの朝鮮人』, 文藝春秋, 1974.

松岡洋子,「朝鮮と私」,『季刊三千里』, 夏号, 1975.

村松武司,『朝鮮植民者』, 三省堂, 1972.

森崎和江,『慶州は母の呼び声ーわが原郷』, 新潮社, 1984.

尹建次,「植民地日本人の精神構造: '帝國意識'とは何か」,『思想』778, 1989.

Bickers, Robert and Christian Henriot, "Introduction," in Bickers & Henriot,
　　　eds, New Frontieirs: Imperialism's New Communities in East Asia,
　　　1842-1953, Manchester: Manchester University Press, 2000

Cohn, Bernard S., Colonialism and Its Forms of Knowledge: The British in
　　　India, Princeton: Princeton Univ Press, 1996.

Cooper Frederick and Ann L Stoler, eds, Tensions of Empire: Colonial Cultures
　　　in a Bourgeois World, Berkeley and LA: Univ of Calif Press, 1997.

Devereux, C. "New Women, New World: Material Feminism and the New

Imperialism in the White Settler Colonies," Women's Studies International Forum 22(2), 1999.

Dirks, Micholas B., ed, Colonialism and Culture, Ann Arbor: Univ of Michigan Press, 1992.

Gowans, Georgina, "Travelling Home: British Women Sailing from India, 1940-1947," Women's Studies International Forum 29, 2006.

Henry, Todd A., "Sanitizing Empire: Japanese Articulations of Korean Otherness and the Construction of Early Colonial Seoul, 1905-1919," Journal of Asian Studies 64(3), 2005.

Lester, A. "Reformulating Identities: British Settlers in Early Nineteenth-century South Africa," Transactions of the Institutes of British Geographer 23(4), 1998.

Stoler, Ann Laura, "Rethinking Colonial Categories: European Communities and the Boundaries of Rule," Comparative Studies in Society and History 13(1), 1989.

_____, "A Sentimental Education: European Children and Native Servants in the Netherlands Indies," in Fantasizing the Feminine: Sex and Death in Indonesia, ed, Laurie Sears, 71-91. Durham, N.C.: Duke University Press, 1995.

Tamanoi, Mariko Asano, "Knowledge, Power, and Racial Classifications: The Japanese in Manchuria," Journal of Asian Studies 59(2): 248-276, 2000.

Young, Louise, Japan's Total Empire: Manchuria and the Culture of Wartime Imperialism, Berkeley: Univ of California Press, 1998.

일본의
현재와 전망

일본농촌사회의 결혼난

'이에[家]'에서 '개인', 그리고 '사회'로

|

황달기(계명대학교 교수)

Ⅰ. 문제제기

현재 일본 농촌사회가 안고 있는 가장 큰 문제는 과소화(過疎化)의 급격한 진행과 이에[家] 후계자(대부분 장남)의 결혼난이라고 할 수 있다. 이로 인해 오래전부터 일본사회에서는 '저출산·고령화'가 함께 진행되어 왔으며, 특히 후계자의 결혼난으로 지역에 따라서는 이에가 단절되거나 마을이 해체될 상황을 맞이하고 있다. 이는 1960년대 이후의 급격한 근대화와 도시화에 따른 여성중심의 향도이촌형(向都離村型) 인구이동과 도시화된 여성의 기준에서 본 농촌이나 농업, 농가, 농민에 대한 부정적 인식에서 비롯되었다고 할 수 있다. 여기에 1970년대 이후 현저해지고 있는 미혼율의 증가[비혼화(非婚化), 만혼화(晩婚化)]도 결혼난과 과소화를 촉진시킨 요인으로 볼 수 있다. 그 결과 협동노동이나 교제, 연중행사 등 영농을 기반으로 한 전통적 관행의 변화나 소멸, 공동체 구성원의 급격한 감소로 인한 문화계승 라인의 단절 등으로 촌락사회는 공동체적 위기에 직면해 있다. 특히 농가후계자의 결혼난은 현대 일본 농촌의 심각한 사회문제로 부각되고 있으며, 이에 대한 다양한 원인 규명과 해결책이 모색되고 있다. 그 대표적 예가 지방자치제별로 다양하게 실시되고 있는 사회나 행정주도 의 결혼이나 육아와 관련된 지원활동이다.

여기서 우리가 주목해야 하는 것은, 첫째 현재 일본 농촌사회의 결혼난 은 본인의 의사와 노력으로는 어떻게 할 수 없는 사회나 문화의 구조적인 문제라는 점과 둘째 이것을 해결하기 위해 지극히 개인적이며 프라이버시 에 해당되는 결혼문제에 사회나 행정의 적극적 관여가 시도되고 있다는 사실이다. 다시 말해 결혼적령기를 넘긴 이에 후계자는 도시화된 젊은 여 성이나 사회적 규범이나 가치, 행정 측에서 보면 철저하게 주변화된 존재 로, 배우자로서 기피의 대상이 되거나 행정의 대상으로서 특별히 관리되 어야 하는 존재인 것이다. 이러한 관점에서 이에 후계자의 결혼난은 개인 과 이에의 차원을 넘어 지역공동체의 총체적 대응의 문제로 확대·심화되 었다고 할 수 있다.

이 글은 이러한 문제의식에서 일본 농촌사회의 결혼난과 지역사회의 대 응과 관련된 여러 현상들에 대해, 글쓴이의 조사지 사례를 중심으로 그 사 회·문화적 함의들을 밝혀보고자 한 것이다. 농촌사회의 결혼난은 일본뿐 만 아니라 한국에서도 나타나고 있으며, 그 대책으로서 중국을 비롯한 동 남아시아 출신 여성들이 동원되고 있는 사실도 아주 유사한 점으로 미루 어 봐, 일본 사례에 대한 연구는 우리들에게도 시사 하는 바가 많을 것으 로 생각된다.

II. 결혼난의 역사와 사회적 의미

일본 농촌의 결혼난은 도쿄를 중심으로 한 대단히 제한된 지역이기는 하지만, 이미 1930년대 중반(昭和 10년대)에 들어가면서 나타났던 것으로 보인다. 도쿄 근교의 여성들이 옛 시가지인 도심으로 이동한 결과, 도쿄

근교의 농촌남성들의 결혼난이 발생한 것이다. 그 해결책으로 산타마[三多摩]나 가나가와[神奈川], 사이타마[埼玉], 지바[千葉] 지역의 여성을 데려올 수밖에 없었다는 것이다(帝國農會 1935 : 58, 光岡浩二 1990 : 12에서 재인용). 당시 이미 도쿄 근교에서 도심으로 이동하는 여성들로 인해 남성들의 결혼난이 발생했음을 알 수 있다.

한편 제2차 세계대전 중(1939~1945년)에는 젊은 남성들의 출병에 의한 결혼적령기 남녀의 수적 불균형으로 반대로 여성의 결혼난이 발생한 것으로 알려져 있다. 특히 패전 직후에는 여기에 심각한 식량난이 가해져 도시의 여성이 스스로 농가로 시집가는 사태가 발생하여 농가의 결혼난이 해소되는 듯했다. 그러나 고도경제성장이 시작되는 1950년대 중반(昭和 30년대)에 들어서면서 사태는 급변하여, 여성들의 대거 도시진출과 함께 농촌(농가) 남성의 결혼난이 재발하게 된다. 그 후 현재까지 농촌 남성의 결혼난은 여러 가지 사회적·행정적 대응에도 불구하고 지속되고 있다. 그 이유는 여러 가지가 있겠지만 우선 근대화와 산업화 과정에서 만들어진 도시의 활기차고 세련된 이미지가 농촌의 어둡고 침체된 이미지에 비해 가치적으로 우위에 있다는 이분법적 인식 때문인 것으로 보인다.

그렇다면 이러한 농촌사회의 결혼난은 전반적인 일본인의 결혼관의 변화와 어떤 관련이 있을까? 일본인의 결혼은 메이지(明治, 1868~1914년) 전기까지 '구사족(舊士族)'과[1] 상류계급의 경우에는 이에의 번영과 영속을 위한 수단으로 생각되어, 가문의 균형과 조화를 중시하는 이에[家] 중심의 결혼이 주류를 이루고 있었다(竹下修子 2000 : 12). 한편 대다수의 서민은 비교적 자립 자족적인 마을공동체의 규제를 받으면서 무라[ムラ, 자연부락]나 번제촌(藩制村)이라는 대단히 한정적인 교제범위 안에서였지만 어느

---

1 메이지 초기에 메이지유신 이전의 무사가계에 속해 있던 사람들에게 부여한 지위로서 '화족(예로부터 천황으로부터 통치권을 위임받아 천황대신 섭정을 편 5개 가문과 메이지유신 공로자에 부여한 지위)'보다는 밑이고 평민보다는 위에 있는 지위.

정도 당사자들의 의사가 존중되었던 것으로 생각된다(竹田旦編 1976 : 55~56). 그러다가 1899년(明治 31년) 이에가 법 제도화 되면서 중매인의 중개에 의한 이에 중심의 결혼이 유행하기 시작했다. 그러나 같은 '무라'나 '촌', 이웃하는 '촌'을 중심으로 한 통혼권에는 큰 변화가 없었다. 이른바 '촌내혼(村內婚)'의 규범이 강하게 작용하고 있었다는 말이다.[2] 그 후 1947년(昭和 22년) 새로운 민법의 개정에 의해 '이에제도'가 폐지되고 본격적인 근대화가 진행되면서 이에 중심의 결혼관은 개인 중심의 결혼관으로 대체되기 시작했다. 예를 들면 1950년경에 65 : 22의 중매와 연애의 비율이 1965년경에 비슷한 수준을 유지하다가 1980년경에 28 : 67로 완전히 역전되었다(湯澤雍彦 1987: 55). 2000년에는 연애결혼이 거의 90%에 이를 정도로 중매결혼은 거의 자취를 감춘 상태이다(竹下修子 앞의 책: 112).

이와 같은 결혼관의 변화와 관련하여 또 한 가지 지적할 수 있는 것은, 최근 '오히토리사마'로 일컬어지고 있는 '독신을 즐기는 30대 이상의 여성'의 등장이다. 심지어 이들에게 유익한 정보를 제공하기 위한 사회단체나 그들이 운영하는 웹 사이트가 개설되어 있을 정도이다(朝日新聞 2004. 9. 18 朝刊: 53). 이들에게는 꼭 해야 하는 사회적 규범으로서의 결혼이 '해서 이익이 될 때' 선택하는 하나의 생활양식으로 선택되는 것이다.

이러한 이에 중심에서 개인 중심으로의 결혼관의 변화는 농촌남성들에게는 불리한 조건으로 작용하게 되었다고 할 수 있다. 왜냐하면 농업의 특성상 정해진 휴일이 없고, 기계화로 인한 협업노동의 관행이 사라졌으며, 다양한 동호회나 문화학습을 통한 시민적 연대나 활동에 소극적인 점 등, 자유로운 남녀교제의 기회와 장이 극도로 제한되어 있기 때문이다. 게다가 고도경제성장기 이후 농촌 여성의 도시진출과 전업농의 겸업화에 따른

---

2 글쓴이의 후쿠시마현(福島縣) 다키네초(瀧根町)의 조사자료에 의하면, 현 세대주를 중심으로 상위 1세대와 하위 1세대 계 3세대 후계자 192명 중 약 절반인 97명이 村內婚을 하고 있으며, 이웃 町村을 포함하면 대개 80%가 지리적으로 가까운 곳 출신자와 通婚하고 있는 것으로 나타났다(황달기 1992: 104).

생활양식의 도시화(민속의 도시화)가 진행되면서 이에를 단위로 한 전통적 교제관행이 더 이상 촌락공동체사회에서는 큰 의미를 가지지 못하게되었다는 점도 무시할 수 없다.

이상에서 살펴본 바와 같이, 농촌사회의 결혼난은 유치원이나 소학교등 근대적 교육시스템의 붕괴나 '가정 내 보살핌'이라는 전통적 개호(介護)시스템의 불안정, 청소년의 감소로 인한 농업의 쇠퇴나 지역의 활기상실 등, 전반적인 사회·문화적 침체를 수반하며, 나아가 일본 농촌의 과소화와 저출산·고령화를 촉진시키는 최대의 원인이 되고 있다. 최악의 경우에는 세대계승에 의한 영속성을 이념으로 하는 이에가 사라져 무라가붕괴되거나 소멸될 가능성도 배제할 수 없다. 이것이 개인의 문제인 결혼에 사회단체나 행정이 개입하게 되는 구실이 되고 있다고 하겠다.

이하 조사지의 사례를 통해 이러한 문제들을 검토해 보고자 한다.

Ⅲ. 사례검토-다키네초의 경우

1. 조사지 개요

조사지는 후쿠시마 현[福島縣] 다무라군[田村郡] 다키네초[瀧根町]로서, 이곳은 글쓴이가 1984년 이후 지금까지 20년간 10여 차례의 현지조사를 시행해 오고 있는 지역이다. 다키네초는 도쿄 우에노역[上野驛]에서 도호쿠신칸센[東北新幹線]으로 1시간 30분 정도의 거리에 있는 고오리야마역[郡山驛]에서 반에쓰토센[磐越東線]으로 갈아타고 동쪽으로 1시간 정도 들어간 곳에 있으며, 2004년 2월 말 현재 연구 5,300여 명, 세대수 1,500여세대로 비교적 규모가 작은 기초지방자치단체이다. 다키네초는 특별히 지역 활성화나 유명관광지로 소문난 곳도 아닌 아주 평범한 농촌지역 중의하나이다. 장차 급속도로 진행될 과소화와 고령화를 대비한 여러 가지 시

책이나 공민관을 중심으로 한 사회교육(지역 만들기)에 온 힘을 쏟고 있는
것도 농촌 지역의 다른 시정촌(市町村, 기초지방자치단체)과 비슷한 상황
이다.

우선 여기서 조사지의 결혼난의 특성을 파악하기 위한 전제조건으로 인
구와 세대 수에 대한 자료를 검토해 보고자 한다. 〈표 1〉은 조사지의 인구
와 세대 수의 변화를 1965년부터 2000년까 5년 간격으로 정리한 것이다.

<표 1> 다키네초의 인구와 세대 수

	1965	1970	1975	1980	1985	1990	1995	2000
인구	6,304 (0)	6,019 (-4.5)	5,698 (-5.3)	5,621 (-1.4)	5,638 (+0.3)	5,653 (+0.3)	5,552 (-1.8)	5,540 (-0.2)
세대	1,217 (0)	1,243 (+2.1)	1,254 (+0.9)	1,298 (+3.5)	1,315 (+1.3)	1,356 (+3.1)	1,351 (-0.4)	1,423 (+5.3)

( ) 안은 전년대비 증감율, 단위는 %
(瀧根町 2000 : 2)

조사지의 인구는 1965년부터 조금씩 감소하여 2000년에는 1965년의
87.9%로 12.1%나 감소했다. 그러나 세대수는 반대로 16.9% 증가했는데,
이는 2세대 부부동거에서 별거세대로의 이행과 함께 진행된 핵가족화와
촌락 지역에서 인근 지역으로의 통근이 용이한 초(町) 중심부 지역으로의
전출에서 비롯된 것이라고 할 수 있다.

여기서 우리가 주의해야 할 점은 다키네초는 일본정부가 지정한 '과소
지역'이 아니라는 점이다. 과소지역으로 지정되려면 적어도 2배가 넘는
25% 정도의 인구감소가 있어야 한다.[3] 그러나 같은 기간 동안의 출생자

---

3 2004년 4월 1일 마련된 현행 과소법에는 첫째 1960년(또는 1965년)에서 1995년
   (또는 2000년)까지의 인구감소율이 30% 이상이거나, 둘째 같은 기간의 인구감소
   율이 25% 이상이고 1995년(또는 2000년)의 고령자인구 비율이 24% 이상이거나,
   셋째 같은 기간의 인구감소율이 25% 이상이고, 1995년(또는 2000년)의 젊은 층의

수를 검토해보면(표 2), 2000년은 1965년의 31.2%로 1/3을 넘지 못할 정도로 급격히 감소하고 있음을 알 수 있다. 또한, 취학아동 수에 있어서도 2000년도의 642명은 1970년도의 51.8% 수준으로, 감소율이 무려 49.2%에 이르고 있다(표 3). 그러니까 출생자 수와 취학아동 수만을 고려했을 때는 이미 '과소지역'의 기준을 충족한 것으로 볼 수 있다.

<표 2> 다키네초의 출생자 수

연도	1965	1970	1975	1980	1985	1990	1995	2000
출생자 수	109 (0)	93 (-14.7)	87 (-6.5)	77 (-1.5)	83 (+7.8)	61 (-26.5)	56 (-1.2)	34 (-39.3)

( ) 안은 전년대비 증감율(%)
(瀧根町 앞의 책: 2)

<표 3> 다키네초의 취학아동(초중생) 수

연도	1970	1975	1980	1985	1990	1995	2000
취학아동 수	1240 (0)	1015 (-18.1)	845 (-16.7)	700 (-17.2)	707 (+1.0)	740 (+4.7)	642 (-13.2)

( ) 안은 전년도대비 증감율(%)
(瀧根町 앞의 책: 2, 瀧根町教育委員會 2003 : 18)

뿐만 아니라 글쓴이의 직접 조사대상 지역인 이리미즈[入水] 부락(자연부락, 행정구)은 1985년 당시 68세대 380여 명이던 것이 20년이 지난 2004년 2월 말 현재 64세대 285명으로 세대 6%, 인구 25%가 각각 감소했다. 따라서 다키네초 전체가 아닌 자연부락 단위로 본다면 상업지구나 단지주택이 밀집한 초[町] 중심지 이외의 행정구는 대부분 이리미즈처럼 과소지역의 조건을 충족한 것으로 보인다. 그러나 무엇보다 중요한 것은 과

인구비율이 15% 이하인 지역 중 어느 하나에 해당되고, 1996년도(1998도년)에서 1998년도(2000도년)의 재정자립도의 평균이 0.42 이하인 지역을 과소지역으로 지정하고 있다. (http://www.kaso-net.or.jp/kaso-about.htm)

거 35년간(1960~1995년 혹은 1965~2000년)의 전체 인구감소율(25~30%)을 기준으로 한 정부의 법정 '과소지역'은 아니나, 주민들의 일상적 차원에서는 오래전부터 과소화가 진행되고 있다는 인식이 일반화되어 있다는 사실이다. 여기서 우리는 조사지의 과소화가 전후 부흥기와 고도경제성기의 일반적인 향도이촌형 인구감소로 진행되는 것이 아니라, 이에 후계자의 결혼난에 의한 신생아 수의 감소에 의해 진행될 것이라는 판단을 하게 된다. 따라서 정부에서 요구하는 '과소지역'의 조건에 도달하는 것은 시간문제라고 할 수 있다.

다음으로 결혼난과 관련하여 짚고 넘어가야 할 문제는 그간 생계의 근간이 되어온 농업경영형태의 변화이다. 농업경영형태의 변화는 종래의 노동집약적 전업농에서 기계화 중심의 겸업농으로의 변화를 말하는데 구체적으로 살펴보면 〈표 4〉와 같다.

<표 4> 다카네초의 겸업별 농가 수

	1965	1970	1975	1980	1985	1990	1995	2000
전업 농가	213 (31.7)	242 (37.9)	113 (18.3)	107 (17.6)	89 (15.0)	46 (8.0)	47 (8.5)	38(7.1) 〈-82.2.〉
1종겸업	159 (23.6)	218 (34.2)	202 (32.8)	194 (31.9)	175 (29.4)	136 (23.5)	123 (22.3)	84(15.6) 〈-47.2〉
2종겸업	301 (44.7)	178 (27.9)	301 (48.9)	307 (50.5)	331 (55.6)	396 (68.5)	381 (69.2)	333(77.3) 〈+10.6〉
총 농가	673	638	616	608	595	578	551	455(100) 〈-20.2〉

( )안은 총 농가 안에서 차지하는 비율(%)이며, 〈 〉안은 1965년 대비 증감율(%)을 나타낸다.
(瀧根町 앞의 책: 2, 瀧根町 2003 : 32)

위의 표에서 보는 바와 같이, 1965~2000년 사이의 35년간 전업농은

82.2%, 제1종 겸업농은 47.2%가 각각 감소한 데 비해, 제2종 겸업농은 10.6%나 증가했다. 해당년도별 구성비에서도 총 농가 중, 전업농이 31.7% 에서 7.1%로, 제2종 겸업농은 44.7%에서 77.3%로 상반된 경향을 보이고 있다. 그러니까 2000년 이후에는 제2종 겸업농이 80%에 이를 정도로 농업소득이 생계에서 차지하는 비중이 크지 않음을 알 수 있다. 이는 농업을 기반으로 형성·유지되어온 공동체적 연대와 통합이 더 이상 존립할 수 없는 상황을 의미한다.

이상에서 살펴본 여러 가지 변화는 이에 후계자의 결혼에 부정적 영향을 미치게 되었다고 할 수 있다. 조사지에 있어서 이에 후계자의 결혼은 아직까지 집안이나 가문이 중시되는 '가혼적(家婚的)' 성격을 띠고 있기 때문이다. 여기서 주의해야 할 점은 이들의 결혼이 이에의 문제를 넘어 무라공동체, 나아가 지역사회라는 행정의 차원으로까지 확대되어 행정이나 무라, 심지어는 결혼중개업자까지 적극적으로 개입하게 되는 일종의 '사회혼(社會婚)'이나 '상업혼(商業婚)'적 성격을 띠게 되어 더욱 복잡한 양상으로 전개되고 있다는 사실이다. 그렇다면 실제 어느 정도의 남녀가 미혼인 상태로 남아 있는지, 과거 45년간의 통계자료를 통해 들여다보기로 하겠다.

2. 결혼난의 실상

<표 5> 다키네초의 남녀별 미혼자 수

	남 성			여 성		
	총수	미혼자 수	비율	총수	미혼자 수	비율
1955	1,436	246	17%	1,585	184	12%
1960	1,331	177	13%	1,571	171	11%
1965	1,295	158	12%	1,488	118	8%
1970	1,317	198	15%	1,487	144	10%
1975	1,372	263	19%	1,498	192	13%

1980	1,474	345	23%	1,494	190	13%
1985	1,488	377	25%	1,440	178	12%
1990	1,424	384	27%	1,369	183	13%
1995	1,309	351	27%	1,267	193	15%
2000	1,365	418	31%	1,161	179	15%

* 미혼자는 20~59세까지이며, 비율은 총수 중에서 미혼자가 차지하는 비율
* 위의 표는 다키네초 사무소 총무과에서 2004년 2월에 조사한 자료(다무라군 내의 7개
町村의 미혼자통계표)를 바탕으로 재구성한 것이다.

위의 〈표 5〉는 다키네초의 과거 45년간의 남녀별 미혼자 수를 나타낸
것이다. 크게 변화하지 않는 여성에 비해, 남성은 1965년을 최저점으로 하
여 꾸준히 증가하여 2000년에는 30%를 넘고 있다. 남성의 경우 결혼난 문
제가 부각되지 않았던 1980년대 이전의 15~20% 정도가 정상적인 상태라
고 보면 그 배에 가깝다는 말이다. 여기에 같은 기간 중의 20~59세인 미
혼남녀의 성비를 함께 검토해보면 불균형은 더욱 분명해진다(표 6). 〈표
6〉에서 보는 바와 같이 미혼남녀의 연령이 높을수록 성비 불균형이 심화
되고 있음을 알 수 있다. 남녀의 성비 불균형은 곧 남성의 결혼난을 의미
한다. 이는 일본인의 결혼, 특히 이에 후계자의 결혼은 한국인과는 달리
주로 촌내혼을 하기 때문이다. 또한, 이러한 불균형은 태어날 때부터 발생
한 것이 아니라, 여성의 타지전출(도시)에서 비롯된 것임은 말할 것도 없
다.

<표 6> 20세 이상의 미혼남녀의 연령별 수와 남성에 대한 여성의 비율(%)

연도	남 녀	20-24	25-29	30-34	35-39	40-44	45-49	50-54	55-59	계
1955	남	189	46	7	1	2	1	0	0	246
	녀	132 (69.8)	31 (67.4)	12 (171.4)	5 (500.0)	2 (100.0)	1 (100.0)	0	1	184 (74.8)
1960	남	114	49	7	3	1	1	1	1	177
	녀	110	34	11	7	7	1	1	0	171

연도	구분	**(96.5)**	**(69.4)**	(157.1)	(233.3)	(700.0)	(100.0)	(100.0)		(96.9)
1965	남	111	31	8	5	3	0	0	0	158
	녀	62	19	13	9	5	7	1	2	118
		(55.9)	**(61.3)**	(162.5)	(180.0)	(16.6)				(74.7)
1970	남	137	36	8	10	4	3	0	0	198
	녀	102	12	10	6	4	3	5	2	144
		(74.5)	**(33.3)**	(125.0)	(60.0)	(100.0)	(100.0)			(72.7)
1975	남	149	76	22	6	7	3	0	0	263
	녀	126	29	6	10	5	4	5	7	192
		(84.6)	(38.2)	**(27.3)**	(166.7)	(71.4)	(133.3)			(73.0)
1980	남	168	108	37	15	6	8	2	1	345
	녀	117	47	8	2	7	3	3	3	190
		(69.6)	(43.5)	(21.6)	**(13.3)**	(116.7)	(37.5)	(115.0)	(300.0)	(55.1)
1985	남	148	122	51	26	15	5	8	2	377
	녀	109	41	10	4	2	6	2	4	178
		(73.6)	(33.6)	(19.6)	(15.4)	**(13.3)**	(120.0)	(25.0)	(200.0)	(47.2)
1990	남	122	111	60	40	28	11	4	8	384
	녀	103	47	14	6	2	4	5	2	183
		(84.4)	(42.3)	(23.3)	(15.0)	(7.1)	**(36.4)**	(125.0)	(25.0)	(47.7)
1995	남	91	80	61	46	33	24	12	4	351
	녀	92	63	10	8	8	4	3	5	193
		(101.0)	(78.8)	(16.4)	(17.4)	(37.5)	(16.7)	**(25.0)**	(125.0)	(55.0)
2000	남	103	79	68	50	42	35	30	11	418
	녀	79	43	27	9	9	7	2	3	179
		(76.7)	(54.4)	(39.7)	(18.0)	(21.4)	(20.0)	(6.7)	**(27.3)**	(42.8)

* 위의 표는 다키네초 사무소 총무과에서 2004년 2월에 조사한 자료(다무라군 내의 7개 町村의 미혼자통계표)를 바탕으로 재구성한 것이다.

위의 표에서 보는 바와 같이, 1955년의 20대 여성은 남성의 약 70% 수준으로, 이러한 불균형은 당시 전후 부흥기의 여성의 도시진출에 의한 것으로 볼 수 있다. 이러한 경향은 20대 후반의 불균형이 조금씩 심화되면서 1960년에서 1970년까지 지속된다. 그 후 1975년이 되면 30대 전반까지, 1980년에는 30대 후반, 1985년 40대 전반, 1990년 40대 후반, 1995년

50대 전반, 2000년 50대 후반으로 이어진다(굵은 이탤릭체 부분). 그러니까 1965년에 크게 심화된 20~24세 사이의 남녀 불균형(여성의 남성에 대한 비율이 55.9%)이 2000년까지 상당부분 해소되지 않고 그대로 지속되었다는 것이다. 그 결과 2000년에는 미혼 남녀의 수적 불균형이 20대에서 50대까지 거의 전 연령층에서 나타난 것이다. 특히 1965년에 20대 미혼자가 30대 후반이 되는 1980년대에 들어와서 결혼난이 처음으로 사회적 관심을 끌기 시작했는데, 그때만 하더라도 30을 넘기고도 미혼인 상태로 있는 사실 자체가 특별한 것으로 인식되었기 때문이다. 그러나 2000년에는 20세 이상 전체 남성 1,365명 중 31%에 해당되는 418명이 미혼인 상태로 남아 있다. 또한, 미혼여성은 1975년 이후 대개 180~190명 선을 유지하고 있는 데 반해, 남성은 263명에서 꾸준히 증가하여 2000년에 418명이 되었으며, 이는 같은 시기의 여성미혼자 179명의 1.6배에 달하는 수치이다.

이상과 같은 결혼적령기 이후의 남녀의 수적 불균형과 미혼율 통계가 조사지의 결혼난의 실상을 가장 구체적으로 보여주고 있는 것으로 볼 수 있다. 여기서 우리가 특히 유의해야 할 점은 위의 통계에서 드러나지 않는 사실로서, 이들의 대부분이 이에 후계자라는 점이다. 조사지에서는 장남이 이에를 상속하는 관행이 일반화되어 있기 때문이다. 따라서 이들의 결혼난은 이에 계승의 단절과 붕괴를 초래하며, 궁극적으로는 농업을 바탕으로 한 촌락공동체의 붕괴를 촉진하는 원인이 될 수 있다. 그럼 이러한 상황에 지역사회는 어떻게 대응하고 있는지 살펴보기로 하겠다.

3. 지역사회의 대응

1) 지방자치단체의 대응

이미 앞에서 지적한 바와 같이, 이에 후계자의 결혼난은 이미 개인으로서는 어떻게 할 수 없는 사회나 문화적 시스템의 문제로서, 당사자는 물론 그 가족이나 이웃, 친척, 마을사람들의 공통의 관심사가 된 지 오래이다.

특히 행정 측에서는 후계자들의 결혼문제를 '마을 부흥운동'의 일환으로서 적극적으로 검토하고 그 해결 방안에 지혜를 모아왔다. 정장(町長)을 중심으로 한 20명의 농업위원들이 결혼상담원이 되어 이들의 결혼을 도와온 것이다.

한편 조사지에서는 1980년대 초반에 가나가와 현[神奈川縣] 가와구치시 [川口市]와의 자매결연을 통해 농산물의 판로개척과 공장유치, 나아가서는 남녀의 교류의 장을 만들기 위한 여러 가지 이벤트를 개최했었다. 주로 가와구치시의 여성들을 초청하여 이곳 남성들과의 만남을 주선하는 이벤트였는데, 참가자가 적고 진지함이 부족한 것으로 판단되어 두세 번 정도에 그친 것으로 보인다. 그리고 1980년대 후반에는 농가 후계자의 결혼난의 심각성을 인식하고, 이를 해결하기 위한 각종 실태조사를 하기도 했으며, 동경의 '일본청년관 결혼상담소'가[4] 1987년에 개최한 '농산촌 결혼 심포지엄'에 관계자를 파견하는 등 본격적으로 이 문제에 접근하기도 했다.[5] 한때 관계자들 사이에서는 일본에서 최초로 행정주도의 집단국제결혼을 성

---

4 일본청년관은 1925년부터 청년단운동의 거점으로서, 또한 사회교육 센터로서의 역할을 해왔다. 여성의 생애독신자의 증가추세에 따른 일본 청년들의 결혼난에 정면으로 대응하기 위해, 1980년 결혼상담소를 개설하고 젊은이들의 연애와 결혼에 유용한 정보를 제공하는 사업을 시작했다. 최근에는 특히 일본의 사회문제로 부각되고 있는 농가 후계자의 결혼문제 해결에 적극적으로 나서고 있다.

5 예를 들면 다음과 같은 것이 있다.
① 1986년 2월, 『후계자육성과 신부대책』(농업진흥대책 협의회 자료), 瀧根町산업과
② 1986년 7월, 『농가의 젊은 부인에 관한 앙케이트 조사결과』('86 농업진흥대책 협의회 자료), 瀧根町
③ 1988년 3월, 『후계자의 결혼에 대한 앙케이트 조사결과 - 지역전체로 생각하자, 신부감 부족을』('87瀧根町 지역농정 종합촉진자료), 瀧根町
④ 1989년 4월, 『여성의 결혼에 관한 앙케이트 조사결과 - 청년이여, 조금 더 가볍고 명랑하게, 적극적인 행동을』(瀧根町 구조조정정책 추진협의회 자료), 瀧根町
⑤ 1988년 2월, 제2회 결혼문제 스페셜리스트 강좌 '마을의 국제결혼을 생각한다'

공시킨 야마가타 현[山形縣] 아사히마치[朝日町]의 예를 들어 일본인이 불가능하다면 필리핀이나 스리랑카, 한국 출신 여성과의 행정지원형 국제결혼도 적극 검토해야 한다는 주장이 제기되기도 했다.

여기서 잠시 다른 지역의 사례들을 살펴보고자 한다. 일본청년관결혼상담소가 주최한 2003년 '전국결혼연구회의(2004년 2월까지 8회 개최됨)'에서는 전국의 각 시정촌(市町村)에서 150명 정도가 참가하여 현재 진행되고 있는 결혼지원사업의 효과와 문제점에 대해 4개 지역의 사례발표가 있었다.6 이 밖에도 야마가타 현[山形縣] 아쓰이마치[溫海町]의 공무원이 직접 중개하는 '맞선등록제도'나 야마가타시의 상담원에 의한 '시결혼상담협의회'의 운영, 난요시[南陽市]의 '시(市)의 후계자 등 결혼대책추진협의회', 도쿄도 오쿠타마초[奧多摩町]와 야마나시 현[山梨縣]의 두 개 자치단체가 합동으로 실시하고 있는 '맞선 교류파티' 등 다양한 결혼지원사업이 전개되고 있다(朝日新聞 2004.6.2, 같은 신문 2004.10.3). 행정주도나 민간주도, 민간의 형식을 빌린 행정주도 등 기본적으로는 행정이 주도하고 있는 형태가 대부분이다.

이상에서 살펴본 움직임은 조사지뿐만 아니라, 특히 농산촌지역의 시정촌(市町村)이 '농업후계자'를 안정적으로 양성하기 위한 수단으로서 이미 30여 년 전부터 시행해오고 있는 시책들이다. 이들이 바라는 결혼형태는 이타모토[板本洋子]의 지적처럼, 여성이 자신의 살던 곳을 떠나 때로는 직장까지 포기하면서 남성이 사는 집으로 옮긴 후, 그의 이에와 마을(지역사회)의 유지·존속에 없어서는 안 될 안전장치로서의 전통적 '며느리'의 역할에 주목하고 있다는 것이다(板本洋子, 2003: 7). 여기서 문제가 되는 것은 사회단체나 행정의 개입을 둘러싼 찬반양론이다. 우선 찬성하는 측은

---

6 예를 들면 사가현[佐賀縣] 사가시[佐賀市]의 '요리하면서 데이트'를 비롯하여, 니가타현[新潟縣] 산포쿠마치[山北町]의 '주말농부 해보고 싶다', 후쿠이현[福井縣] 후쿠이시[福井市]의 '만남이벤트', 후쿠오카현[福岡縣] 후쿠오카시[福岡市]의 '청년강좌' 등이 있다(日本靑年舘結婚相談所, 2003a).

"남녀교제는 기본적으로 개인의 자질의 문제이지만, 어느 정도 사회성과 지역성의 문제이기도 하므로 주민들에게 자극을 주어야 하며, 이것을 할 수 있는 것은 오직 행정뿐이다."라는 생각을 하고 있으며, 반대하는 측은 "결혼이라는 개인의 프라이버시 문제에 행정이 세금을 써가며 개입하는 것은 신중해야 한다."는 입장을 보이고 있다(朝日新聞 2004.10.3 朝刊: 33). 특히 반대하는 측의 의견은 행정의 지원책이 실제 결혼난 해결에 어느 정도 효과가 있는가에 대한 의문에서 비롯된 것이다.

이와 같이 결혼난과 그 해결방안의 모색이라는 측면에서 전개되고 있는 다양한 실천들은 남녀관계나 교류의 기회와 방식이 사회나 행정에 의해 면밀하게 기획되고 연출되는 대상임을 보여주고 있으며, 이는 분명 일본사회에서 자율적 연대와 통합에 의한 다양한 사회관계가 제대로 기능하지 않거나, 아니면 남녀의 교제나 결혼과는 무관하게 기능하고 있다는 것을 의미하는 것으로서 주목할 만하다.

2) 국가정책과 지방의 대응

1999년 일본정부는 지방자치단체에 2,000억 엔의 '소자화대책(少子化對策) 임시특례 교부금'을 지원했다. 이 지원금의 취지는 현재 급속도로 진행되고 있는 농산어촌 사회의 과소화를 억제하기 위해 출산과 육아와 관련된 환경을 정비하기 위함이었다. 그러나 이 교부금을 지원받은 지자체 중에서는 미혼자를 대상으로 한 결혼지원 사업에 이 기금을 직접 사용하는 예가 나타나게 되었다. 예를 들면 각 현별로 주로 미혼자의 결혼을 촉진하기 위한 교제방법 강좌의 개최나 결혼상담정보의 수집과 공개, 선진지 시찰, 도시에서의 맞선파티의 개최, 농촌에서의 교류회 개최(농촌에서의 이벤트체험 투어) 등의 이른바 미혼남녀의 결혼촉진사업이다(日本青年館結婚相談所 2003b: 5). 이는 서구사회와는 달리 정식으로 결혼하지 않으면 아이도 낳지 않는다는 인식에서, 우선 미혼남녀의 결혼을 촉진하는 것이 소자화를 막는 최선의 방안이라고 판단했기 때문이다.

이러한 지방자치단체의 움직임을 고려한 듯 일본정부(후생성)는 2003년 독신 남녀에게 교류기회를 제공하는 시정촌(市町村)의 사업에 약 31억 엔의 보조금을 책정하기에 이른다. 아오모리 현[靑森縣]을 비롯한 이바라키[茨城], 도야마[富山], 기후[岐阜] 등 8개 현이 펼치고 있는 것과 같은 '데아이[出合い(남녀교류)] 사업'을 소자화 대책으로 지원하기 위함이었다. 이러한 정부의 대책에 대해 "관제맞선에 웬 보조금을?"하는 비판의 목소리도 제기되었다. 이에 대해 후생성 담당자는 "소자화대책으로서 그동안 낳기 쉽고 키우기 쉬운 환경조성에 힘써왔는데, 여기에 결혼하기 쉬운 환경조성도 필요하게 되었기 때문"이라고 했다(朝日新聞 2002.11.17).

'재단법인 아이미래재단'의 '지방공공단체의 결혼지원사업에 관한 연구(2003)'에서 조사에 참가한 전국의 인구 10,000명 이하의 967개 시정촌(市町村) 중 47%인 450여 지방자치단체(2002년도에는 33.9%인 328개 단체)가 어떤 형태로든 '데아이 사업'을[7] 추진하고 있을 정도로(財團法人こども未來財團 2004: 3~7), 일본사회의 결혼난과 그에 대한 대응의 문제가 행정의 중요 대상이 되고 있음이 밝혀졌다. 그 내용도 유급과 무급의 상담원 제도를 운영하는 곳에서 결혼축하금품을 제공하는 곳, 데아이 사업 및 각종 강좌의 실시, 국제결혼에 이르기까지 다양한 양상을 보이고 있다. 특히 야마가타 현 아사히마치를 비롯하여 현 북동부 지역에 위치한 신조시[新庄市]를 중심으로 한 8개 시정촌으로 구성된 인구 약 10만의 모가미[最上] 지역의 국제결혼은 농촌사회의 문화변용 사례를 검토하는 데에 많은 시사점을 제공하고 있다(宮島喬·加納弘勝 2002: 15~39). 즉 결혼난의 해결을 위한 다양한 활동을 통해 주민들 스스로 자신의 삶의 방식을 되돌아보고, 문제 해결을 위한 변화에 적극적으로 대처하고 있다는 사실이다.

조사지에서도 과소화와 고령화를 예방하기 위한 시책으로서, 1994년 4월부터 '출산장려금지급조례'를 만들어 시행하고 있는데, 그 내용을 보면

---

7 '데아이 사업'의 내역을 보면 레저형 28.3%, 지역산업과 연계된 체험형 10.1%, 결혼관련 강좌·연수형 8.6%를 보이고 있다((財團法人こども未來財團, 2004: 4).

첫째 아이에게는 월 5,000엔씩 1년간, 둘째 아이에게는 월 5,000엔씩 2년간, 셋째 아이에게는 월 7,000엔씩 3년간, 넷째 아이에게는 월 10,000엔씩 3년간 지급한다는 것으로(福島民報 1994. 9. 5: 13), 주민들로부터 긍정적인 평가를 얻고 있으나 아직 이렇다 할 성과는 나타나지 않고 있다.

이상에서 살펴본 바와 같이 결혼이나 육아는 이미 개인의 프라이버시나 가계 계승의 차원을 넘어 무라나 지역사회, 국가의 문제로 확대되었음을 의미한다. 이는 혼인의 성격이 개인혼(個人婚)이나 이에혼(家婚)에서 사회혼(社會婚)이나 행정혼(行政婚)으로 조금씩 변화되기 시작했음을 의미하는 것으로서 인류의 혼인사라는 맥락에서 보면 아주 흥미 있는 일이 아닐 수 없다. 이러한 행정이나 사회가 개인이나 이에의 문제였던 결혼문제에 적극적으로 개입하게 된 배경은 농촌사회의 결혼은 사회나 문화시스템의 문제로서 농촌사회의 문화변용이나 재구조화에 결정적 영향을 미칠 수 있다는 판단 때문이라고 하겠다.

그럼 여기서 이러한 사회의 지대한 관심과 행정의 적극적 개입에도 불구하고 농촌사회의 결혼난이 특히 이에 후계자에게 집중적으로 나타난 사회·문화적 요인들에 대해 짚고 넘어가야 할 것이다.

IV. 결혼난의 사회·문화적 배경

이에 후계자의 결혼난은 앞에서 살펴본 결혼관의 변화와 근대화에 따른 여성인구의 도시진출 외에, 농가특유의 문제와 관련된 다음과 같은 3가지 원인을 생각해 볼 수 있다.

첫째, 농촌의 표면적 도시화와 공동체적 삶의 양태 사이의 간극이다(황달기 1993: 474~475). 둘째, 농가 어머니들의 '며느리는 농가출신자를 맞이하려 하고, 딸은 농가에 시집보내려 하지 않는' 이기적이며 자기모순적인 의식을 들 수 있다(황달기 2004: 103~104). 셋째, 도시화된 여성의 기준에서 보는 농업과 농민에 대한 문화적 평가도 무시할 수 없는 부분이다 (황달기 2004: 104~105). 특히 셋째와 관련하여 여성들은 우선 도시화된 기준에서 농촌과 농민을 보고 있으며, 그 기준에서 특히 농민의 신체는 문화적 맥락에서 도시 청년에 뒤진다는 것이다. 농민은 신체뿐만 아니라 언어구사 등 감정표현의 관리능력 면에서도 도시남성보다 세련되지 못하다는 인식이 지배적이다. 이는 농업 특유의 노동환경과 가족영농이라는 제한된 인간관계로 다양한 커뮤니케이션 능력이 배양되기 어려운 상황과 관련된 것으로 볼 수 있다. 이로 인해 여성들에게 있어서 농민과 농업은 결코 '나우이'한(세련된) 것이 아니라 '다사이'한(촌스러운) 것으로 인식되고 있다.

V. 결론

전후 일본은 도시와 농촌 할 것 없이 안정되고 지속적인 경제성장으로 국민의 생활수준과 산업의 생산구조, 정치나 경제 시스템에서 어느 정도 안정에 도달했다고 생각된다. 그러나 농촌사회에서는 전통적으로 농가와 농민의 정체성의 기반이었던 벼농사의 제한과 공동체 사회의 유지·존속 통합에 절대적으로 기여해 온 이에 후계자의 결혼난이라는 두 가지 큰 충격(변동요인)이 가해졌다. 이는 홍수나 가뭄에 의한 환경변화에 대비되는 사회·문화적 측면의 변동으로서 종래의 '생활·문화의 형(型)'에 대단한 혼란을 초래했다. 물론 이 두 가지 변동요인이 일본 농촌사회의 사회·문화적 현상을 모두 규정하고 있다고는 생각되지 않으나, 이 같은 새로운 사회·문화요소의 출현이 생활 전반은 물론이고 사람들의 가치관이나 세계관까지 크게 변화를 촉진시키고 있다는 데는 이견이 있을 수 없을 것이다.

결혼적령기 남녀의 지역 간(도시와 농촌) 불균형으로 인한 농가후계자의 결혼난은 사회나 행정의 적극적인 개입에 의한 일본인의 새로운 '생활·문화의 형(型)'을 모색하는 계기가 되었다. 일본인은 이미 적어도 아시아에서는 전인미답(前人未踏)의 여러 '생활형(生活型)'을 창조해가고 있는 셈이다. 일본의 농촌은 과소화나 결혼난 등으로 인한 문화적 변화에 다각도로 대응하고 있다. 여기서 농촌을 지금까지와는 다른 새로운 의미의 삶의 터전으로 되살려보려는 지역주민들이나 행정의 노력을 인권이나 세금의 효율적 집행이라는 측면에서 부정하지 않는 자세가 필요하다. 그들의 삶의 방식이 어떤 형태이든 당사자들에게는 보다 건강하고 윤택한 삶을 위한 최선의 선택의 결과이기 때문이다. 다시 말해 해당 지역의 사람들이 진정으로 벌이는 새로운 수준의 연대와 통합을 위한 실천들을 문화의 창조과정으로 파악하고, 그 주체성을 부정하지 않는 자세와 시각이 전제되어야 한다는 말이다.

이 글에서 살펴본 농촌사회의 여러 가지 내부모순이나 문화적 지체현상을 배경으로 한 후계자의 결혼난은 지금까지의 농촌의 사회·문화적 시스템을 위협하는 아노미이며, 한편으로는 도시와 농촌의 대립적 가치에 기초한 새로운 사회·문화시스템으로 농촌사회의 변화를 촉진시키는 요인이기도 하다. 여기서 행정이나 국가에 의한 각종 결혼지원사업은 그러한 아노미를 극복하기 위한 사회·문화시스템의 재구조화의 시도로 볼 수 있다. 각 町村에서 내건 '남녀 공동 참가사회의 구현'이나 '젊은 여성들이 살기 좋은 환경 만들기'라는 슬로건이 바로 그러한 시도의 구체적 예이다. 일본농촌에서의 사회·문화시스템의 변화는 당분간 과소화나 이에 후계자의 결혼난 문제의 해결과 관련된 활동들에 의해 조장·촉진될 것으로 보인다. 그 결과는 결혼난의 사회·문화적 배경(도시화된 여성의 기준에서 볼 때 농촌의 문화적 지체현상)을 어느 정도 객체화시켜 조작의 대상으로 삼는가에 달려 있다고 하겠다.

제76회 발표, 2006년 6월 22일

동일본 대지진 후의
일본정치 · 사회의 현상과 전망

|

하코다 데쓰야(箱田 哲也, 아사히 신문 서울지국장)

Ⅰ. 일본사회의 구조상 문제를 노출시킨 대지진

2011년 3월11일에 일어났던 동일본대지진은 지진이 많이 발생하는 일본에서도 사상초유 최대급 진도로 흔들렸으며, 그 직후에 덮쳤던 쓰나미뿐만 아니라 원자력발전소가 통제불능이 되었던 악몽과 같은 최악의 사태를 초래했다.

그리고 동시에 일찍이 「꿈의 에너지」라고 각광받았던 원자력발전이라는 기술의 미숙함이, 전후(제2차 세계대전 일본 패전 후) 부활이나 고도경제성장, 버블경제와 그 붕괴로 이어진 현재의 일본이 안고 있는 많은 구조상의 모순이나 왜곡상을 한꺼번에 노출시켰다.

지금 문제가 되고 있는 것은 동경전력의 후쿠시마 제1원자력 발전소이다. 일본에 대해 자세하게 알고 계신 분들은 후쿠시마가 동경에서 멀리 떨어져 있고 동북지방에 속해 있다는 것을 아실 것이다. 일본에서는 10개의 전력회사가 사실상 지역을 나누어 독점적으로 사업을 전개하고 있다.

문제가 된 후쿠시마 현은 동경전력이 아닌 동북전력의 관할지역임에도 불구하고 동경전력의 원자력발전소를 가지고 있었다. 수도권 전력의 공급지였던 셈이다.

이런 관계로 미루어 상징되는 문제가 일본의 현대정치, 사회와 더불어 형성되어 왔던 것이다.

일본에 원자력발전소가 처음으로 가동된 것은 1957년이었다. 이바라키 현의 도우카이 무래[東海村]라는 곳에서 처음으로 「원자력의 불씨」가 점화되었다. 그 후, 60년대부터 각 지역에 건설되기 시작했지만, 동시에 환경문제나 원전(原電)에 대한 안정성의 불안이 점점 커져가고 있었다.

그 후, 1973년은 일본의 에너지 정책을 다시금 생각하게 한 커다란 전환점의 해가 되었다. 「석유파동」이 일어났던 것이었다. 일반 가정주부들은 화장지를 사재기하고 석유를 안정적으로 공급받지 못한다는 심한 불안에 휩싸였다.

그것을 계기로 안정된 공급을 목표로 하는 원자력발전소의 필요성이 논의되기 시작하고 정부도 그 방향으로 정책을 선회했다.

각지에서 반대운동이 한창이던 때, 당시의 일본 수상이었던 다나카 가쿠에이[田中 角榮]가 주장했던 것이 「일본열도개조론」이었다. 석유파동이 일어났던 1년 전에 그에 관한 책을 내고 이것이 폭발적으로 팔렸다.

다나카 가쿠에이[田中 角榮]라고 하면, 최근에 해가 바뀔 때마다 획획 바뀌어 버리는 지금의 일본수상과는 다르게 잘했건 못했던 간에 강력한 추진력을 발휘한 대단한 리더쉽의 정치가였다. 별명은 불도저. 왜 이런 별명이 붙여졌나 하는 것은 바로 뒤에 말씀 드리겠지만, 대설(大雪)지대, 어쨌든 눈이 많이 오는 니가타 현의 축산업 농가에서 태어나 고등소학교까지만 졸업하고도 수상의 자리까지 올랐던 것만으로도 이색적인 정치가이다.

이 계보를 현대에 충실히 계승하고 있는 것이 한국 언론에도 자주 등장하고 있는 현재 민주당의 오자와 이치로[小澤 一郎] 전 대표이다.

일본국민이 에너지에 대해 커다란 불안감을 안고 있었던 석유파동의 그 다음 해, 다나카 내각은 이른바 「전원3법(電源3法)」이라는 법률을 성립시키고 공포한다. 이 법률은 다나카 가쿠에이[田中 角榮]의 도시와 시골의 근본적인 관계가 응축되어 있는 듯 한 법률이다.

고생에 고생을 거듭한 끝에 일본의 정상까지 올랐던 다나카는 시골을 풍요롭게 하는 문제에 대해 항상 생각하고 있었다. 마치 그것은 일본 그것을 개조해 버린다는 발상으로, 가는 곳마다 신간선과 고속도로가 연계되며 도시와 시골의 차이를 없애려고 했다. 마치 불도저로 일본을 바꾸어 재건하는 듯 했다. 이러한 이유로 다나카의 별명이 된 것이다.

이 논리를 다나카는 전력에도 적용했다. 도시 사람들이나 기업이 많이 사용하는 전기요금에 세금을 부과하고, 그것을 원전(原電)을 떠맡을 시골과 지방으로 환원하는 방식이었다.

원전(原電) 건설계획이 거론될 때마다 그 지역에서는 반대운동이 거세게 일어났지만, 풍부한 보상금이나 공공사업이라고 하는 「당근」을 눈앞에 내놓으면서 찬성파를 조금씩 늘려가는 방식으로 회유했다. 원전(原電)을 받아들인 지역에는 최신설비를 갖춘 체육관이나 시설, 넓은 도로 등이 차례차례로 정비되어 갔고, 대다수의 농사를 짓고 있던 사람들도 경운기를 버리고 공공사업에 관련된 일에 종사하게 되었다.

대부분의 일들은 관청에서 입찰로 내려왔기 때문에 그렇다 할 경쟁도 필요 없었고 물질적으로도 풍부했을 뿐만 아니라 경제적인 자립의 싹도 피울 수 있었다.

한편, 쌀농사에 있어서도 생산량을 줄이는 감소정책을 도입하여 쌀농사를 짓지 않거나 생산량을 줄이면 보조금이 들어오는 이상한 시스템이 되었다. 즉, 공적인 조성금에 의존하는 체질이 되어 버렸던 것이다.

동북지방은 오랫동안 대도시에 인재와 물품을 제공하는 공급지로서의 역할을 해 왔다. 마치 일본의 경기와 불경기를 조정하는 기관처럼. 경기가 좋을 때는 많은 비정규직 노동자를 기간을 한정하여 고용하고 경기가 하강곡선이면 해고했다. 부품·소재와 관련된 공장에서도 경기에 따라 좌우되는 것은 마찬가지였다. 이러한 지역에서 일어났던 사상 최대급의 천재,

인재가 바로 이번 동일본대지진이었다.

II. 부각된 「원자력마을」

그러나 이번 사고는 어쩌면 사건이라고 말해도 좋을지 모르는 일들이 명백하게 밝혀져 인재(人災)라고 볼 수 있는 측면이 강하다. 대도시의 뒤 치다꺼리를 맡는 듯한 민폐시설을 밀어붙여왔던 도시와 시골과의 관계만 은 아니었다.

새롭게 일본에 존재하고 있다는 것을 알게 된 것이 「원자력마을」이라 는 것이다. 일본지도의 어디를 보아도 원자력마을이라고 하는 곳은 없다.

일본에서 「마을(무라, 村)」이라고 하는 말은 타인을 배제하고 자기들만 으로 상황을 결정하는 배타적인 측면이 있는 것을 의미한다. 실제로 지방 마을에 살고 있는 사람들이 그렇다는 것은 아니지만 상징적으로 「마을(무 라,村)사회」는 강한 폐쇄성을 의미한다.

이번 동경전력의 후쿠시마 제1원전(原電)문제로, 사실상 일본의 원자력 행정은 완전한 마을(무라,村)시스템으로 형성되어 있다는 것이 밝혀졌다.

앞서 말씀 드린 것처럼 정치주도로 진행되어 왔던 일본의 원자력발전이 지만, 각지에서 기동하는데 따른 전기 송전망(送電網)을 독점한 각 전력회 사(오키나와 제외)는 각 분야에서 당연히 강한 발언권과 권한을 갖고, 그 토대되는 분야를 넓혀가는 노력을 했다.

우선은 연구자. 원자력발전에 협력적인 어드바이져나 코멘트가 가능한 전문가를 육성하기 위하여 업계단체는 각 대학에 거대한 연구비나 연구를 위탁하고 시설 등도 정비해 갔다. 자연스레 연구자의 주류는 원자력에 관 련된 일을 찾아 취직을 한다. 만약에라도 소박한 의문으로 원자력발전의 위험성이나 문제점 등을 추구하고자 한다면, 완전하게 주류에서 벗어나 외톨이가 되어 버리는 구도를 만들어 버렸다.

그러나 과학자 중에서도 양심이 찔리는 사람이 있기 마련이다. 연구를 진행시키면서도 이 원자력을 이용한 기술은 과연 정말로 합리적이라고 말할 수 있을까. 한계가 있는 것은 아닐까. 혹은 인류가 아직 컨트롤 할 수 없는 영역의 시스템은 아닐. 이러한 의문을 품고 제기하는 연구자나 전문가가 당연히 나온다.

이러한 이른바 「반원전(反原電)」「탈원전(脱原電)」을 호소하는 전문가에 대해서는 철저하게 특정 운동단체에 속해있는 학자, 혹은 정치적 이데올로기를 연대하고 있는 사람, 아무래도 일류가 아닌 낙오자인 것 같은 인상을 주어 그 존재조차도 제대로 거론하지 않았다.

동경전력의 원전(原電)이 폭발하고, 더욱이 노심용해(爐心溶解, core meltdown), 맬트다운을 일으키고, 방사능이 새고 있다는 그 상황에서도 일본언론의 보도 자세는 과연 타당했던 것일까.

사태의 규모를 과소평가했던 것을 아닐까. 진정하게 심각함을 보도했던 것은 한국이나 유럽언론이 아닌지에 대한 지적이 있었다. 보도에 대해 반성해야 할 점은 확실히 몇 가지가 있지만 무엇보다도 정보가 너무 제한되어 있었다는 것, 그리고 원자력을 둘러싼 학계자체가 원전(原電)에 대해 긍정적인 사람들로만 구성되어 있었다는 것이 커다란 영향을 주었다고 할 수 있겠다.

원자력 마을을 구성하고 있는 것은 학자연구자만이 아니다. 원자력 행정을 다루고 있는 것은 일본 정부에서는 경제산업성(経済産業省)이지만, 여기서도 전력회사는 커다란 영향력을 행사하는 입장이었다. 최근 몇 년간 일본에서는 관공서, 특히 중앙관청에서 정년퇴직을 기다리지 않고 퇴직해 각 관청과 관련된 민간 기업이나 공기업으로 이동하는 이른바 「낙하산」이 커다란 문제가 되었다.

2년 전에 일본은 사실상 전후 처음이라고 할 수 있는 여야당의 정권교체가 이루어졌고, 오랫동안 정권을 쥐고 있었던 자민당에서 민주당으로 권력이 이동했다. 그 원동력으로는 여러 가지가 있겠지만, 낙하산으로 상징되는 듯한 관료지배에 대한 비판이 큰 이유 중의 하나였다. 각 관청에서는 조직이 알선하는 형태로 직원에게 재취업의 길을 소개하고 그곳으로 옮겨간다. 관료는 관공서의 퇴직금을 받으면서 공익법인이나 민간 기업에 새로운 취직자리를 얻고, 심한 경우에는 비상근직임에도 불구하고 몇 년 근무한 것만으로도 거액의 월급이나 퇴직금을 받고 있다는 구조가 밝혀진 것이다.

그리고 원전(原電)을 관리하는 경제산업성(経済産業省)의 유력한 낙하산 자리 중의 하나가 전력회사 소속의 자회사나 계열회사 등의 간부, 고문이 취직하는 곳이다. 당연히 경제산업성은 원전(原電)을 추진하는 입장에 서지만, 그것을 규제하고 체크하는 역할을 담당할 원자력의 안전·보안원(保安院)도 경제산업성의 산하에 들어가 있어 추진과 규제가 동거하는「짜고 치는」방식을 초래해 버렸다.

더욱이 주요 전력회사는 정권여당에 대부분의 정치자금을 대고, 여당과의 밀접한 관계를 구축할 뿐만 아니라 동경전력의 전임부사장을 했던 인물을 참의원선거에 출마시켜 전력회사나 계열사를 동원, 지원하도록 하여 당선시켰다. 이른바 자기 측근을 당선시키려고 의원을 하수인으로 만들어 버렸다.

여당뿐만이 아니다. 야당에서도 전력회사는 힘을 가지고 있었다. 원전(原電)건설을 둘러싸고 원래 일찍부터 사회당은 비판적인 입장이었다. 그러나 55년 체제라고 일컬어지는, 장기간 유지되었던 자민당 대 사회당, 보수 대 개혁이라고 하는 구도가 붕괴되고 커다란 정계재편이 일어났다. 구 사회당의 혈통을 이어받은 그룹에, 과거 민사당(民社党)이라고 하는 민간 기업의 제2노동조합, 경영자 측과의 대립보다도 협력을 중시하는 조합출신을 지지모체로 하는 그룹이 들어왔다. 사실상의 2대 정당이 되어버린 자민, 민주와 함께 전력회사에 약한 체질이 되어 버렸던 것이다.

더구나 언론의 입장에서도 전력회사는 대단히 매력적인 광고주였다. 세계적으로 활자매체나 방송매체로의 광고가 줄어드는 가운데 전력회사는 풍부한 광고료를 콘스턴트로 기대할 수 있는 상대였던 것이다.

일본의 큰 신문사들은 편집과 광고부문이 완전하게 분리되어 있다. 각 신문사들은 아무리 경기가 좋아졌다 하더라도 전체 수입 중 광고료가 일정액 이상 넘을 수 없게 하는 시스템을 갖추고 있기 때문에 전력회사가 광고 출고를 이유로 기사편집 작업에 압력을 가해오는 것은 불가능하다. 하지만 전력회사 측에서 본다면 특히, 방송매체에 대해서는 사태를 크게 만들지 않는 일종의 「보험적」인 생각이 있는지도 모르겠다.

이와 같은 투명성이 결여됐던 체질을 유지해 온 「원자력 마을(무라,村)」과 함께 일본의 원자력 행정은 밀실 안에서 추진되어 왔다. 그리고 커다란 쓰나미를 「상정(想定)」하지도 못한 채 3.11의 날을 맞이하게 되었던 것이다.

III. 강해지는 「탈원전(脫原電)」 의식

일단 대형사고가 일어나면 눈에 보이지 않는 방사능이 퍼져 나가고, 몇십년간은 원전(原電) 주변에서 생활이 불가능해지며, 장소에 따라서는 몇만 년도 영향이 남아있을 수밖에 없는 대참사를 불러일으켰던 원자력발전.

이것을 둘러싼 일본여론은 사고 후 완전하게 「탈원전(脫原電)」혹은 「반원전(反原電)」으로 이행하고 있다. 「원자력 마을(무라,村)」의 실태가 명백하게 밝혀진 것도 그렇지만, 원자력발전은 비용이 적게 든다는 국가나 전력회사의 선전이 사실이 아니었다는 것이 밝혀진 점도 큰 이유 중의 하나이다.

원전(原電)의 원가라고 여겨져 왔던 숫자에는, 건설비에 지불되는 대책비 등이 포함되어 있지 않았으며 그것을 가산해서 비교하면 원전(原電)은 극히 불합리한 시스템인 것이 판명되었던 것이다.

더욱이 이번 여름 일본 전국에서 실시된 대규모의 절전에서도 큰 혼란은 발생하지 않았다. 일반국민 중에서도 원래부터 필요 없는 전기를 과소비하고 있다는 의식을 갖고 있는 사람들도 적지 않았고 오히려 절전을 환영하는 풍조도 일부에서 발생했다.

다른 한편으로 원전(原電)에 대체할 수 있는 에너지원의 문제로 이산화탄소의 배출문제가 제기되었기 때문에 화력발전에 대부분을 의존할 수도 없는 셈이었다. 한국언론에서도 보도되었지만, 그 결과로서 일본에서는 이미 아시아의 다른 나라에서 이전부터 활성화되어 온 태양광이나 풍력 등의 재생 가능한 자연 에너지의 이용이 한층 증가되었다.

태양광 발전의 패널은 날이 갈수록 기술이 개선되고 있다. 작은 자치체라면 각 가정에 태양광 패널을 설치하는 것만으로 자치체 전체에 사용되는 전력의 상당 부분을 조달할 수 있게 되었다. 아사히[朝日]신문이 8월에 전국규모로 실시한 여론조사에서, 원전(原電)을 바로 지금이라도 혹은 단계적으로라도 제로로 만든다는 이른바 탈원전(脫原電)에 찬성이라고 대답한 비율은 72%, 반대는 17%였다.

간 나오토[菅 直人] 전수상은 퇴임을 즈음하여 탈원전(脫原電)의 방침을 선명하게 했다. 일본에는 현재 전국에 54基의 원전(原電)이 있다. 그러나 실제로 기동되고 있는 것은 12기(基)에 불과하다. 이들 원전(原電)도 차례차례 정기점검에 들어가게 되었다.

그러나 이제까지 논술했던 상황에서 본다면 정부나 전력회사, 원전(原電) 산하에 있는 자치체나 주민과의 관계는 현저하게 손상되었다. 그 때문에 간 수상은 정기점검 후, 재가동할 때 지진이나 쓰나미에 정말로 잘 견딜 수 있는지에 대한 스트레스테스트에 합격할 것을 전제조건으로 했다.

간 수상의 후임이 된 노다 정권도 기본적으로는 전 정권의 방침을 계승할 생각을 나타내고 있다. 노다씨는 일본에 있어 원전(原電)의 신규건설에 대해서 「현실적으로 곤란하다」고 표명하고, 노쇠한 원자로의 폐로(廢爐)도 명백히 하고 있다. 단지, 스트레스테스트 등을 거친 원전(原電)의 재가동에 대해서는 용인한다는 방향으로 향후 언제 어떤 원전(原電)을 재가동시킬지가 주목되고 있다.

Ⅳ. 몇 대(代)에 걸쳐 정권이 짊어질 십자가

일본은 지진의 나라이다. 몇 년이라도 동경 주변에서 살아본 경험이 있는 사람이라면 적지 않게 경험한 적이 있을 것이라고 생각되지만 지진은 빈번하게 일어난다. 그 중에서도 지진규모나 큰 피해로 볼 때 대형재해로는 1923년의 관동대지진, 1995년의 한신대지진, 그리고 이번 동일본대지진을 들수 있을 것이다.

그러나 이 3개의 대지진은 어찌된 일인지 역사의 우연이랄까, 일본이 정치적으로 불안정한 시기에 맞추어 일어났다. 관동대지진은 가토 도모사부로[加藤 友三郞] 수상이 병으로 서거하고 일본에 수상이 부재하고 있었을 때 수도를 급습했다.

한신대지진은 전후 최초로 정권의 자리에서 물러난 자민당이 숫자 보충을 위해 사민당의 무라야마 도미이치[村山 富市] 수상을 그대로 두고, 이른바 자사(自社)연합정권이라는 중심 없는 집단(集團)을 만들었을 때 일어났다. 자위대 출동에 대한 조속한 판단이 주시되었다.

그리고 이번에는 참의원선거에서 참패하고 간 나오토[菅 直人] 정권의 퇴진이 초읽기 단계에 들어갔을 무렵, 지금까지 경험한 적 없는 혼란의 직후에 거대한 쓰나미, 그리고 원자력 발전소 사고를 당하게 된 것이다.

간 정권의 뒤를 이은 노다 정권에게 무엇보다도 우선적으로 요구되는 것은 피해지역의 복구, 부흥을 서두르는 것과 원전(原電)사고의 수습을 도모하는 것이다.

단지 복구부흥이라고 해도 구체적인 청사진이 그려져 있는 것은 아니다. 동경전력의 후쿠시마 제1원전(原電) 주변뿐만이 아니라 일본 전국에 걸쳐 방사능에 대한 강한 불안감이 깔려있다. 원전(原電)에서 상당히 떨어

져 있음에도 불구하고 방사선량이 많은 「최고조의 지점」이 수도권 주변에
도 산재해 있는 상황으로 볼 때도 더욱 광범위한 방사능 검사를 실시해야
한다는 주장이 각지에서 강하게 나오고 있다.

오염된 토양을 어떻게 처리해야 하는 문제도 심각하다. 오염토양을 어
딘가에는 보관하지 않을 수 없기 때문에, 정부는 중간적인 처리시설의 건
설 예정지를 후쿠시마 현 내에 2012년도까지 결정하기로 했다. 그리고 최
종처리 시설을 후쿠시마 현 밖의 지역에 30년 이내에 만들기로 했다. 하
지만 정말로 오염토양의 최종처리장을 받아들일 자치체가 일본 국내에 있
는지, 그것이 가능하다면 관련시설을 산하에 둔 후쿠시마에 영구적으로
종속되는 것은 아닌지에 대한 지적이 나오고 있다.

게다가 이 오염토양은 1300만 세제곱미터 정도나 나온다는 계산이다.
이 엄청난 양을 어떻게 처분할 것인가가 향후 몇 대에 걸쳐 일본 정권이
계속해서 떠안고 가야 할 부담이라는 것은 틀림없는 사실이다.

V. 재해 이외의 정권의 시련

1. 증세(增稅)

동일본대지진 이외에 노다 정권이 주시해야 할 현안도 산적해 있다. 그
것은 3.11재해가 일어나기 전에 간 나오토[菅 直人] 수상이 직면하고 있었
던 현안을 고스란히 이어받았다.

내정 면에서의 최대 현안은 누가 뭐래도 재정문제. 소비세를 비롯한 증
세를 언제 어떤 시기에 어떠한 규모로 실시하는 것인가 하는 것이다. 노다
수상은 당내에 으뜸가는 재정 재건론자이다. 일본은 차관대국으로 국내총
생산(GDP)의 2배에 가까운 빚이 있다. 그리스조차 1.5배라고 하는데 일본
의 빚의 규모가 얼마나 방대한지 알 수 있을 것이다.

부채의 내역은 대부분이 사회보장과 의료비, 깊이 들어가면 퇴직 후의 연금을 어떻게 할 것인지, 그리고 특히 고령자에게 상당한 돈이 들어가는 의료비를 어떻게 처리해 나갈 것인지 하는 것이다.

후세의 자손들에게 그 부담을 떠안길 수는 없고, 현재를 살아가는 세대가 재정을 건전화시켜 바통 터치를 하지 않으면 안 된다는 생각이 강한 노다씨는, 포스트 간을 놓고 벌이는 민주당 대표선거에서도 다른 후보자들이 불필요한 재정지출을 하지 않도록 주장하는 가운데서도 유일하게 증세는 피할 수 없다고 주장했던 후보였다.

그리고 벌써 노다 정권은 경제상황이 호전(好轉) 되는 것을 전제조건으로 하면서도 2010년대 중반의 어느 시점에서, 즉 2015년을 전후하여 간접세인 소비세를 5%에서 10%로 인상한다는 안(案)을 표명하고 있다. 더욱이 야당인 자민당도 앞서 참의원선거 전에 결국에는 소비세를 10%로 올릴 수밖에 없다는 의사를 나타내고 있다. 그러한 의미에서는 분명히 증세 문제의 기운은 달아오르고 있는 것으로 보인다.

간 나오토[菅 直人] 정권도 예외는 아니지만, 역대정권은 증세를 주장하며 민의를 묻고 결국에는 선거할 때마다 패배하여 정권의 좌를 양보해 온 역사적 사실이 있다. 이번에도 막상 증세를 한다고 하니 야당 일부를 비롯 여당 민주당 내에서도 상당수의 반대가 나오고 벌써부터 여당 내의 신중론이 주목받고 있다. 내년 봄에는 국회에서 증세 논의가 활발해지겠지만 당내 대립이 격화되는 방아쇠를 잡아당길지도 모르는 문제이다.

2. 대미관계(對美關係)

한편, 외교에서는 주로 미국과의 관계가 여전히 최대의 이슈일 것이다. 노다 수상은 지난 날 하와이에서 열린 APEC 출발 직전에 TPP라고 불리는 환태평양경제연대협정을 향하여 관계국과의 협의를 시작한다고 표명하고, APEC 장소에서 오바마 미대통령 등 관련 정상들에게 그 의사를 전달했다.

한국도 한미FTA문제가 연일 크게 보도되고 있지만 일본의 정치사회를 크게 요동치게 하고 있는 가장 뜨거운 문제도 바로 이 TPP문제이다.

각종 여론조사에서는 아직까지도「잘 모르겠다」는 대답이 가장 많을 정도로 불투명하지만 국회의원 전체로는 여야당을 합해 7할 정도가 반대 혹은 신중론이라고 한다. 이것에 대해 주요언론은 일제히「교섭에는 참가해서 일본의 주장을 전개해야 한다」는 논의가 주류였다.

국회에서는 일본농업의 붕괴로 이어진다고 보는 보호론이 더해지고, 미국의 허술한 기준에 따라 안정성이 보증되지 않는 식품이 유입되는「먹거리 안전」의 문제, 더 나아가 국민이 보험증 한 장만 있으면 어디서라도 동등하게 높은 수준의 치료를 받을 수 있는 현재의 전국민 보험제도가 없어져 버리는 것은 아닐까 하는 반대론이 많다.

한편 찬성론은, TPP에 참가하면 향후 10년간 GDP를 2.7조엔 활성화시킬 수 있다는 통상론이 있고 자동차나 종합상사 등에서는 비즈니스 기회를 넓힐 수 있다는 기대론이 나오고 있다.

하지만 앞서 이명박 대통령이 미국을 국빈 방문하여 오바마 대통령과의 정상회담 후 기자회견에서도 강조했듯이, TPP나 FTA는 사실은 단지 경제관계의 강화라고 하는 레벨에 그치지 않고 안전보장을 포함한 포괄적이고 복합적인 관계강화, 동맹 강화의 색깔이 짙다고 하는 전략적인 사고로부터 필요성이 제창되었다.

1년에 한번 가을이 되면 수상이 바뀌고 관료와의 관계도 삐걱거리는 안정되지 않은 일본을 곁눈질하면서, 오바마 대통령은 공동기자회견에서 한국을「미국에 있어서 태평양지역의 안전보장의 초석」이라고 단언했다. 지금까지 미국이 일본을「아시아 정책의 초석」으로 삼아왔던 것을 생각해 보면 한국을 얼마나 중시하기 시작했는지 명백하게 알 수 있을 것이다.

만신창이 강대국이라 해도 미국과의 관계는 일본에 있어 가장 중요한 것임은 지금도 변함이 없다.

그렇지 않아도 일본은 TPP문제에 들어가기 이전에 오키나와 미해병대의 후텐마비행장 이전문제로 혼란을 겪었다. 도시의 한가운데 있는 해병대의 헬기나 수송기가 이착륙하는 후텐마비행장의 철거는 오키나와의 비원 중의 비원으로 하루라도 빨리 현실화되기를 갈망하고 있다. 그러나 그 이전하게 될 장소는 같은 오키나와 현 내의 북부, 나고시에 있는 미군기지의 바닷가로 옮긴다고 미일이 합의했다.

오키나와의 철저한 반대로 이전작업은 진행되고 있지 않지만, 거기서 여야당의 정권교체가 일어나고 민주당의 수상이 된 하토야마 유키오[鳩山由紀夫] 전수상은 「적어도 현 이외의 지역」으로 이전할 것을 주장했다. 하지만 일본정부, 특히 외무성이 미국과의 사이에서 진정으로 현 이외의 지역으로 이전할 것을 제안했던 흔적은 보이지 않고, 이전문제는 표류, 오히려 조건부로 이전을 용인해 왔던 사람들도 반대로 돌아서기 시작했고, 미일(美日) 정부와 오키나와의 트라이앵글 관계는 한층 교착상태로 빠져 버렸다.

오바마 대통령은 9월에 미일(美日) 정상회담에서 후텐마 문제에 대해서 「결과를 추구할 시기가 왔다」고 말하고 노다 수상에게 조기 결단을 촉구했다. 하지만 현재 상황으로 볼 때, 일본정부가 오키나와에 대체기지를 건설할 가능성은 제로에 가깝고 강행한다면 그것이야말로 정권의 수명을 재촉하는 길 밖에 되지 않는다.

한편으로 해외주둔 미군의 재배치 계획을 진행시키며 부담을 줄여보려는 미국 국내는, 합리성을 중시한 의회로부터 같은 오키나와 현 내에 있는 공군의 가데나기지로의 통합안이 나오는 등 안개 길을 걷고 있다.

일본에서 TPP를 추진하는 측은 이 후텐마 문제에서 부담을 느끼고 TPP로 만회하려는 의도도 엿보인다.

VI. 머나먼 일본의 안정궤도 진입

하토야마, 간 수상에 비해 소박하고 지명도도 낮은 솔직히 말해 기대치도 높지 않았던 노다 수상이지만 의외로 견실한 운영을 하고 있다는 평가가 나오고 있다. 뒤집어 말하면 과감한 개혁은 아무것도 성사된 것이 없다는 지적도 있다.

민주당도 자민당도 내년 9월에는 대표나 총재를 결정하는 선거가 기다리고 있다. 중의원은 해산 제도가 있지만 임기만료는 2013년 8월. 그 1개월 전인 7월에는 해산이 없는 참의원 선거가 실시된다.

노다 수상은 아직 취임한 지 3개월도 지나지 않았지만 일찌감치 정계에서는 중의원의 해산 시기나 차기 수상은 누가 될 것인지 하는 이야기가 조심스럽게 나오고 있다.

위와 같은 현안을 안고 있는 노다 정권은 다음 행보를 정할 수 없게 되고 내년 중에 해산총선거를 실시하지 않으면 안 되는 수순에 들어가는 것은 아닐까 하는 의견이 강해지고 있다.

지진의 부흥 관련비를 포함시킨 12년도 예산의 성립은 내년 3월쯤으로 예상된다. 해산을 요구하는 자민당의 요망을 들어주는 대신에, 예산 성립을 원하는 방향으로 가게 된다면 봄부터 여름에 걸쳐서 해산이 현실화될 가능성이 높아진다.

하지만 그 때 자민당은 반드시 증세를 정면에 내걸고 민의를 주시하라고 요구해 올 것이고 민주당이 이것을 받아들일지 어떨지는 미지수이다.

증세가 얽히면 다시 여야당이 역전하게 되고 자민당 정권이 3년을 기다리지 않고 부활할 가능성도 있다. 일본수상의 유효기간은 1년이라고 말해지지만 이 경우라면 1년도 채 못되 수상의 얼굴이 바뀔 수밖에 없다.

하지만 최대야당인 자민당도 각종 여론조사에서는 낮은 지지도로 고민하고 있다. 그 때문에 예산과 바꾸는 해산을 하지 않고는 노다 수상은 그다지 인기가 없는 현재의 다니가키 사다카즈[谷垣 禎一] 총재가 자민당 톱

으로 있는 동안 해산이라고 하는 승부수를 띄워 이김으로써 정권의 연명
을 도모하는 것이 아닐까 하는 관측도 나오고 있다.

Ⅶ. 느슨해지는 한일(韓日) 관계

쌍방 모두 많은 현안을 안고 있다고 말하면서도 지금이야말로 협력해야
할 이웃나라인 일본과 한국이, 충분한 관계강화의 정책을 구축하지 못하
고 있다. 매우 유감스러운 일이다.

한국은 이명박 정권탄생이래 매우 합리적이면서도 현실적이고 실리적
인 대일정책을 세우고 오늘까지 흔들림 없이 계속해 왔다. 일본으로서는
한국과의 관계강화에 적극적으로 나서기에는 과거에 전례가 없을 정도의
귀중한 호기였다. 그러나 일본정권은 안정되지 않고 실질적 알맹이가 있
는 한일(韓日) 공동 작품을 만들 수 없는 상황이다. 물론 이 현상은 일본
에서 어지럽게 변하는 수상의 교체극 뿐만이 아니라 중국의 대두나 대미
(對美)관계, 나아가서는 핵문제를 비롯한 북한문제 등과도 밀접하게 관련
되어 있다.

오늘의 주테마에서 조금 벗어나기 때문에 자세하게 들어가지는 않지만
비극적으로 보이는 것은 일본정부가 한국을 위해서도 플러스가 된다고 믿
고 제안한 의제, 예를 들어 한일EPA(일한FTA)의 체결이나 양국간의 방위
협력 등이 한국에 있어서는 그다지 높은 필요성이 있는 문제라고 여겨지
지 않는 현상이다. 일본 측의 분석 부족, 혹은 잘못 읽은 것은 아닐까 하
고 상상해 보기도 하지만 버튼을 잘못 누른 채로 앞으로 나아가려 해도
그것은 효율성이 높은 진행방법이라고는 말할 수 없다.

일본 측은 올해 이명박 대통령의 국빈방문을 어떻게든 실현시키려고 노
력했다. 연내에 이른바 셔틀외교의 일환으로 대통령의 방일(訪日) 가능성
이 아직 남아있기 때문에 국빈방문의 실현은 일찌감치 곤란하다는 결론이

나왔다. 일본정부 관계자 중에는 왜 그렇게까지 일본에 우호적인 대통령이 국빈방문에는 신중한 자세를 취하는지 고개를 갸우뚱하는 사람도 있지만, 우선은 그 분석부터 서두를 필요가 있을 것이다.

2010년 한국병합 100년의 전환점은 당시의 간 수상이 한국을 향해 발표한 담화였다. 그 의미에 있어서는 새로운 한일(韓日)의 100년이 시작되었다고도 할 수 있는 2011년이었지만, 양국 모두 적극적인 자세를 취할 수는 없었다. 2015년에 한일(韓日)은 국교정상화 50년을 맞이한다. 이것을 향하여 한층 더 각 분야에서 긴밀한 관계강화를 도모할 필요가 있다. 그것을 위해서는 양국의 배려와 노력이 반드시 필요하다.

제92회 발표, 2011년 11월 18일

일본의 문화교류정책과 대중문화

|

강태웅(광운대학교 부교수)

I. 들어가며

지난 7월 20일 노다 총리대신을 의장으로 하는 국가전략회의가 결정한 '일본재생전략(日本再生戰略)'에서 일본의 대중문화를 지칭하는 '쿨 재팬(Cool Japan)'의 추진이 일본을 되살릴 전략 중의 하나로 들어갔다. 이 문서에서는 쿨 재팬과 관련한 시장규모를 2020년에는 17조 엔에 달할 것으로 보고 있다.[1] 게다가 지난달인 11월 20일 일본의 경제산업성은 일본의 대중문화를 해외에 파는 기업에 출자하기 위하여 정부가 400억 엔, 그리고 민간이 400억 엔을 투자하여 총 800억 엔에 달하는 '쿨 재팬 펀드'를 만들겠다는 구상을 발표하였다.[2] 이처럼 한국에 있어서의 한류를 연상시키는 쿨 재팬은 종래의 일본어 교육 지원과 전통 및 순수예술 소개에 역점을 두어왔던 일본의 문화교류를, 만화, 애니메이션 그리고 게임을 중심으로 하는 대중문화 방면으로 바꾸게 하였고 더 나아가 경제발전, 그리고

---

1 國家戰略會議, 「日本再生戰略 : フロンティアを拓き `共創の國」へ」, 2012년 7월 31일.(http://www.npu.go.jp/policy/pdf/20120731/20120731.pdf)
2 『讀賣新聞』·『日本経濟新聞』 2012년 11월 21일자 보도.

일본이라는 국가의 미래상을 책임지고 있는 매우 중요한 분야가 되었다. 본 발표는 일본의 문화교류정책의 흐름을 짚어나가면서, 어떠한 경로를 통하여 대중문화가 부상하게 되었는지를 살펴보도록 하겠다. 또한 그 결정체로서의 쿨 재팬 전략에 대한 상세를 알아보고 그 문제점을 분석해보겠다.

II. 일본의 문화교류와 대중문화[3]

1. 아시아를 '잇는' 일본의 대중문화

전후 일본의 문화교류는 미국을 중심으로 한 서구국가를 상대로 시작하였고 1950년대 후반에 시장으로서의 동남아시아의 중요성이 커지자, 태국, 인도, 파키스탄 등과 교류를 하였다. 1972년 국제교류기금(國際交流基金) 창설과 더불어 같은 해 중국과의 국교가 수립되면서 동아시아를 상대로 한 교류가 본격화된다. 국제교류기금을 통한 문화교류에서는, 해외에서의 일본어 교육의 확대, 일본의 전통문화와 예술 소개 등에 역점이 두어졌다.[4]

1980년대 후반부터 일본의 대중문화가 아시아에서의 영향력을 확대하면서 문화교류에 대한 논의에 대중문화가 등장한다. 일본의 만화, 애니메이션, 트렌디 드라마, 대중음악 등이 주로 타이완, 홍콩, 태국, 싱가포르 등에서 폭발적인 인기를 얻으며 유행한 것이다. 이러한 일본 대중문화의

---

3 본 발표문의 2장, 3장 부분은 졸고 「일본의 문화교류정책과 동아시아」, 『일본과 동아시아』EAI, 2011를 수정하여 실었음을 밝혀둔다.
4 和田純, 「東アジアにおける日本の國際文化交流と文化外交―戰後日本の政府機關の活動と課題」, 『現代東アジアと日本1 日本の東アジア構想』, 添谷芳秀・田所昌幸 編, 慶應義塾大學出版會, 2004, 59~109쪽.

유행은 아시아에 공통된 전통문화가 자리하고 있기 때문이라고 분석되지
는 않았다. 그보다는 동남아시아의 이슬람문화권 존재가 강조되어, 아시아
가 흔치 않은 '다문화 지역'으로 간주되었고, 그럼에도 불구하고 이를 연결
시켜 하나의 문화공동체를 만들어내는 일본 대중문화의 월경성과 보편성
이 강조되었다. 즉 일본 대중문화가 미국문화의 강한 영향을 받기는 하였
지만 아시아 각국의 사람들이 일본 대중문화를 같이 향유함으로써 공통의
화제를 갖게 되고 서로간의 커뮤니케이션의 가능성이 높아졌다는 것이다.
또한 경제에만 관심이 있고, 억압적이고 폐쇄적인 일본사회라는 기존의
이미지에서 탈피하여 개방적이고 자유로운 일본적 라이프스타일이 대중문
화 텍스트를 통하여 아시아에서 공유되고 있다는 고무적인 분석들이 나왔
다.[5]

　이러한 일본 대중문화의 갑작스러운 유행은 일본의 관련업계나 정부가
의도적으로 진출하려고한 노력의 결과가 아니었기에 생산자보다도 소비자
의 변화에 대한 분석이 주를 이루었다. 아시아 지역의 경제발전과 이로 인
한 급속한 도시화가 이루어짐으로써 레저와 오락에 지출을 많이 하는 "신
흥중산층"이 성장하였고, 이들의 새로운 문화적 욕구를 바로 일본 대중문
화가 충족시켜 주었다는 것이다.[6] 게다가 이들 "신흥중산층"은 식민지 지
배와 일본의 침략을 겪은 기성세대가 갖고 있는 일본에 대한 반감과는 '단
절'되고, 또한 국민적 아이덴티티와 전통적 문화와의 연대도 '소멸'한 세대
로 특성 지워졌다. 따라서 이들에게는 다양한 외국상품을 소비하는 행위
와 국민적 아이덴티티를 견지하는 일은 서로 전혀 모순되지 않고, 일본 드
라마에 주로 등장하는 젊고 아름다운 독신 남녀가 이러한 "아시아인"을

5 本多史朗,「東アジアに廣がる日本のポピュラー文化」,『GAIKO FORUM』9月, 63-
　70쪽.
6 ブライアン・モラン(土佐昌樹譯),「ソフト賣り, ハードに稼ぐ : アジアのJカルト
　をマーケティングする」,『越境するポピュラー文化と'想像のアジア'』めこん, 1994,
　29-30쪽.

대표하게 되었다는 것이다.7

이러한 변화의 원인으로 아시아 전체의 경제수준 향상과 그에 따른 새로운 소비층이 등장하였음이 지적되는 것은 타당하지만, 그러한 공통의 문화가 꼭 일본문화일 필요는 없다. 왜냐하면 이후 일본문화처럼 한류도 아시아의 공통문화의 자리에 들어섰기 때문이다. 또한 일본대중문화를 소비하는 이들이 꼭 일본과 관련된 역사적 문제에 대해서도 무관심할 것이라는 분석은, 문화적 기호가 몰역사성을 가져온다는 그다지 근거 없는 일본의 바람이다. 게다가 일본의 반응에는 이러한 유행을 일본문화가 우위에 있기 때문이라고 간주하고 일본이 아시아를 '잇는' 문화적 중심으로 역할하면서, "일본을 동경하는 아시아라는 도식에 스스로 도취되어 버린" 측면도 있었다.8 하지만 이러한 대중문화에 대한 관심과 문화교류를 통한 문제해결 역할에 대한 기대는 다음에서 살펴보는 쿨 재팬을 통하여 한층 더 고조된다.

2. 소프트파워로서의 쿨 재팬

1990년대 중후반부터 일본의 대중문화는 아시아를 뛰어넘어 전 세계의 주목을 받는다. 애니메이션 ≪공각기동대(攻殻機動隊 Ghost in the Shell)≫(1995년)는 1996년 미국 빌보드 차트 비디오 주간판매랭킹 1위가 되기도 하였고, 게임을 토대로 만든 ≪포켓몬스터(ポケットモンスター≫의 첫 번째 극장판 애니메이션(1998년)이 1999년 일본영화로서는 처음으로 미국에서 주간흥행순위 1위를 차지하기도 한다. 미야자키 하야오[宮崎駿] 감독의 ≪센과 치히로의 행방불명(千と千尋の神隠し)≫(2001년)은 아카데미영

7 白石隆, 「東アジア地域形成と'共通文化圈'」, 『日本の東アジア構想』, 慶應義塾大學出版會, 2004, 26~28쪽.
8 이와부치 고이치·히라타 유키에 저(전오경 역), 『아시아를 잇는 대중문화 : 일본 그 초국가적 욕망』, 또하나의문화, 2004, 32~33쪽.

화제 장편애니메이션상과 베를린영화제 대상을 수상하였고, 기타노 다케시[北野武] 감독의 ≪하나비(HANA-BI)≫(1998년)가 베니스영화제에서 대상을 받았다. 이와 같은 애니메이션과 영화와 같은 대중문화의 흥행뿐 아니라 전반적인 문화예술에서도 일본의 성장이 돌출되었다. 마루베니[丸紅] 경제연구소의 "문화관계수지표"(文化關係收支表)에 따르면, 1992년부터 2002년까지 전체 수출 총액이 43조 엔에서 52조 엔으로 1.2배 증가에 그쳤지만, 서적, 회화, 미술품 등의 문화예술 관련 수출액은 5조 엔에서 15조 엔으로 세 배 증가하였다고 한다.9 이러한 사회적인 주목은 대중문화 관련 기업들의 '지위' 향상으로 이어졌다. 1912년 창립된 일본 최고(最古)의 연예기획사 요시모토 코교[吉本興行]가 2002년에서야 일본경제단체연합회(経団連)의 정식 회원으로 받아들여진 것이다. 그 뒤를 이어 연예기획사 호리 프로덕션(ホリプロ), 음악 영상 콘텐츠 제작회사 에이벡스(エイベックス), 영화 배급회사 갸가 커뮤니케이션(ギャガ・コミュニケーションズ) 등이 일본경제단체연합회에 입회하였다.10

이런 일본 대중문화의 국내외적인 영향력 증대를 가리켜 등장한 용어가 바로 쿨 재팬이다. 이는 더글라스 맥그레이 (Douglas McGray)가 일본의 문화적인 "수퍼파워(superpower)"가 경제적인 국민총생산(Gross National Product: GNP)에 필적한다는 의미로 사용한 용어, GNC(Gross National Cool)에서 유래한다. 그는 애니메이션, 영화, 그리고 만화, 가요와 같은 대중문화부터 전자제품, 패션, 요리와 같은 일상문화에 이르기까지, 일본은 "경제적인 수퍼파워"에서 "문화적인 수퍼파워"로 변화하여 전 세계에 그 영향력을 미치고 있다고 분석하고 일본 대중문화의 영향력이 일종의 소프트파워(soft power)로 기능할 수 있다고 지적하였다.11

---

9 『日本経濟新聞』, 2003년 5월 2일자.
10 岸本周平, 「ブロードバンド時代の知的所有權をめぐる日本のアジア政策」, 『日本の東アジア構想』添谷芳秀・田所昌幸 編, 慶應義塾大學出版會, 2004, 34~35쪽.
11 McGray, Douglas. "Japan's Gross National Cool." Foreign Policy, May. 2002.

잘 알려져 있듯이 소프트파워는 강제력이나 돈이 아닌 매력에 의해서 원하는 바를 얻는 힘을 말하고, 군사력과 경제력을 원천으로 하는 하드파워(hard power)와는 대비되는 개념이다. 소프트파워의 원천은 일국의 문화, 정치적 이상, 정책적 매력 등이고, 소프트파워의 성패는 타국을 자국이 원하는 방향으로 움직일 수 있느냐에 달려있다. 소프트파워론을 제시한 조셉 나이(Joseph Nye)는 일본이 경제불황을 겪고 있지만 글로벌 팝컬쳐에서의 영향력은 증대하고 있다고 지적하며, 일본이 대중문화의 전파를 통하여 자국의 소프트파워를 높일 수 있는 좋은 기회에 직면하였다고 충언한다.12 문화청 장관을 역임한(2007~2009) 아오키 다모쓰[靑木保] 또한 영국의 대외 이미지 개선을 위한 "쿨 브리타니아(Cool Britannia)" 정책을 예로 들며, 쿨 재팬이야말로 일본이 취해야할 "정치노선"임을 역설하였다.13 이와 같은 일본 대중문화의 세계적인 영향력을 정치외교적인 도구로 사용하려는 소프트파워적 인식과 더불어, 쿨 재팬은 그것이 가져오는 경제적인 이득과 성장가능성에 의하여 국가를 유지하는 근간으로까지 인지된다. 한 논자는 일본이 살아나갈 길은 문화창조력밖에 없다며 "쿨 재팬 입국론(立國論)"를 주장하기도 하였다.14

사태가 이렇게 되자 일본 정부 또한 대중문화에 대하여 적극적인 자세를 취한다. 2003년 5월 내각에 설치된 지적재산전략본부(知的財産戰略本部)는 다음해인 2004년 4월 「콘텐츠 비즈니스 진흥정책 : 소프트파워 시대의 국가전략」이라는 보고서를 발표한다. 이 보고서는 먼저 대중문화 산업인 콘텐츠 비즈니스의 규모가 커졌고 다른 사업에 대한 파급효과도 역시 크기 때문에 국가가 진흥정책을 세워야 한다고 역설한다. 그리고 대중문화의 전파가 해외에 있어서 일본의 이미지를 "쿨 재팬, 멋있는 일본

---

12 ジョセフ・S・ナイ「日本のソフト・パワー」『GAIKO FORUM』2004年 6月, 12-15쪽.

13 靑木保,「ソフト・パワーのグローバル化時代―重層的な'文化力'育む戰略を」,『GAIKO FORUM』2004, 6月, 15~22쪽.

14 白井早由里,「'ジャパン・クール'立國論」,『Voice』2006年 2月, 202~209쪽.

(クールジャパン, かっこいい日本)"으로 변모시키고 있어 콘텐츠 비즈니스진흥을 국가전략의 핵심으로 삼아야한다고 주장하고 있다. 이를 위해 콘텐츠 사업의 근대화·합리화, 인재의 발굴과 교육, 해외시장 확대와 해적판 대책의 강화 등이 구체적인 진흥책으로 제시되었다.[15]

Ⅲ. 쿨 재팬과 아시아 콘텐츠 공동체 구상

1. 문화교류를 통한 역사문제 '해결'

2004년 10월 문화교류와 평화를 결부시킨 한 보고서가 발표된다.[16] 그 것은 "'문화교류의 평화국가' 일본의 창조를('文化交流の平和國家'日本の 創造を)"이라는 제목의, 고이즈미 총리에 의해 발족된 문화외교 추진을 위한 자문위원회가 작성한 보고서였다. 여기서도 앞서 살펴본 쿨 재팬에 대한 대략적인 설명이 많은 부분을 차지하고 있고, 더 나아가 "21세기형 쿨"이라는 사회모델을 제시하며 그 실현을 도모하려는 바가 일본의 문화교류의 과제라고 제기한다. 주목할 바는 이 보고서가 말하는 문화교류의 주요 대상이 동아시아, 즉 한국과 중국이라는 점이다.

보고서를 살펴보면, "문화교류 활동은 한편으로는 국가의 이미지에 큰 영향을 주고, 다른 한편으로는 지구 규모의 곤란한 문제의 해결과 세계의 궁극적 평화와 번영과도 연결된다는 의미에서 극히 중요한 외교적 측면을 갖는다."고, 우선 문화교류가 소프트파워적인 입장에서 규정된다. 그리고

---

15 知的財産戰略本部コンテンツ專門調査會, 「コンテンツビジネス振興政策: ソフト パワー時代の國家戰略」, 2004, 4月, pp.2~8(http://www.kantei.go.jp/jp/singi/titeki2 /tyousakai/contents/houkoku/040409houkoku.pdf).
16 文化外交の推進に關する懇談會報告書(內閣總理大臣主催), 「文化交流の平和國家 日本の 創造を」, 2005年 7月(www.kantei.go.jp/jp/singi/bunka/ kettei/050711houkoku.pdf).

특히 동아시아 지역에서는 "공통의 이익과 가치관을 기르고 지역으로서의 일체감을 조성하여, 역사인식을 둘러싼 의견 차이가 있는 해당지역과 안정된 관계를 쌓기 위하여 문화외교의 적극적인 전개가 특히 필요하다."고 보고서는 강조한다. 그런데 문화외교를 중점적으로 시행할 대상 지역으로 동아시아 지역과 더불어 중동이슬람 지역이 거론된다. 아래에서 살펴보듯 이 동아시아 지역에 대해서는 구체적인 실천방안이 제시되고 있음에 반하여, 중동이슬람 지역에 대해서는 "동아시아에 준하는 중점 대상지역"이라고 되어있을 뿐 구체적으로 언급되어 있지 않다. 자문위원회 위원 중의 한 명이었던 도쿄대 교수 야마우치 마사유키[山內昌之]는 중동이슬람 지역이 문화외교 추진대상 지역에 들어간 이유를 "반테러, 에너지 안전보장" 때문이라고 설명한다.[17] 하지만 중동지역을 넣은 것은 이 보고서가 의도하는 실질적인 목표를 조금이라도 감추어보려는 행위로 밖에 보이지 않는다. 왜냐하면 이 보고서는 당시 고이즈미 총리의 야스쿠니 신사 참배가 도화선이 되어 한국과 중국에서 반일감정이 거세지자, 대중문화가 갖고 있을지 모를 소프트파워를 이용하여 이 문제를 해결해 보자는 의도가 깔려있기 때문이다.

이 보고서에서는 소프트파워로서의 쿨 재팬과 동아시아를 '잇는' 일본 대중문화의 역할에 대한 과도한 기대가 집적되어 있다. 보고서는 만화, 애니메이션, 게임, 음악, 영화, 드라마 등 일본 대중문화를 좋아하는 "일본 애니메이션 세대"를 육성해야 하고, 이것이 결국 일본에 대한 호의적인 인상을 갖게 한다고 주장하면서, 이러한 노력을 통해서 일본에 대한 이해를 깊게 하고 이를 바탕으로 공동체 형성으로 나아가자고 주장한다. 이를 위해서 다섯 가지 구체적인 실행방안이 제시되었다. 첫째, 일본의 팝 컬처와 생활문화가 인기를 얻고 있는 이른바 "인터넷 세대"에 접근하여 그들의 이해가 표층에서 머무르지 않고, 보다 깊은 일본에 대한 이해로 이어지도

---

17 『朝日新聞』, 2005년 11월 30일자.

록 도와주어야한다. 둘째, 일본인과 일본문화를 접할 기회가 적은, 동아시아 국가의 중심지가 아닌 지방으로 사업전개를 강화해야한다. 셋째, 일본 체재 경험자의 동향을 파악하여 지일파 네트워크를 정비한다. 넷째, 차세대를 짊어질 학생과 교직원의 교류를 추진한다. 다섯째, 아시아의 새로운 시대와 공동체 구성이라는 공통된 과제에 관한 대화를 촉진한다 등이 그것이다.

이 보고서는 문화교류를 통하여 동아시아 공동체를 구성하자는 제의를 했다는 점에서 의의가 있다고 할 수 있으나, 당시 한국과 중국의 반일분위기를 문화교류를 통하여 회피해 보고자하는 의도가 강하고, 동아시아 다른 나라에 대한 이해보다는 자국문화의 전파와 자국에 대한 이해만을 구하는 태도가 강하다. 이는 일본문화의 전파와 소비가 바로 아시아를 엮어내는 것이고, 그것이 바로 아시아 공동체라는 기존의 일본의 인식과 다를 바 없는 것이다. 게다가 이 보고서는 역사문제를 둘러싼 갈등에 대하여 진지한 태도로 임하기보다는, 실체가 불분명한 "일본 애니메이션 세대", "인터넷 세대"에게 일본 대중문화를 통하여 일본을 깊게 이해해달라고 부탁하는, 이와부치의 표현을 빌면 "문화교류로부터 문제해결의 마법"을 기대하는 식의 발상에 머물렀다.[18]

이러한 일본 대중문화의 전파를 중심으로 아시아를 엮어내려는 문화교류정책은 한국과 중국의 대중문화가 발달하면서 변화가 찾아온다. 다음에서는 그러한 변화를 살펴보도록 하자.

2. "아시아 콘텐츠 공동체" 구상

한국은 1998년 일본 대중문화를 개방하였다. 일본으로서는 일본 대중문화가 뻗어나갈 수 있는 또 하나의 거점이 생겨났다고 환영하였으나, 한국

---

18 岩淵功一, 『文化の對話力』, 日本経濟新聞出版社, 2007, 133쪽.

의 등장은 '아시아를 잇는 일본의 대중문화'라는 '신화'의 파괴를 의미했다. 이는 말할 필요도 없이 한류 즉 한국 대중문화의 아시아 진출이고, 이로 인한 한국 대중문화 산업의 발전 그리고 그 영향력의 증대이다. 게다가세계무역기구(WTO) 가입(2001년) 이후 중국 또한 대중문화 산업을 점차적으로 개방하고 발전시키고 있어 아시아에서의 일본 대중문화의 독주에제동이 걸렸다.

경제산업성이 발표한 2008년 '일본브랜드' 관련 보고서에서 일본의 위기감을 읽어낼 수 있다. 일본의 콘텐츠 산업의 국내시장규모는 13.8조엔(2007년도)으로 미국에 이어 세계 제2위의 규모를 자랑하고 있지만 문제점이 존재한다. 첫째로는 세계 콘텐츠시장의 성장률이 43.8퍼센트에 달하지만 일본시장의 성장률은 3.8퍼센트에 그치고 있다는 점, 그리고 국내총생산(GDP)에서 콘텐츠시장이 차지하는 비율이 미국(5.1퍼센트)과 전 세계 평균(3.2퍼센트)에 비해서 일본(2.2퍼센트)이 낮다는 점이다. 게다가콘텐츠 산업의 수출 비율이 1.9퍼센트에 지나지 않아 미국의 17.8퍼센트와는 현저한 차이가 있는 내수의존형 구조라는 것이다.[19] 그밖에도 국가예산에서 점하는 문화예산의 비율이 한국의 0.8퍼센트에 비하여 일본은0.12퍼센트에 지나지 않음도 지적받았다.

일본의 위기감은 단지 대중문화 차원에서뿐만이 아닌 문화교류 전반에걸쳐 드러났다. 중국문화와 중국어 보급을 목표로 2004년부터 설립되기시작한 중국 정부의 대외문화기관 공자학원(孔子學院)이 80여 개국 250교를 넘어서고 있음에 반하여, 창설된 지 40년이 된 국제교류기금의 문화원은 고작 20여 개 소에 불과하다는 사실 또한 일본의 문화교류정책에 대한반성을 촉구하는 사안으로 거론되었다.[20]

---

19 經濟産業省,「日本ブランド戰略に係る取り組みについて」, 2008年 11月(http://www.kantei.go.jp/jp/singi/titeki2/tyousakai/contents_brand/hearing/dai2/siryou1.pdf).
20 青山瑠妙,「中國を說明する-中國のソフトパワーと文化交流」,『GAIKO FORUM』,

경제산업성이 2008년 발표한 또 다른 대중문화산업관련 보고서 "아시아 콘텐츠 이니시어티브"를 살펴보자.21 이 보고서는 우선 한국의 국가사업으로서의 콘텐츠 진흥과 국제화 노력을 평가하고, 그 결과로서 한류붐이 발생했다고 분석한다. 또한 중국도 각지에 만화와 애니메이션 제작을 위한 "동만기지(動漫基地)"를 건설하여 정부 주도로 콘텐츠 제작능력 향상에 임하고 있음을 지적하고 일본 정부도 적극적으로 콘텐츠 진흥에 나서야함을 주장한다. 이는 2004년의 "콘텐츠 비즈니스 진흥정책"과 그다지 다를 바 없다. 그렇다면 어떤 점이 변화되었는가.

먼저 이 보고서는 일본문화의 전파보다는 일본문화와 아시아 문화의 연결성을 강조한다. 일본은 지리적으로 서쪽에서 건너오는 "아시아 문화의 종착점"이면서, "서양문화가 긴 여로를 끝내고 마지막으로 도착하는 장소"로 묘사된다. 이는 결과적으로 동서양의 문화가 일본에 모인다는 일본중심적인 시각에서의 서술이지만 아시아 문화에 일본문화를 위치시키고 있다는 점에서 이제까지의 시각과는 다르다. 이러한 시각 변화의 배경에는 일본의 위기감이 자리한다. 일본의 문화산업시장은 현재로서는 아시아 최대 규모를 자랑하지만 앞으로 인구감소로 인하여 성장 가능성을 찾기 힘들기에 돌파구가 필요하다. 그러기 위해서는 성장하고 있는 동아시아 시장을 공략해야 하는데, 이를 위해서는 동아시아의 타자에 맞는 콘텐츠를 개발해야하고 그들과 가치기반의 공유가 중요해진다. 하지만 일본은 동아시아에 대해서는 "콘텐츠 쇄국" 상태에 가까웠다. 따라서 일본이 동아시아의 가치관을 대표하는 국가라는 착각에서 벗어나야 하며, 동아시아의 타자들이 일본보다 더 뛰어날 가능성이 있다는 사실을 인지해야 한다고 이 보고서는 역설한다. 이러한 주장들은 앞서 살펴보았던 "일본을 동경하는 아시아", "아시아를 잇는 일본 대중문화" 그리고 쿨 재팬에 이르기까지

2009年 7月, 48~53쪽.
21 經濟産業省, 「アジア・コンテンツ・イニシアティブ」, 2008年 7月(http://www. meti. go. jp/ press/20080723001/20080723001.html).

의 자국문화에 대한 인식을 뒤엎는 발언들로, 그만큼 일본의 위기감이 크고 동아시아에 대한 시각이 부족했음을 반증한다.

그렇다면 "아시아 콘텐츠 공동체"란 무엇을 말하는가. 이제까지의 문화교류정책에서 강조되지 않았던 "역사적으로 가치기반을 공유"하고 있음이 중시된다. 이러한 공유하는 가치를 기반으로 동아시아의 크리에이터와 소비자가 "인간적 공감을 축으로 한 뛰어난 재능의 교류를 행할 수 있는 사업 환경"이 "아시아 콘텐츠 공동체"라 일컬어진다. 물론 보고서에는 일본이 이러한 "아시아 콘텐츠 공동체"에서 이니시어티브를 쥐겠다는 의도가 들어있기는 하지만 일본문화 발신에만 중점을 두지 않고, 동아시아 역내의 교류를 중시하고, 또한 그것을 통한 국경을 뛰어넘는 혼종적인 문화 창출도 염두에 두고 있다는 점에서 대중문화교류에 관한 정책의 변화를 찾아볼 수 있었다.

IV. 민주당 정권 하에서의 쿨 재팬

현재의 민주당 정권으로 바뀌기 전인 2008년부터 2009년까지 총리대신을 지냈던 아소 타로는 대중문화산업계로부터 열렬한 지지를 받았던 인물이다. 아소 타로가 총리대신에 취임하자 만화관련 회사들의 주가가 상승했을 정도로 그는 만화 애독가로 알려져 있고, 역대 총리대신으로선 처음으로 전자제품의 거리이자 매니아들의 집합소인 아키하바라에서 가두연설을 행하기도 하였다. 그가 뽑힌 총재선거기간 중에는 아키하바라에 아소총리를 응원하는 간판이 내걸리기까지 하였다. 이처럼 대중문화와 관련이 있는 아소 총리는 '국제만화상'을 제정하기도 하였고, '애니메이션 문화대사'로 구체적인 인물이 아닌 만화캐릭터 '도라에몽(ドラえもん)'을 선정하여 역할을 맡기기도 하였다. 그가 추진하려 했던 가장 대표적인 사업은 '국립 미디어 예술 종합센터(國立メディア藝術總合センター)' 건설이다.

계획안을 살펴보면 애니메이션, 만화, 게임, 영화를 "미디어 예술"이라는 새로운 용어로 규정하여 종래 예술의 범위에 들어가지 못했던 분야들을 격상시키고 있다. 이 센터는 지금까지 국가차원에서 취급해야할 대상으로 여겨지지 않았던 만화, 애니메이션을 수집 · 보존하는 역할을 하고, 그러한 자료를 바탕으로 학문적 연구를 장려하고 신인 작가의 양성을 지원하는 기능을 할 예정이었다. 이러한 센터 건설에는 앞에서 살펴보았듯이 중국과 한국에 대한 위기감이 역시 드러난다. 중국과 한국은 거국적으로 "미디어 예술"에 대한 진흥책을 시행하고 있기에 이에 대항하면서 일본의 "아시아의 거점으로서의 존재감을 높이기 위한 필요"성이 센터 건설에 있어서 강조되었다.[22]

하지만 이러한 종합센터 구상은 민주당에 의해 "국영 만화방"(國營マンガ喫茶)이라고 비판받았다. 민주당은 아소 전 총리의 개인적인 취향에 의한 사업으로 간주하여, 결국 117억 엔 예산으로 시작한 센터 건설을 중지시키고 사업비를 2억 엔으로 대폭 삭감하여 대학 및 기업과의 공동사업체 구성과 기존의 시설을 이용하는 대체안으로 바꾸어 버렸다.[23] 하지만 예산 배분의 적절성 여부를 떠나서 본다면, 이는 만화와 애니메이션이라는 종래 국가의 지원대상이라고 생각되지 못했던 분야에 대한 지원일 뿐 아니라 일본 대중문화 산업의 위기감과 "아시아 콘텐츠 공동체"와 같은 구상을 기반으로 한 정책으로, 단지 아소 총리 개인적인 취미에서 비롯한 발상이라고 치부하기 힘든 측면이 있었다.

주지하다시피 민주당 정권은 초기의 '개혁'적인 성향이 갈수록 후퇴하여, 이후의 대중문화와 관련한 여러 정책들은 계속해서 추진되고 있다. 2010년에는 경제산업성 제조산업국에 '쿨 재팬실(クール・ジャパン室)'이 별도로 설치되어, 문화산업의 해외진출 촉진, 국내외로의 발신 및 인재육

---

22 國立メディア芸術總合センター設立準備委員會, 「國立メディア芸術總合センター (仮称)基本計畵」, 2009年 8月, 2~10쪽.

23 『讀賣新聞』, 2009년 11월 20일자.

성 등의 기획입안 및 추진을 맡게 되었다. 또한 올 6월에는 2014년 공개를 목표로 하여 일본의 애니메이션과 만화 30만점 이상에 대한 작가이름, 내용, 원화(原畵)의 소재지 등의 정보를 인터넷상에서 검색할 수 있는 데이터베이스 구축작업에 들어간다는 계획이 발표되었다. 이는 바로 민주당 정권이 들어서자마자 중지시켰던 '국립 미디어 예술 종합센터'의 핵심기능이었다.[24] 따라서 민주당 정권이 자신들이 내렸던 이전의 결정이 옳지 않았음을 스스로 반증하는 모양새가 되었다.

발표문의 첫 부분에서 언급하였듯이 최근에도 쿨 재팬과 관련된 정부의 정책들이 계속해서 나오고 있다. 올 7월 발표된 경제산업성의 '쿨 재팬 전략'을 살펴보자.[25] 보고서는 다음과 같은 문장으로 시작한다.

> "자동차, 가전에 의존하던 성장은 어려워졌다. 비용경쟁만으로는 신흥국
> 과의 경쟁은 곤란하다. 특히 중소기업, 젊은 사람의 일하고 활약하는 곳
> 을 어디에서 찾을까. 이제부터 일본은 어떻게 돈을 벌어야하는가."

는 짧지만 현재 일본이 처해있는 곤란한 상황을 매우 잘 표현하고 있다. 이러한 문제점을 던지고 나서, 보고서는 "크리에이티브 산업을 새로운 축으로 하여 2020년까지 세계시장에서 8~11조 엔의 획득을 목표로 한다"고 외친다. 보고서는 일본의 현황에 대해서는 잘 지적하고 있지만 도대체 "신흥국"은 어디를 말하는지도 나와 있지 않고, 그 내용 또한 구체적이지 못하다. 예를 들면 한국에 대해서는 "규슈(九州)의 농어촌(農漁村)과 한국의 도시부의 교류를 통하여, 식품과 지역상품의 판매촉진과 관광유치를 추진한다."고만 되어있어, 쿨 재팬과의 연결성도 희박하고 일본의 미래를 책임지는 사업계획으로는 어울리지 않는다. 또한 민주당 정권 이전의 '아

---

24 『讀賣新聞』, 2012년 6월 2일자.
25 経済産業省, 「クール・ジャパン戦略」, 2012年 7月.(http://www.meti.go.jppolicy/
    mono_info_service/mono/creative/120703_cool_japan_strategy_2.pdf).

시아 콘텐츠 공동체'와 같은 아시아 속의 일본이라는 입장도 더 이상 드러
나고 있지 않다.

V. 나가며 - 쿨 재팬의 미래

"쿨 재팬 따윈 외국에서는 누구도 말하지 않습니다. 거짓말, 유언비어입
니다. 일본인이 자존심을 충족시키기 위하여 마음대로 만들어내었을 뿐
으로, 광고회사가 공적자금을 받기위한 선전 문구에 지나지 않습니다. 외
국인에게 배경이나 문맥을 알기 어려운 일본의 만화와 애니메이션이 조
금씩 해외에서 이해되기 시작하고 있지만, 이는 극히 일부의 매니아에
그치고 있고, 도저히 비즈니스 레벨에는 도달하지 못했기에, 특별히 주목
할 것이 아무것도 없습니다."[26]

이는 현재 일본을 대표하는 현대예술가 무라카미 다카시[村上隆]의 말
이다. 그의 발언에서는 일본의 만화와 애니메이션의 영향력이 과소평가되
고 있는 면이 없지는 않지만 쿨 재팬이 일본을 벗어나서 다른 나라에서도
회자되고 있는 용어인가, 그리고 공적자금 투여에 대한 의문제기 등에 대
해서는 타당한 면이 있다. 즉 일본문화의 세계적인 영향력이 지금도 적지
않음은 주지하는 바이나, 이것이 일본정부가 제시하고 있는 쿨 재팬이라
는 용어로 대표되어 많이 사용되고 있지는 않다. 이러한 점이 한류와는 다
르다.

이는 용어의 문제뿐 아니라 쿨 재팬 자체가 갖고 있는 한계에 있다고
볼 수 있다. 쿨 재팬은 문화교류를 통하여 일본문화를 알리고 일본에 대한
이미지를 호의적인 것으로 바꾸려는 기본적인 목표를 가지면서 일본의 미
래를 이끌어나갈 미래 산업이라는 경제적인 시각 또한 강하다. 하지만 거

---

26 「村上隆さんに聞く 世界のトップを取る」, 『朝日新聞』, 2012년 1월 17일자.

기에는 일본을 동아시아 공동체에 위치시키면서, 문화교류를 통하여 동아시아 국가와 소통하려는 시도는 거의 찾아볼 수 없다. 그보다는 일본 대중문화의 힘을 과신하고 이를 소프트파워로 사용하려는 의도가 강하다. 이러한 인식하에서 일본의 만화와 애니메이션이 중국의 젊은이들을 민주주의와 시장경제를 부지불식간에 알게 하여, 중국을 민주주의 방향으로 움직이게 하였다는 주장이 제기되기도 하였다.27

또한 가장 큰 대중성을 자랑하는 영화부문에 있어서도 쿨 재팬의 한계가 드러난다. 일본의 영화산업의 규모는 크다. 2011년 동일본대지진이 일어났음에도 불구하고 전년도인 2010년도보다 33편이 증가한 441편의 일본영화가 제작되었고, 전체 영화수입은 1,812억 엔이었고(일본영화는 54.9%), 2차 시장(영상물의 판매·대여 시장)의 규모는 2,200억 엔이었다. 비교를 위하여 한국영화산업을 살펴보면, 2010년도 한국영화는 150편 제작되었고, 전체 영화수입은 1조 2,362억 원을 기록하였지만(한국영화는 52.0%), 2차시장은 1,411억원에 불과하였다.28 하지만 4,000억 엔에 달하는 거대한 산업규모와 달리 일본영화가 이웃국가에 미치는 영향은 너무나도 미미하다. 2011년 한국에서 47편의 일본영화가 개봉되었으나 관객점유율은 1.8%에 지나지 않았기 때문이다.29 따라서 영화와 같은 보다 대중적인 매체에 눈을 돌리지 않고, 만화와 애니메이션, 게임이라는 매니아에 한정되기 쉬운 장르에 집착하고 있는 쿨 재팬의 미래는 그다지 밝지 않다.

이처럼 일본이 쿨 재팬에 거는 기대는 실상에 비해서 과장되어 있다. 그렇다고 자국 문화를 발전시키고 거기에 국가의 미래를 거는 방향 자체를 비난할 생각은 전혀 없다. 이는 한국이 한류에 거는 기대와 별반 다를

---

27 遠藤誉, 『中國動漫新人類—日本のアニメと漫畵が中國を動かす』, 2008, 日経BP社.

28 졸고, 「동일본대지진 이후의 일본영화」, 『3.11 동일본대지진과 일본(저팬리뷰 2012)』고려대학교 일본연구센터 현대일본총서11, 2012, 353~8쪽.

29 영화진흥위원회 홈페이지(http://www.kofic.or.kr).

바가 없기 때문이다. 또한 한류와 쿨 재팬이 상충하여 어느 한쪽이 승자가 되고 어느 한쪽이 패자가 되는 형국은 아닐 터이다. 따라서 일본에 있어서의 한류반대 데모와 쿨 재팬은 절대 동지가 되어서는 안 된다. 문화란 일방적인 전파가 아니라 상호교류를 통해서 발전함을 상기해주었으면 하는 바람을 끝으로 말하고 싶다.

제95회 발표, 2012년 12월 11일

한일문화강좌 개최일람

제71회 외교와 문화교류 : 2005.4.28
    (發表: 와세다대학정경학부 교수 히라노 겐이치로(平野 健一郎), 司會:서울대학교 국제대학원장 金容德)

제72회 "神國"사상, 군사주의, 그리고 히데요시의 조선침략) : 2005.6.28
    (發表:브리티시 콜럼비아대학교수 許南隣, 司會:청주대학교 교수 閔德基)

제73회 동아시아에서의 한일 고대도시의 전개 : 2005.10.7
    (發表: 동경대학대학원 교수 사토 마코토(佐藤 信), 司會:강원대학교교수 朴昔順)

제74회 한국과 일본의 전통주택 공간 : 2005.12.1
    (發表: 서울대학교 교수 金光鉉, 司會:중앙대학교 교수 全映勳)

제75회 조선 전기의 세계관과 일본인식 : 2006.4.14
    (發表: 전북대학교 교수 河宇鳳, 司會:강원대학교 교수 孫承喆)

제76회 일본농촌사회의 결혼난-'이에(家)'에서 '개인',그리고 '사회'로- : 2006.6.22
    (發表: 계명대학교 교수 黃達起, 司會: 계명대학교 강사 白雲龍)

제77회 독도문제와 한일관계 : 2006.11.30
    (發表: 세종대학교 교수 호사카 유우지(保坂 祐二) , 司會: 강원대학교 교수 孫承喆)

제78회 '일본 밖 일본': 회고록을 통해서 본 식민지 在朝일본인사회 : 2007.4.26

(發表: 서울대학교 교수 權肅寅 , 司會: 서울대학교국제대학원 교수 韓榮惠)

제79회 江戸(에도)시대부터 明治(메이지)期에 걸쳐 일본에서 사용된 한국어
　　　　학습서 : 2007.6.8

(發表: 한림대학교 교수 사이토 아케미(齊藤 明美), 司會:한림대학교강사
金基民)

제80회 對馬島로 떠나는 한국지명 여행 : 2007.9.21

(發表: 한림대학교 교수 沈保京, 司會: 강원대학교 교수 孫承喆)

제81회 근세 조·일 양국의 무기와 전술: 임진왜란을 중심으로 :
　　　　2007.12.7

(發表: 전쟁기념관 학예연구관 朴哲晄, 司會: 육군박물관 학예연구관 姜
信燁)

제82회 韓日關係 - 相互理解를 위한 미디어의 역할과 시민교류 - :
　　　　2008.4.18

(發表: 北海道신문동경지국장겸 논설위원 아오키 다카나오(靑木 隆直),
司會: 강원대학교 교수 孫承喆)

제83회 朝鮮時代 韓日 사신 접대음식 문화 : 2008.7.3

(發表: 대전보건대학 교수 金尙寶, 司會: 대전보건대학 교수 石大權)

제84회 日本文化를 이해하는 통로, 神道 : 2008.10.17

(發表: 성균관대 인문과학연구소 연구조교수 鄭惠善, 司會: 경기대 교수
李在範)

제85회 일본과 일본 사상 : 2009.3.12

(發表: 성균관대학교 교수 李基東, 司會: 성균관대학교 명예교수 李東俊)

제86회 일본의 전쟁 기념관과 기억의 정치 : 2009.6.23

(發表: 국가경영전략연구원 수석연구원 呂文煥, 司會: 동북아역사재단 연
구위원 金龍煥)

제87회 조선 백자와 일본 : 2009.12.3

(發表: 명지대학교 교수 尹龍二, 司會: 고려대학교 교수 方炳善)

제88회 명치유신과 일본의 근대화 : 2010.3.18

    (發表: 서울대학교 교수 朴 薫, 司會: 동북아역사재단 연구위원 李元雨)

제89회 정체하는 일본 어디로 가는가? : 2010.9.28

    (發表: 외교안보연구원 교수 尹德敏, 司會: 신아시아연구소 소장 李相禹)

제90회 도요토미 히데요시(豊臣 秀吉) 다시 보기 : 2011.4.14

    (發表: 서울대학교 교수 朴秀哲, 司會: 상명대학교 교수 김문자)

제91회 왜구 - 약탈의 시대에서 공존의 시대로 - : 2011.6.21

    (發表: 九州大學 강사 마쯔오 히로키(松尾 弘毅), 司會: 강원대학교 교수 孫承喆)

제92회 동일본 대지진 후의 일본정치 · 사회의 현상과 전망 : 2011.11.18

    (發表: 아사히 신문 서울지국장 하코다 데쓰야(箱田 哲也), 司會: 중앙일보 편집국 차장 芮榮俊)

제93회 대마도 조선어 통사가 본 조선 - 오다 이쿠고로(小田幾五郎)의 경우 - : 2012.3.27

    (發表: 경희대학교 교수 미노와 요시쓰구(箕輪 吉次), 司會: 강원대학교 교수 孫承喆)

제94회 야마자 엔지로(山座 圓次郎)와 독도 : 2012.10.5

    (發表: 중앙일보 기자 芮榮俊, 司會:강원대학교 교수 孫承喆)

제95회 일본의 문화교류정책과 대중문화 : 2012.12.11

    (發表: 광운대학교 부교수 姜泰雄, 司會: 고려대학교 부교수 韓程善)

제96회 메세나와 봉사 : 2013.5.8

    (發表: 수림문화재단 이사장 河正雄, 司會: ANC-KOREA TODAY 서울지국장 盧治煥)

제97회 조선전기 일본인 왜구, 교류자와 위조(僞造)교류자에 대하여 : 2013.7.10

    (發表: 동북아역사재단 초빙교수 케네스 로빈슨(Kenneth R. Robinson), 司會:강원대학교 교수 孫承喆)

제98회 나의 하이쿠(俳句) 기행 : 2013.10.10
    (發表: 전남대학교 일어일문학과 교수 金貞禮, 司會: 광주과학기술원 석
    좌교수 金容德)

제99회 한일음악교류와 '동요(童謠)' : 2014. 3. 13
    (發表: 한국예술종합학교 음악원 음악학과 교수 閔庚燦, 司會: 한국예술
    종합학교 예술경영전공 교수 홍승찬)

편집 후기

    2005년, 한일문화교류기금 창립 20주년을 기념으로 문화강좌 시리즈 3 권이 단행본으로 출간되었다. 당시 경인문화사의 한정희 사장과 한일관계 사 분야의 전문학술서적 총서시리즈를 기획하던 중이었다. 한사장은 단행 본 출간을 흔쾌히 수락하여, 〈제1권, 되돌아본 한일관계사〉〈제2권, 일본 의 정치, 경제, 사회〉〈제3권, 한국사람 일본사람의 생각과 삶〉으로 출간 되었고, 이번에 〈제4권, 한일관계, 과거와 현재〉〈제5권, 일본을 말하다〉 을 냄으로써 한일문화교류기금 문화강좌 총서 5권 완성되었다. 그리고 경 인한일관계총서도 현재 60여권을 넘어섰다. 그 결과 이제는 이 시리즈물 이 한일관계사 분야의 독보적인 출판물로 자리매김도 했다.

    이번의 2권은 문화강좌 100회를 기념하여 71회부터 100회까지를 2권의 단행본으로 출판한 것이다. 단 지금은 고인이 되었지만 세종대학교의 오 성교수가 63회 때에 〈조선후기 한일관게와 인삼〉을 강연했는데, 나의 실 수로 빠졌던 것을 추가로 삽입했다. 이 자리를 빌어 다시 한번 고인의 명 복을 빌며, 그때 섭섭한 마음을 풀어졌으면 좋겠다.

    1987년 제1회 한일문화교류기금의 문화강좌를 시작한 이래 올해로 27 년이 되었고, 그간 100회의 문화강좌를 진행했다. 100회의 문화강좌 주제 를 되짚어 보는 것만으로도 한일관계의 본질이 무엇인지, 그리고 현재 무 엇이 문제인지, 그리고 앞으로의 방향은 어떻게 설정되어야 하는지가 그 려질 것 같다. 아무쪼록 5권의 한일문화교류기금 강좌 총서를 통해 그 미 션의 실마리가 풀려나갔으면 좋겠다. 100회의 문화강좌를 단행본 총서로

엮는 이유도 여기에 있다.

　책의 발간에 여러분의 도움을 받았다. 특히 강원대학교 황은영 강사, 박진이 대학원생이 수고했다. 편집·교정 등에 애를 써주었고, 김수웅 국장, 문진옥님도 수고가 많았다. 경인의 한정희 사장, 신학태 팀장, 문영주님께 감사드린다.

한일문화교류기금 운영위원, 강원대 교수

손승철

허남린(브리티시 콜럼비아대학 교수)
정혜선(성균관대 인문과학연구소 연구조교수)
이기동(성균관대학교 교수)
여문환(국가경영전략연구원 수석연구원)
박훈(서울대학교 교수)
박수철(서울대학교 교수)
권숙인(서울대학교 인류학과 교수)
황달기(계명대학교 교수)
하코다 데쓰야(箱田 哲也, 아사히 신문 서울지국장)
강태웅(광운대학교 부교수)

일본을 말하다

초판 인쇄 : 2014년 10월 17일
초판 발행 : 2014년 10월 24일

편 자 : 한일문화교류기금
펴낸이 : 한정희
펴낸곳 : 경인문화사
주 소 : 서울특별시 마포구 마포동 324-3
전 화 : 02-718-4831~2
팩 스 : 02-703-9711
이메일 : kyunginp@chol.com
홈페이지 : http://kyungin.mkstudy.com

값 22,000원
ISBN 978-89-499-1046-8 93910
ⓒ 2014, Kyung-in Publishing Co, Printed in Korea
* 파본 및 훼손된 책은 교환해 드립니다